楊海英 主編

有關
內蒙古人民革命黨
講話集

滕海清將軍

上冊

【內蒙古文革檔案】資料編輯委員會

01 滕海清將軍有關內蒙古人民革命黨講話集

主編｜楊海英

編者｜Asuru、Orgen、Seedorjiin Buyant、Uljideleger

02 有關內蒙古人民革命黨的政府文件和領導講話

主編｜楊海英

編者｜Asuru、Orgen、Seedorjiin Buyant、Uljideleger

03 挖內蒙古人民革命黨歷史證據和社會動員

主編｜楊海英

編者｜Asuru、Orgen、Seedorjiin Buyant、Uljideleger

04 內蒙古土默特右旗被害者報告書

主編｜楊海英

編者｜Asuru、Orgen、Olhunud Daichin、Archa

05 內蒙古軍區被害者和加害者紀錄

主編｜楊海英

編者｜Asuru、Khuyagh、Altansuke、Tombayin、Delekei

左上：內人黨事件的總指揮，內
　　　蒙古革命委員會主任、人
　　　民解放軍將領滕海清。

右上：批判烏蘭夫身兼多職的中
　　　國漫畫。引自內蒙古批烏
　　　蘭夫聯絡《烏蘭夫十大罪
　　　狀》。

右下：侮辱烏蘭夫「三個基礎」
　　　理論的中國漫畫。引自內
　　　蒙古批烏蘭夫聯絡《烏蘭
　　　夫十大罪狀》。

烏兰夫：“我是政治局候补委员，是国務院付总
　　　　理，是內蒙党委第一書記，內蒙軍区司令
　　　　員兼政委，我說話算数不算数？！”

“当代王爷”卖膏葯！

上：手持《毛選》和《毛語錄》的蒙古人少年少女。故意將應該是手握套馬杆的遊牧民族畫成肩扛鋤頭的農民形象以示侮辱。該畫是1969年內蒙古自治區一貫制小學試用課本《數學》封面。

下：描繪蒙古人崇拜毛澤東的著名《北京有個金太陽》，官其格畫。

序言

楊海英

　　中國文化大革命期間，共產黨在內蒙古自治區發動了大規模種族屠殺（genocide）。經中國政府操作過後的公開數據呈示，中國政府和中國人（即漢民族[1]）總共逮捕了346,000人，殺害27,900人，致殘120,000人。親自在內蒙古各地做過社會調查的歐美文化人類學家們則認為被中國政府和中國人屠殺的蒙古人受害者總數達10萬人。[2]筆者曾經在日本編輯出版了兩本文化大革命（以下簡稱為「文革」）被害者報告書，通過用社會學抽樣調查方法探討呼倫貝爾盟和基層人民公社的被害者情況，得出的結論與歐美文化人類學家的結論相同。[3]這些數據裡並不包括「遲到的死亡」，亦即致殘者120,000人的命運。蒙古人的民族集體記憶是：「文革就是一場中國政府和中國人合謀屠殺蒙古人的政治運動」。[4]

　　直接在現場指揮大屠殺蒙古人的中共高層領導是滕海清將軍。滕海清，1909年3月2日出生於中國南部安徽省金寨縣南溪鎮。幼時上私塾讀過《三字經》等，略通文字。1930年8月，21歲的滕海清參加了中共紅軍獨立團，以後編入紅四軍。中共執政后，1950年11月入南京軍事學院學習，兩年後又成為該

---

[1]　蒙古人認為所謂的「中國人」是只指漢民族，只有漢民族才是「中國人」。內蒙古自治區和新疆即東土耳其斯坦的維吾爾人，以及西藏的圖博人只是「中國籍蒙古人」，「中國籍維吾爾人」，「中國籍圖博人」，並非「中國人」。這一點亦是國際學術界共識。參見：Kuzmin, Dmitriev, S. V. 2015 Conquest Dynasties of China or Foreign Empires? The Problem of relations between China, Yuan and Qing, *International Journal Of Central Asian Studies*, Vol. 19, pp.59-91.

[2]　參見：Jankowiak, William，1988 The Last Hurraah? Political Protest in Inner Mongolia. *The Australian Journal of Chinese Affairs*, 19/20:269-288. Sneath, David，1994 The Impact of the Chinese Cultural Revolution in China on the Mongolians of Inner Mongolia. *Modern Asian Studies*, 28:409-430.

[3]　參見：楊海英編『モンゴル人ジェノサイドに関する基礎資料5──被害者報告書1』、風響社、2013年、1頁。楊海英編『モンゴル人ジェノサイドに関する基礎資料6──被害者報告書2』、風響社、2014年、78頁。

[4]　參見：楊海英著《沒有墓碑的草原：蒙古人與文革大屠殺》，八旗出版社，2014年。

校教員。1961年，赴北京軍區任副司令員。[5]

　　內蒙古自治區受到來自北京文革衝擊影響，造反派和政府系統保守派激烈對立時，中共國務院總理周恩來於1967年4月13日深夜命滕海清奔赴內蒙古收拾混亂局面。滕海清在4月18日空降自治區首府呼和浩特市，同時，屬北京軍區之第69軍28師亦入駐內蒙古自治區。軍事進駐的理由是：「蒙古人已經叛亂」。[6]可見，中共從一開始就把蒙古人當作政治敵人；而蒙古人對此一無所知。

　　滕海清有過一段與造反派的「蜜月」。他通過打壓蒙古人領袖烏蘭夫等菁英階層和獲取造反派支持的手段成功掌握了內蒙古局勢。因為在整肅打擊蒙古人「資產階級當權派」一點上，滕海清和造反派等中國人（即漢民族）利益一致。中國人從來不認為自己是剛剛從長城以南逃難來到蒙古人自古生息的草原上的殖民者，相反，他們堅信自己是高人一等的解放者和「文明的傳播者」。中國人以農耕為上，視遊牧業為落後，從而更敵視遊牧民族蒙古人。所以，滕海清和殖民內蒙古的中國人都想利用文革運動改造同化「落後」的蒙古人，全面奪權，建立中國人「當家作主」的內蒙古自治區。有了造反派的支持，滕海清在1967年11月1日坐上了新成立的內蒙古革命委員會主人的交椅。

　　在中國人全面掌控內蒙古的政治權利後的1968年1月6日至18日間，自治區革命委員會召開了第二次全體擴大會議。滕海清在會議上做了長篇講話，決定正式開始屠殺蒙古人的「三股勢力」。滕海清的「作戰計劃」得到了「人民的好總理」周恩來和毛澤東夫人江青的大力支持。中共情報機關頭目康生指示滕海清「蒙古族的壞人，要由蒙古人自己抓」。到1968年5月時，滕海清又提出「挖出烏蘭夫的社會基礎」，「敢於拼刺刀，要刺刀見紅」，直接號召對全體蒙古人社會動用暴力。

　　中國政府和中國人認為「叛亂」了的蒙古人應該有組織。1968年7月20

[5]　參見：廖西嵐著《百戰將星：滕海清》，解放軍文藝出版社，2000年，1-12頁。楊海英編『モンゴル人ジェノサイドに關する基礎資料1―滕海清將軍の講話を中心に』、風響社、2009年、31頁。

[6]　高書華 程鉄軍著《內蒙文革風雷：一位造反派領袖的口述史》，明鏡出版社，2007年，261-262頁。楊海英『モンゴル人ジェノサイドに關する基礎資料1―滕海清將軍の講話を中心に』、風響社、2009年、33頁。

日，中共內蒙古自治區革命委員會正式認定內蒙古人民革命黨為「非法反革命組織」，有「民族分裂」的前科。於是，早在1947年5月既已被中共強迫解散的「內蒙古人民革命黨」原成員和普通蒙古人皆被打成「內人黨員」，並命令在短期內登錄自首。從此，中國政府在自治區佈下天羅地網，號召殖民內蒙的中國人起來「從蒙古人手中奪權」，同時從鄰近的河北省和陝西，山西等地區動員「貧下中農毛澤東思想宣傳隊」大批移居內蒙古。外來的中國人在政府支持和解放軍保護下，屠殺草原上的蒙古人，搶奪原住蒙古人的土地並改造為農田。這一切，都是在滕海清將軍的直接指揮下進行。

　　1969年4月1日起，中共召開第九次全國代表大會。會議期間，毛澤東認為，「內蒙古的清理階級隊伍的運動已經擴大化」。毛只是講從中共體制內「清理」蒙古人的運動「擴大化」，他並不認為運動本身錯誤。在內蒙古的滕海清，因為其獨斷行為觸動了造反派利益，於是又引發了解放軍和造反派的對立。1969年7月底，中共決定肢解內蒙古自治區。把東部呼倫貝爾盟和哲里木盟及昭烏達盟分別割讓給東三省；西部阿拉善盟割讓予甘肅省和寧夏回族自治區，從而又完全恢復了歷史上中國王朝善用的對異族分而治之的統治方式。翌年11月，滕海清將軍離開了他熱愛的革命委員會主任一職。1975年10月1日，中共任名其為山東省濟南軍區副司令員，至1987年退休。

　　滕海清將軍自始至終認為自己「打擊蒙古人民族分裂集團」有功。因此，他拒絕在大量屠殺蒙古人一事上承擔責任。蒙古人則堅決要求把滕海清送上法庭一邊，審判中國政府所犯下的人道主義罪行。至晚到1981年8月1日，蒙古人知識分子和政治菁英代表整個民族和內蒙古自治區向中共司法機關「提出追究滕海清法律責任，並詳細陳述了理由」。然而，中共中央「念其在長期戰爭中，出生入死，為人民流血奮鬥，做了不少有益的工作，所以還從寬，不擬追究刑事責任」。[7]就這樣，滕海清「為中國人民流血奮鬥」的功績大過了他屠殺蒙古人的罪惡，最終無罪釋放。1997年10月26日，滕海清在北京一家專供中共高幹利用的「301醫院」死去。[8]

---

[7]　圖們 祝東力著《康生與內人黨冤案》，中共中央黨校出版社，1996年，299-300頁。

[8]　楊海英編『モンゴル人ジェノサイドに関する基礎資料1—滕海清将軍の講話を中心に』、風響社、2009年、31頁。

　　滕海清是文革期間大量屠殺蒙古人的象徵性人物，他的存在和中共暴力性民族政策聯繫在一起，也是中國人根深柢固的歧視少數民族的精神文化的結果。本書收錄了滕海清在內蒙古執政時期的講話和文革後期圍繞他的一些文獻，亦即是否追究滕海清屠殺蒙古人政治罪行的論爭。

　　中共高級幹部的講話帶有特殊意義。在一個沒有法制的專制政權之下，領導人物的講話就是法律而帶有生殺予奪職權。講話往往以「意見」，「批示」和「指示」等形式出現，實際上代表政府意志，具有不可抗拒的性質。

　　全部文獻曾經在日文版的『モンゴル人ジェノサイドに関する基礎資料1—滕海清将軍の講話を中心に』（風響社、2009年）中以影印的方式出版。本次中文版屬影印版文獻的重新輸入。讀者如果願意探討文革期間的印刷文化，即排版和蠟紙刻印的獨特氛圍的話，希望直接閱讀日文版。在此次重新電子輸入時，文革期間專用的簡體字和繁體字一律統一為現行繁體字。除明顯的錯別字以外，未作任何改動。

目次 │ CONTENTS

編輯書前註：

本書內容為史料檔案，有些文革時期的詞彙和現今我們所習慣的正確用字並不相同。例如「付主席」（副主席）；「揮午」（揮舞）等等。這些不同的用字，為尊重歷史、呈現特殊的文革文化，我們將予以保留。

1.呼市無產階級革命派在歡呼北京市革命委員會成立大會上滕海青（清）代司令員的講話（1967.04.24）

呼市無產階級革命派同志們、戰友們：

你們好！

今天，我應邀參加這個隆重的慶祝大會，非常高興，首先讓我們敬祝偉大領袖毛主席萬壽無疆！萬壽無疆！敬祝林副主席身體永遠健康！永遠健康！歡呼北京市革命委員會的誕生！歡呼以毛主席為代表的無產階級革命路線的新的偉大勝利！

北京市革命委員會的成立，是一個紅色信號，宣告了黨內最大的一小撮走資本主義道路當權派復辟資本主義的一個重要據點——舊北京市委、市人委徹底垮臺了。這是一件震動全國、全世界的大喜事！首都無產階級革命派在無產階級文化大革命中，更高地舉起了毛澤東思想偉大紅旗，沿著毛主席的革命航道，取得了決定性的勝利。這個偉大勝利，將大大地鼓舞全國的革命造反派，把全國的無產階級革命派的奪權鬥爭迅速推向一個更新的階段，北京市革命委員會的成立，為我們內蒙人民，內蒙無產階級革命派，闖出了路子，樹立了榜樣。首都無產階級革命派奪權鬥爭的偉大勝利，證明了偉大的無產階級文化大革命解決了當代無產階級革命的一個極為重要的課題：為無產階級奪取政權後防止資本主義復辟，為鞏固無產階級專政和把無產階級的社會主義革命進行到底創造了新的經驗，豐富和發展了馬克思主義關於科學社會主義的學說，在國際共產主義運動史上增添了不朽的篇章。

同志們：我們內蒙地區、特別是呼市地區，自中央關於處理內蒙問題的八條決定下達後，革命形勢的主流很好。但也出現了一股資本主義復辟的反革命逆流。呼市的保守組織在走資本主義道路當權派，頑固堅持資產階級反動路線的人的操縱下，在社會上地富反壞右、牛鬼蛇神的挑動搗亂和配合下，向無產階級革命派，發動了猖狂的進攻，以此對抗中央決定，打擊革命群眾，打擊革命左派，向中央施加壓力，妄圖使中央改變決定。在這一陰謀的支使下，自

四月十五日以來，連續舉行旨在反對中央決定的、大規模的遊行示威。他們站在資產階級反動的立場上，利用了「工農兵聯合起來」「不忘階級苦」「不忘血淚仇」等等正確口號，蠱惑人心；他們公開懷疑中央決定，說什麼「中央決定違背毛澤東思想」，「不符合內蒙地區的實際情況」。他們大肆製造謠言，大喊反動口號，把矛頭指向中央，指向中央文革、全軍文革；他們還惡毒地煽動不明真相的大量工人、貧下中農，使工農業生產遭到嚴重損失。不僅如此，更為嚴重的是他們千方百計地挑起事端，製造白色恐怖事件。例如四月十七日晚衝擊新城賓館，撕毀中央八條；二十一日、二十三日兩次衝擊自治區黨委機關；二十一日衝擊公安廳；二十二日晚衝擊師範學院，妄圖打擊革命左派；十六日以來連續在鐵路局軍管會前三番五次的示威遊行，大喊大叫。他們為什麼把鬥爭矛頭指向革命左派，指向革命的領導幹部，指向中共中央對內蒙問題的正確決定，掀起這股反革命逆流呢？就是為了保護走資本主義道路的當權派，保護那批頑固堅持資產階級反動路線的人，保護那些不符合毛澤東思想，受走資本主義道路當權派操縱的，不符合革命三結合原則的「政權」機構，保護一切不適應社會主義經濟基礎的上層建築。

同志們，面對當前的嚴重事實，我們革命造反派，必須充分認識它，揭露它，打退它，決不能讓他們陰謀得逞。

同志們，戰友們，我們在擊退當前這股反革命逆流中，已經取得了初步勝利，但是這股逆流還在發展著，還有惡化的可能。因此，我們在慶祝北京市革命委員會成立的時候，必須認真學習北京市革命左派戰鬥的精神，首先要學習北京市革命左派在鬥爭中高舉毛澤東思想偉大紅旗，活學活用毛主席著作的經驗，用戰無不勝的毛澤東思想打退資本主義的反革命逆流。在這次戰役中，進一步領會和掌握毛澤東思想。其次，要學習北京無產階級革命派的敢想、敢做、敢闖、敢革命的氣概和戰鬥作風；把這種氣概和作風用到這次打退反革命復辟逆流的戰役中去，我們要不怕衝、不怕圍、不怕壓、不怕打，我們要在戰略上藐視它，在戰術上重視它，這些保守組織在走資本主義道路當權派的操縱下，他們的本事就是這麼大，沒有什麼了不起的，我們一定要在這個偉大的鬥爭中，把自己鍛鍊成一支具有堅強戰鬥力和優良戰鬥作風的隊伍；第三，我們要學習他們既敢於革命又善於革命的鬥爭精神，在無產階級文化大革命發展到

決戰關鍵時刻，我們不僅要具有大無畏的戰鬥精神，敢於革命，敢於勝利，更重要的是要提高我們的政策水平，提高科學性，組織紀律性，善於鬥爭，善於識破他們的反革命兩面手法，在中央軍委、中央關於無產階級文化大革命一系列政策的指導下，衝破保守勢力，徹底粉碎這股資本主義反革命復辟逆流。第四，我們還要學習北京無產階級革命派邊打邊整的革命措施，在反對資本主義復辟的大戰役中，邊戰鬥邊整風，邊打邊建，克服自己隊伍裡的一切非無產階級的思想，增強團結，純潔和鞏固自己的隊伍，積極響應擁軍愛民的號召，向解放軍學習，維護內蒙軍區的威信，在鬥爭中，鞏固和擴大革命的大聯合，為革命的奪權鬥爭創造條件，一句話，只要我們堅決以毛澤東思想為指針，高舉革命的大旗，批評的大旗，高度發揚革命的大無畏精神，我們的隊伍就一定會戰無不勝，所向無敵！

同志們，戰友們！我們人民解放軍堅決響應偉大領袖、偉大統帥毛主席的號召，堅決支持左派，支持你們，支持三司等所有的革命組織和革命群眾！我們堅決和你們站在一起，團結在一起，戰鬥在一起，勝利在一起。在這次打退反革命復辟逆流戰役中，我們內蒙的部隊，將受到嚴格的鍛鍊和考驗，內蒙部隊是一支好部隊，在反修鬥爭中是有貢獻的，通過這一次鬥爭，我們相信一定會堅決站在你們這一邊支持你們的，一切受蒙蔽的同志，經過鬥爭，一定會回到毛主席革命路線上來的。

同志們，戰友們：讓我們高舉毛澤東思想偉大紅旗，高舉北京的革命火炬，把無產階級文化大革命的烈火燒遍全內蒙！勝利一定是屬我們的，我們一定要在毛主席親自開闢的航道上勇猛前進！

我們一定要更高地舉起毛澤東思想偉大紅旗，徹底粉碎資本主義反革命復辟逆流！我們中國人民解放軍堅決作你們的後盾！

最後，讓我們共同高呼：

打倒劉少奇！打倒鄧小平！

打倒陶鑄！打倒烏蘭夫！

打倒王逸倫！打倒王鐸！

堅決打退資本主義反革命復辟逆流！

戰無不勝的毛澤東思想萬歲！

我們偉大的領袖毛主席萬歲！萬歲！萬萬歲！

《革命造反報》

1967年4月24日

2.滕海清代司令員的講話（1967.04.29）

　　【本報訊】據八一八宣傳組報道：四月二十九日中國河西化工公司「八一八革命造反團」舉行隆重集會「熱烈歡呼《紅旗》雜誌第六期社論發表，深入開展擁軍活動大會」。軍區代司令員滕海清同志，自治區黨委書記康修民同志及軍區副參謀長樊勝科同志等出席了大會，並先後講了話。參加大會的還有解放軍報社記者宋學禮，紅旗雜誌社記者于順昌等同志。滕海清代司令員在會上表示堅決支持呼三司，「八一八」等革命左派，他讚揚「八一八」是一個很有革命鬥爭歷史的無產階級革命左派。對當前形勢，滕代司令員說「中央八條下來後，出現了一股資本主義復辟逆流……我們要堅決粉碎他們！」並指出：「我們的敵人是在挑撥軍隊和造反派；軍隊和地方；內蒙軍區和北京部隊的關係。」他說：「老在家，讓人家攻擊我們，老是防禦就是被動。」「我們要發動強大的政治攻勢」並號召無產階級革命派要很好的學習毛主席著作，要活學活用，在鬥爭中學，在鬥爭中用，在鬥爭中總結經驗，邊鬥爭，邊總結。提高鬥爭藝術，要把矛頭指向一小撮走資本主義道路當權派王逸倫、王鐸及他們的爪牙。滕代司令員講完話後，由「八一八革命造反團」王志友代表全體八一八戰士給滕代司令員佩戴了「八一八革命造反團」袖章，並將一個染有血跡的袖章獻給了滕代司令員，滕代司令員興奮地說：「我很高興加入你們造反派了！」當天正值陣雨，但風雨吹打不掉革命造反派堅決捍衛中央八條的決心！撲不滅軍民團結的火熱的信。會場一再高呼：「誓死捍衛中央八條！」「向中國人民解放軍學習！」「堅決支持滕海清同志的工作！」

　　來自軍區的英雄戰友「紅色造反團」，步校「紅色造反者」以及上海二醫大和首都紅代會的革命小將應邀參加了大會和作了熱情洋溢的發言。大會在大海航行靠舵手的歌聲中勝利結束。當天下午還舉行大型軍民聯歡會。

滕海清代司令員的講話

同志們：

你們好！今天是來看大家的，不準備講什麼東西了。已經來了，不講幾句，很不禮貌。

人民解放軍是我們偉大的領袖毛主席親自締造的。毛主席在今年一月二十一日發出偉大號召，要我們人民解放軍支持革命左派。我們人民解放軍要簡介遵照偉大領袖毛主席的教導，一定要支持革命左派。

同志們：「八一八」是一個很有革命鬥爭歷史的無產階級革命左派。我們人民解放軍最聽毛主席的話，最聽林彪付主席的話，最聽黨中央的話，最聽中央軍委的話，毛主席怎麼說我們就怎麼做，林副主席怎麼說我們就怎麼做，中央軍委怎麼說我們就怎麼做。毛主席號召我們人民解放軍要支持革命左派，不要支持保守派，屁股要坐正，這就是要坐在革命左派一邊，這個問題是立場問題，是執行不執行毛主席的革命路線的問題。在支左工作中，內蒙軍區開始介入地方，對地方情況不瞭解，思想無準備，所以有些單位支持錯了，支持了保守派，這樣我們就要迅速改正過來。當然，有些部隊，有些單位在工作中犯了錯誤，我想我們革命左派群眾是完全可以原諒的。工作中有錯誤，只要改正錯誤就行了，要准許犯錯誤，也要准許改正錯誤。

中央八條下來已半個多月了，這半個多月來呼市情況大好，這就是中央指出了明確的方向。步子哪些對，哪些我們做得不對。這個決定是毛主席、林副主席親自批准的，我們真正的革命派要堅決貫徹這個八條。中央關於內蒙問題的決定，就是毛澤東思想的具體情況，是內蒙人民偉大勝利，是毛澤東思想的偉大勝利。

同志們：執行不執行八條，是真正的革命派還是假革命派的標誌。真正的革命派是按照毛主席、黨中央指示辦事的，這是真革命派。如果對毛主席的指示不相信，三心二意，陰一套陽一套，那就不是真正的革命派。

同志們：我們講形勢好，是指中央有指示，革命左派隊伍最近有了擴大，另一方面保守勢力正在瓦解。但要看到，黨內走資本主義道路當權派的一小撮

人，操縱一部分群眾，蒙蔽一部分群眾，公開對抗中央對內蒙問題的決定，這是一種反革命的行動！黨中央對內蒙問題的決定，是經過長時期的考慮，長時期的調查研究，掌握了真實全面的情況。但在這情況下，有些人公開煽動一部分群眾，不承認中央八條。這是一小撮人幹的，廣大群眾是受蒙蔽的。中央八條下來後，出現一股資本主義復辟逆流。從四月十五日晚開始直到現在，在這些壞傢伙操縱下，組織大規模的遊行。這個遊行就是公開對抗黨中央，反對中央，這是犯法的，不允許的，我們要堅決粉碎他們！

在這裡，革命造反派的同志要提高警惕，這表現出內蒙階級鬥爭蓋子還未完全揭開。我們的敵人在背後猖狂活動，欺騙人民，蒙蔽群眾，使群眾不明真相，使群眾成了他們的打手。我們不怪這些群眾，他們是受蒙蔽的。主要是一小撮烏蘭夫、王逸倫的爪牙。我們要發動群眾，把他們的爪牙一個個地揪出來。

還有些保守組織，你們這裡有可能有保守組織。保守組織主要指保守組織領導者。這些領導者保什麼人？就是保烏蘭夫、王逸倫、王鐸。同志們看，在二十五日不是在東縱鬥爭王鐸嗎？保守派懷恨在心。革命派鬥爭王鐸和其他走資本主義道路的當權派，保守組織操縱群眾，晚上到東縱搞武鬥，他們保什麼，大家看得清清楚楚。

王逸倫、王鐸是走資本主義道路的當權派，而且他是裡通外國的階級異己分子，為什麼不能鬥？誰支持他？在鬥爭時還有人保他，挑動武鬥，他們就是要保王鐸。關於內蒙問題中央文件講的那些保守組織，就是保黨內走資本主義道路的當權派。革命派同志想想，他們為什麼這樣做，這證明了他們站在什麼立場上？他們站在走資本主義道路當權派的資產階級反動路線立場上，我們革命派站在以毛主席為代表的無產階級革命路線的立場上。這就是二條路線鬥爭。我們鬥爭走資本主義道路的當權派，所以他們不高興，所以要挑起事端，挑動武鬥，這個責任完全在他們。他們講要把武鬥的責任加在我們革命造反派身上，這完全是造謠！完全不講事實！同志們看這幾天武鬥的情況，我們革命造反派到哪裡去了？沒到哪去。他們為什麼到人家那裡去？他們就是要製造武鬥，製造事端，這是非常卑鄙無恥的！這是公開抵抗，反對中央八條決定。主要是公開打擊反對廣大無產階級革命派，我們對他們的行動一定要反擊，要把

他們打下去！在這個問題上我們要提高警惕。在他們快要垮臺時，他們要掙扎的，他們操縱一部分受蒙蔽的群眾。特別是一些壞人，操縱部分解放軍戰士，作他們的打手。我們人民解放軍是好的，內蒙軍區部隊是好的，是整個人民解放軍榮譽，同樣要愛護內蒙部隊的榮譽。內蒙軍區部隊是好的，是整個人民解放軍的組織部分，我們同樣要向內蒙部隊學習，同樣要愛護內蒙軍區的威信。

　　同志們：最近發現解放軍和革命群眾發生武鬥，請同志們原諒！解放軍戰士是好的。是毛主席說的。為什麼發生呢？這是因為壞人挑動，再加上一些人過去一段採取不正當的教育，使戰士受蒙蔽。廣大戰士是好的，是可愛的。廣大革命造反派同志應當理解，完全不能怪我們戰士。問題在於少數人挑動，我們的戰士是受蒙蔽的。我們要和軍隊搞好關係，軍隊要向革命造反派學習。我們也希望你們要向解放軍學習，這是偉大領袖毛主席的號召，不要因為這一點，就認為我們解放軍不好，廣大戰士是受蒙蔽的，我們各單位把矛頭指向解放軍、指向軍管會，若這樣做事錯誤的。要把矛頭指向一小撮走資本主義道路的當權派王逸倫、王鐸及他們的爪牙，如果把矛頭指向人民解放軍，那就錯了。我們敵人就是在挑撥，挑撥軍隊和造反派；軍隊和地方；挑撥內蒙軍區部隊和北京部隊的關係。本來北京部隊在這沒什麼人，中央要派北京部隊接管鐵路局，這是中央決定的，周總理批准的，有人在造謠、誣衊，想把北京部隊趕出去，讓北京部隊靠邊站。北京部隊、內蒙部隊都是執行中央軍委指示，人民解放軍是個整體，沒有內蒙的解放軍、北京的解放軍之分。這是壞人挑撥，是轉移目標、混水摸魚。要軍隊內部吵架，使軍隊和地方、部隊和革命造反派對立起來。使黨內走資本主義道路的當權派從中滑過去，混過去，但我們革命派同志、解放軍同志，我們是有經驗的，我們眼睛是雪亮的，不要上他們的當。經過十個月的文化大革命，對這些陰謀是看得清楚的，這些壞人的陰謀是不會得逞的。

　　同志們：我們「八一八」的同志們，我過去沒來過內蒙，對情況不瞭解，聽一些同志介紹：「八一八」很有戰鬥力，是在鬥爭中壯大的。很有鬥爭經驗，這很好。另一方面，中央下來決定，以三司為代表的包括同意三司觀點的同志是革命左派。你們是當權派了，你們要姿態高一點，也就是要把毛澤東思想紅旗舉的高，鬥爭水平高一點，策略靈活一點。要很好學習毛主席著作，要

活學活用。在鬥爭中學，在鬥爭中用。在鬥爭中總結經驗。邊鬥爭、邊總結。也要找出我們鬥爭中有什麼缺點、錯誤。有缺點、錯誤，這是支流，我們的大方向是對的。在工作中有缺點、錯誤，沒有什麼了不起的，我們要改正缺點、錯誤。我們不要驕傲自滿。我們是當權者，就要更虛心。「虛心使人進步，驕傲使人落後」這是毛主席的教導。總結經驗很重要，在目前情況下，資本主義反革命復辟逆流還在繼續，在這個鬥爭情況下，鬥爭策略一定要掌握好，如果掌握不好，容易上敵人的黨。另一方面，我們要大膽幹，縮手縮腳不是革命造反派的風格。革命造反派要大膽鬥爭、大膽幹、怕犯錯誤，縮手縮腳不是革命造反派，當然，鬥爭要講方法、策略。不講策略是不好的，我們就是要在粉碎資本主義反革命復辟逆流中受到鍛鍊，取得經驗。要出去宣傳。我們檢查，我們反攻做的不夠，老是他們進攻，反攻不是武鬥打架，而是政治攻勢。街上反動口號、反動標語很多，我們闢謠，追究反動標語等做的不夠。我們要發動強大的政治攻勢。一些反動標語、傳單能迷惑一部分群眾。我們要做工作，老在家讓人家攻我們，老是防禦就是被動。到一定時間就進攻，拿出革命造反派的風格。我們要造他們的反。他們要造我們的「反」，造夠了。我們就是要造他們的反。他們造我們的「反」是錯的，我們造他們的反是完全正確的！他們對抗、反對中央，壓抑、打擊革命群架，條條都是錯誤的。我們造他們的反，條條有理！

今天，軍區樊付參謀長要講話、要表態，要支持革命造反派，支持「八一八」，我很同意。

同志們：內蒙軍區在過去一段，在支左方面犯了錯誤，他們願意改正錯誤，我們應當歡迎。我們人民解放軍是無產階級革命派最好、最大的後盾。我們支持，就不能支持保守組織，一定要支持無產階級革命派。過去支持保守派錯誤了，今天要改過來，我想革命造反派，你們一定能原諒他們的。要允許人家犯錯誤，允許改正錯誤，這是我們革命造反派的度量。要掌握鬥爭的大方向，不要在支節上作文章，掌握了鬥爭的大方向，支節問題就好解決。不抓大方向，只抓支節就要犯錯誤，走到邪路、走到反面。保守派組織廣大群眾是好的，他們只要是進行批評和自我批評，改變觀點，站到毛主席一邊來，他們同樣一定能成為革命左派革命造反派同志要歡迎。受蒙蔽群眾經過改變觀點、進

行自我批評後，允許他們參加到革命造反派隊伍中來，受教育，受鍛鍊，不能拋棄他們。不能排斥他們，不是挖苦。但是保守派的頭頭，頑固堅持資產階級反動路線的頭頭，要由保守派組織的群眾揪出。要鬥爭他們、批判他們。改了很好，不改不行。因為他們代表的是反動路線，對抗毛主席路線。我相信保守組織的上層領導大多數是要回到毛主席革命路線上來的。只要他們回到毛主席革命路線上來，我們也歡迎。現在有人造謠說：「保守組織是右派，右派就是反革命。」這是歪曲中央指示，這是以這個藉口反對中央。保守組織中廣大群眾沒有責任，只要是他們的領導。我們左派力量要擴大的。按毛主席的教導要團結95%的群眾。95%的幹部。幹部犯錯誤只要改正，站到毛主席革命路線上來，要歡迎。當然幹部中大節不好的不能輕易站到這邊來。大節是要好的小節有些毛病，在工作中鍛鍊，使他們改正錯誤。這樣才能團結廣大幹部，左派隊伍才能擴大。我還有會，講完就走了。

最後祝同志們工作順利，身體健康！

（八一八革命造反團材料組整理）

《井岡山》報第九期
《井岡山》報編輯部
1967年5月4日

3.康修民同志的講話

同志們，革命造反派的同志們，解放軍同志們！

我們首先祝願我們偉大的領袖毛主席萬壽無疆！

祝願林副主席永遠健康！

我們內蒙無產階級文化大革命進入無產階級革命派大聯合，向黨內一小撮走資本主義道路當權派大奪權的關鍵時刻。以王逸倫、王鐸、劉景平等一小撮走資本主義道路當權派為代表的一小撮人，感到他們的末日已經到來了，於是他們一個一個地公開跳出來，組成了一個以王逸倫、王鐸為中心的反革命集團。他們扶植一支保守勢力，欺騙、蒙蔽群眾，利用保守組織，大搞資產階級反動路線新反撲，大搞白色恐怖，大規模殘酷鎮壓無產階級革命派。在全區掀起了一股巨大的資本主義反革命復辟逆流，他們對內蒙人民犯下了滔天大罪。正當他們想「登基」作土皇帝時，黨中央公佈了八條決定，這宣佈了王逸倫迷夢徹底破產了，宣佈了他們已經徹底失敗了。在這場鬥爭中，八一八的同志們始終站在鬥爭最前列，在打退他們所掀起的資本主義反革命復辟逆流中，作出了巨大貢獻。感謝同志們！

在三月十八日前，我們不可能有這樣一個環境，有這樣一個場合，開這樣的大會。中央宣佈八條後，我們的局面發生了巨大的變化，使我們與可能，有條件開這樣的大會，使我們有條件使內蒙局勢發生根本變化，我們最後的勝利一定會到來的。

人民解放軍是毛主席親手締造的革命軍隊。在解放內蒙，解放全中國的鬥爭中立下了不可磨滅的功勳。現在，無產階級文化大革命也必須有中國人民解放軍來保衛。我們要向中國人民解放軍學習！向中國人民解放軍致敬！我們過去向解放軍學習，現在向解放軍學習，將來還要向解放軍學習！我們必須擁護我們自己的子弟兵。沒有一個人民的軍隊，便沒有人民的一切。沒有人民解放軍保衛祖國，保衛社會主義江山，我們就不可能開展無產階級文化大革命，就不可能取得無產階級文化大革命的徹底勝利。

我們內蒙古自治區，無產階級文化大革命中發生了資本主義反革命復辟

逆流，這樣極大的問題是什麼人搞的？是王逸倫、王鐸、劉景平他們搞的。王逸倫、王鐸、劉景平這些人是烏蘭夫集團的漏網分子。是地主、資本家在黨內代理人，是老右派，是老修正主義分子。王逸倫這個人不僅是老右派，還是老特務，老反革命！直到最近，到四月十日他還在和特務分子搞聯繫，是這樣一個壞東西。王逸倫、王鐸欺騙、蒙蔽了許多人。人民解放軍介入地方文化大革命以後，由於一些同志情況不瞭解，不清楚地方文化大革命的情況，內蒙軍區有些領導人上了王逸倫、王鐸的當，聽了他們的話，在支左工作中有段支持錯了，發生了這樣的問題。錯了，怎麼辦？改了就好嘛！方才樊勝科同志（軍區副參謀長，軍管會主任）已講了，今後堅決支持革命派，支持八一八。我們革命派同志要歡迎犯了錯誤的人改正錯誤。

當前，我們面臨嚴重的鬥爭任務。王逸倫已逮捕、王鐸已停職反省，交給革命派同志批判、鬥爭。這事情的處理是一個大勝利。走資本主義道路當權派是不是認輸了呢？沒有！他們還是千方百計地進行掙扎、破壞、煽動、挑撥離間，進行垂死掙扎。他們還在煽動群眾，進行反抗中央、毛主席，反抗八條的反革命活動。他們的辦法主要有幾個：

第一、他們妄圖迫使中央改變八條。八條是正確的，沒有可改變的地方。我們黨中央是毛主席親自領導的黨中央，黨中央作的決定是毛主席、林副主席親自批准的，是絕對正確的，沒有任何可改變的地方。要迫使中央改變八條，拿什麼迫使？有什麼了不起的力量？我們偉大的領袖毛主席領導全中國人民打敗了日本、蔣介石，解放了全中國，從來沒有向任何「強」敵低過頭。現在這一小撮走資本主義道路的當權派，是一小撮蛆蟲，在那裡蠢動。這是他們欺騙群眾的理由，這一小撮蛆蟲，想迫使中央改變決定，真是豈有此理！他們也知道八條是不會改變的，為什麼要這樣喊？目的是在欺騙群眾、煽動群眾。他們煽動一部分人到北京去搞亂，一方面在呼市煽動一些人搞反抗中央，反對八條的所謂遊行，另一方面又派人到各盟、市、旗、縣煽動鬧事。上下呼應，緊密配合，搞反革命活動。

第二、繼續支持欺騙蒙蔽保守力量，維護被他們欺騙、蒙蔽的保守組織。利用這些御用工具、繼續為非作歹。

第三、繼續製造謠言，在呼市街上、各盟、市、旗縣謠言很多，都是從他

們的黑司令部傳出來的，我們必須徹底揭露。

第四、挑動武鬥。企圖製造事件，搞亂秩序。現在武鬥天天在搞，不斷發展。在呼市街上，天天在流血。這統統是走資本主義道路當權派的罪惡。

再一個辦法就是破壞生產，煽動工人、農民離開生產崗位，到街上遊行。

總之，種種情況表明，走資本主義道路的當權派，並不甘心於失敗，仍在進行垂死掙扎。面對這種情況，我們怎麼辦？我們應該高舉八條的偉大紅旗，學習八條、熟悉八條、掌握八條、運用八條、貫徹執行八條。開展強大的政治攻勢，把他們正在進行的資本主義反革命逆流徹底粉碎、徹底打垮。

我們應該堅決擁護我們的子弟兵，和人民解放軍團結在一起、戰鬥在一起、勝利在一起。我們應該把鬥爭矛頭堅決對準劉、鄧、陶、烏蘭夫、王逸倫、王鐸、劉景平等走資本主義道路的當權派。把他們徹底批臭、鬥臭、鬥倒。我們應該批判頑固不化的保守組織的頭頭。爭取、教育、幫助受蒙蔽的群眾起來革命。應該增強左派隊伍的團結，提高左派隊伍的戰鬥力。應該遵照毛主席的教導，戒驕戒躁，不斷學習，不斷總結，不斷前進。為取得無產階級文化大革命徹底勝利而戰鬥！

同志們！我們面臨的鬥爭任務是十分艱巨的。在今後的鬥爭中，我們願意、堅決、一定和革命派的同志們團結在一起，戰鬥在一起，勝利在一起！在今後的艱巨的鬥爭中，在同志們的幫助下，監督下，盡我可能盡的一切努力。讓我們大家共同努力，迎接我們的徹底勝利。

最後讓我們振臂高呼：

向中國人民解放軍致敬！無產階級文化大革命萬歲！

無產階級革命路線勝利萬歲！戰無不勝的毛澤東思想勝利萬歲！

中國共產黨萬歲！毛主席萬歲！萬歲！！萬萬歲！！！

（八一八革命造反團材料組整理）

《井岡山》報第九期
《井岡山》報編輯部
一九六七年四月二十九日

4.滕海清代司令員在團以上幹部座談會上的講話（1967.04.22）

中央關於處理內蒙問題的決定下達後，同志們做了許多工作，大家很辛苦、本來想開個大會講一講如何執行八條的問題，但從現在的情況看，還有些困難。所以，先找大家談一談。

現在，呼市看來有些亂，但總的說形勢是好的。中央做出了正確的決定，指出了軍區這段時間所犯的錯誤，我們工作有了明確的方向。支持誰，不支持誰，中央已經明確，比過去好辦了。中央八條決定公佈後，軍區大多數同志是擁護的，呼市三司等革命左派力量正在壯大，保守勢力開始分化。

部隊的形勢也是好的，這是主流。內蒙的部隊是個好部隊，戰士是可愛的。不要只看到上街遊行的這一面，這是因為我們政治思想工作跟不上，部隊的思想要一百八十度的大轉彎，需要做大量的工作，需要有一個認識過程，軍區的各級領導絕大多數是好的，是經過長期考驗的，是我黨的寶貴財富。不要只看這一段的缺點、錯誤，看得漆黑一團，而要看到工作的成績和全部歷史。錯了，改正就是好的，這主要是思想認識問題。軍區革命領導有錯誤，說話就不聽了，這也不是毛澤東思想。看問題要看主要方面，中央決定上指出，犯錯誤的只是「個別領導人」，「某些同志」嘛！肖華主任說：責任由軍區領導擔起來，下邊不承擔責任。軍區領導上應作深刻檢查，把所犯錯誤的事實講出來，吸取教訓，無非是為了教育自己，教育幹部。在這個問題上，是花了「學費」，付了代價的，應該講。敢於承認錯誤，這正說明你毛澤東思想紅旗舉得高了。

要看到呼市的階級鬥爭是非常尖銳複雜的，階級敵人利用軍隊「思想轉彎」的時機，大肆活動，乘機搞亂、造謠、挑撥，妄圖搞亂我們的陣線。當前的情況是嚴重的。部隊從四月十六日以來，帶頭上街遊行，把矛頭指向革命群眾，指向黨中央，公開對抗中央的決定，這在解放軍是少有的。當然，這不是軍區的所有部隊，是少數沒有覺醒的人。幾天來，上街的越來越多，甚至有的全副武裝也上街了。可以看出，他們對中央八條決定的抵觸情緒是不小的。我

們對中央決定抱什麼態度，是一個重大原則問題。中央對內蒙的決定，是經過多方面調查研究的，是經過很長時間考慮的，中央瞭解的情況要比我們瞭解的多，瞭解的全面。這個決定是經過我們偉大領袖毛主席及其親密戰友林彪同志批准的，是完全正確的，決定為內蒙向何處去指出了方向，是關係到內蒙人民命運的大問題，因此，我們不應當有絲毫懷疑，必須堅決執行。有些同志說：「組織服從，思想上不通」。事實上，如果思想上不通，組織上也不可能很好地服從。呼市前天晚上衝××，就是××搞的。農民上街是×××派車接的。遊行隊伍的指揮「很有水平」，指揮是幾十歲的人，哪有幾十歲的戰士，哪有戰士能指揮嘎斯69和華沙車的？問題不是很明白嗎？戰士對有些問題一時搞不通，是可以理解的。幹部這樣做就嚴重了。我們各級領導幹部要做好部隊的政治思想工作。戰鬥部隊要很快的穩定下來，軍區司、政、後領導機關更要模範地堅決地貫徹中央的決定。現在軍區大院很亂，這不好。請掌握部隊的同志注意，軍委有明確規定，軍以下部隊搞正面教育，不准串連。如果有人到部隊串連，對抗中央決定，這是非法的，要把他們趕出去！我們的同志跟毛主席革命幾十年了，在這個時候控制不住部隊，這是對不起黨、對不起毛主席的。少數部隊出了問題，就不僅僅是個內蒙問題了。我相信大家絕不會辜負毛主席、黨中央的教導的。在這個緊要關頭要挺身而出，做好工作。

部隊上街遊行示威，是向誰遊行，向誰示威，造誰的反？！還不是向中央示威，造無產階級的反！這是公開地對抗中央，大方向錯了。這樣嚴重地對抗中央，已經不是什麼思想認識問題了，而是立場問題，是站在那一邊的問題，發展下去，矛盾性質會起變化的。高錦明、吳濤同志是什麼人，中央已經明確指出了。高錦明、吳濤是好同志，當然他們有缺點、有錯誤。中央在文件上這樣點名還是不多的，可是部隊中有些人偏要「打倒高錦明」、「打倒吳濤」，這就是造中央的反嘛！這實際上就是保護黨內走資本主義道路的當權派，這是有壞人在搞陰謀。為什麼不把矛頭指向劉、鄧，指向烏蘭夫、王逸倫等一小撮黨內走資本主義道路的當權派，而把矛頭指向高錦明、吳濤同志呢？不要看輕這個問題，這就是軍隊內的階級鬥爭、兩條路線的鬥爭。這是聽不聽毛主席的話，執行不執行毛主席革命路線的問題。**毛主席教導我們：「必須提高紀律性，堅決執行命令，執行政策，執行三大紀律八項注意」**。部隊上街，機關趨

向癱瘓，有些部隊失去控制，這哪是聽毛主席的話？這是很危險的，這不是好事。整個內蒙部隊是好的，是解放軍的一部分，處在反修前線，是有功勞的，領導是信任的，不相信，為什麼還把軍區部隊放在反修前線呢？在文化大革命中，軍區的某些領導人犯了錯誤，怎麼能因為某些領導人犯錯誤就不相信了呢？這有壞人在裡邊挑撥離間，我們一定要看到這一點。

我們是毛主席親手締造、林副主席直接領導的中國人民解放軍，**毛主席提出：全國學習解放軍**。林副主席提出：部隊要做好樣子。部隊上街遊行示威，公開反對中央決定，這是什麼好樣子？！這是往解放軍的臉上抹灰嘛！當然，這只是少數的幹部、戰士，他們是受蒙蔽了。現在部隊上街還沒有停止，這幾天越來越多，貫徹八條的思想阻力還比較大，各級領導同志要看到這個問題的嚴重性。這樣搞下去，犯錯誤的就不是個別人了，因為，現在中央對內蒙的問題已經明確了，在這樣做，就是明知故犯，就會有更多的人犯錯誤。這樣做，直接違背了軍委的八項命令，破壞了軍隊的組織性、紀律性，嚴重地損害了我軍的勝利，發展下去勢必影響戰備，這只能使親者痛、仇者快。如果軍隊失掉指揮，誰高興呢？只有敵人高興。三司等革命左派的同志也很擔心這個問題，因為左派需要依靠解放軍嘛！我對他們說：整個軍區是好的，某些領導人有錯誤，要改爭，但決不能把矛頭指向解放軍，指向內蒙軍區，他們也是這樣看的。軍區的許多幹部對不對上街也很著急，有的人卻在那裡高興。我們一定要同個別煽動對抗中央決定的壞人劃清界限，回到毛主席的無產階級革命路線一邊來。

中央決定上講，軍區在支左工作中犯了方向、路線錯誤。這是講個別領導人，並沒有指軍區整個領導和黨委，是非常有分寸的。毛主席指示解放軍支左以後，由於思想準備不夠，沒有經驗，犯了錯誤，現在中央指出來，糾正了，就完了。為什麼有些幹部過去對不正確的東西，接受的那麼快，現在對中央正確的決定卻接受不了？為什麼軍區過去方向指錯了，執行那麼堅決，現在中央說話了反而不能很快地改過來？當然，轉變認識問題要有個過程，但必須向幹部戰士講清楚這個問題的嚴重性。

軍區向中央有一個檢討，我看了，那是向上的，寫的不很詳細。什麼是方向錯誤？就是軍隊介入地方文化大革命以後，鬥爭矛頭指向那裡，是指向黨內

走資本主義道路的當權派，還是指向革命群眾。指錯了就是方向錯誤。軍區一開始，把三司打成「反革命」組織；向手無寸鐵的革命群眾開槍，叫不叫鎮壓群眾？抓人，打人有沒有？抓了二千多人，他們都是地、富、反、壞、右嗎？不！大部分是持不同觀點的人。內蒙一千二百萬人，抓了兩千多人數量不小，這不是方向錯誤？韓桐被打死了，兩個醫生證明了一下，也被關起來。當然，三司也打過人，衝過軍區機關，不管有什麼理由，衝軍區機關是不對的。但這是革命組織犯錯誤，就像好人犯錯誤一樣。請大家回想一下，當時軍區搞三結合的是什麼人？是王逸倫、王鐸、王逸倫是什麼人，不僅歷史上有嚴重的政治問題，而且裡通外國，和一個同幾個資本主義、修正主義國家駐華大使館有關係的女人鬼混，究竟提供了多少情報？王鐸是什麼人，一九四一年就跟烏蘭夫，是烏的死黨，也和外國有聯繫。昨天接到香港給他寄來一封信，要他去臺灣……（這時，滕將信拿出讓大家看），內容十分反動。軍區找這些壞人搞三結合，讓他們上了臺會把內蒙引向何處去？這不是路線錯誤嗎？當然，軍區並不是有意擁護他們，是不瞭解，受了騙。內蒙有×千多公里的國防線，如果不指出這些問題，再搞下去，後果是非常嚴重的。

軍區有沒有無組織、無紀律，搞獨立王國的問題？吳濤同志被打成「三反分子」，軟禁兩個月，軍區黨委請示過軍委沒有？吳濤同志在前一段已經下了樓了嘛！是在批判資產階級反動路線時打成「三反分子」的，群眾怎麼打都可以，黨委為什麼不報告，不請示軍委？據說軍區政治部還發傳單把高錦明、權星垣、康修民同志宣佈為反革命修正主義分子，不經中央批准，怎麼能這樣做！還有把中央派來的記者抓起來，問題很嚴重。林副主席指示，要對中央排除的記者給予一切方便條件。記者是中央派的，歸中央領導，怎麼能抓呢？抓了，中央叫放，還不放，人家到了車站還揪回去。嚴重不嚴重？再就是呼市奪權未經中央批准，就要在三月十八日開十萬人的大會。呼市奪權沒有報告中央，周總理是在他們要求用飛機散傳單時才知道，周總理知道後沒讓開。我瞭解的情況不多，就舉這幾個例子，請大家想想這是什麼問題？

毛主席教導我們說：「世界上的事情是複雜的，是由各方面的因素決定的。看問題要從各方面去看，不能只從單方面去看。」我們聽情況也要從多方面去聽。只聽一面，思想轉不過來，還會犯錯誤。現在階級鬥爭這樣複雜，各

種人都要登臺表演，只聽一面，怎麼不犯錯誤。例如，有人說三司那邊成員百分之六十四是地、富、反、壞、右。我想了一下，毛主席說全國五類分子不過是百分之幾。呼市不到四十萬人，就算這裡階級成分複雜，按百分之十算，也不過三、四萬人嘛！現在三司等革命組織共七、八萬人，就算這些人都在三司這邊，也不過才百分之四、五十嘛！哪有那麼多？大家可以想一想。當然，群眾組織有的比較純一些，有的比較複雜一些，要從整個組織的全貌來看，只看一個具體單位，有時不能說明問題。還有人說，過去被打成黑幫的，現在都跑到三司方面來啦。這要從兩方面看，有的是過去打擊面寬了，打錯了的當然他們要起來造反；有的可能是壞分子鑽進三司。但要相信左派組織，他們一定會進行組織整頓的。任何一個群眾組織，絕對的純是沒有的，純是相對的。看問題，不看主流和本質，只看支流，就不能不犯錯誤。

有人說，既然中央早就知道王逸倫、王鐸是壞傢伙，為什麼不早揭發，還要他們當書記？這是因為內蒙古自治區黨委階級鬥爭的蓋子過去沒有揭開嘛！矛盾的暴露需要一個過程。這次無產階級文化大革命就是要把這些壞人揪出來。過去有些就是不知道，問題揭開了才查出來了嘛！例如劉少奇招降納叛，他離開新四軍，要饒漱石接替他，要安子文當組織部長，這些都是叛徒。是紅衛兵把過去的舊報紙翻出來，一個一個查對出來的。挖出薄一波、安子文、劉蘭濤等六十多個叛徒，小將們有很大的功勞！王逸倫的問題有人是知道的，劉少奇、安子文會知道的，但是他不講。權在他們手裡，他們把好人打成「壞人」而把壞人保護起來。這是他們搞資本主義復辟的組織準備。他們要搞資本主義復辟，還在政治思想上作準備，這就是拼命地販賣黑《修養》，中央宣傳部、文化部在他們手裡，軍隊裡他們找到了羅瑞卿。他們是在搞反革命的三結合，不過，他們沒有搞成就被我們挖出來了。如果讓他們這些壞傢伙當了權，專了政，中國就會改變顏色，就要千百萬人頭落地。

有人說，「無產者」人數多，「三司」人數少，好像人數多就一定是正確的。用人數多少判斷真理在那一邊，這是不符合毛澤東思想的，是形而上學的。人數多並不一定代表正確路線。毛主席親自主持制定的十六條中指出：「要保護少數，因為有時真理在少數人手裡的。」例如，長征時，張國燾鬧分裂，張的人多，毛主席人少。但毛主席代表馬列主義的革命路線，張國燾是代

表右傾機會主義路線的，最後他成了叛徒。遵義會議以後，在一段時間裡，擁護毛主席革命路線的也是少數，多數人是擁護王明路線的，但結果還是毛主席的革命路線取得了勝利。歷史上，任何一次革命群眾運動，都是從小到大，從弱到強的。在文化大革命中團結大多數，也是要經過鬥爭後最後達到的。我們不能簡單地用多數或少數作根據，來判斷所執行的路線是否正確。真正的革命左派必將由少數變為多數。呼市三司等革命組織，如果在前一段不是收到資產階級反動路線的迫害，恐怕已經成為多數了。

有人說，三司的成員這樣複雜，還要不要階級路線了？當然要講階級路線，不講是不對的。但看一個組織、一個人是否正確，不光是看階級成分，更重要的看執行了什麼路線。特別在當前兩個階級、兩條道路、兩條路線鬥爭的緊急關頭，更要特別注意這個問題，因為這是根本方向問題。如果是擁護和執行了毛主席的革命路線，就是正確的。如果站在資產階級反動路線一邊，不管你成分多麼好，你多少代都是工人，也不能認為你是正確的。在兩條路線鬥爭中，衡量一個組織、一個人是執行的革命路線，還是反動路線，光從出身、成分上去看是看不出來的。一些出身於剝削階級家庭的人，站在毛主席的革命路線一邊，就說明他叛變了原階級，改變了立場，這是好事情，應當歡迎嘛！那麼，成分好的就不好了嗎？我說的絕不是這個意思。成分好的當然好，他們是熱愛黨、熱愛毛主席的，但如果被黨內走資本主義道路的當權派欺騙了，利用了，站在資產階級反動路線一邊，那麼成分再好也不行。總之，我們要按照毛主席的指示辦事，既要有成分論，又不能唯成分論，而且要重在政治表現。在文化大革命中，許多同志在這個問題上犯了錯誤，就是因為對兩條路線的鬥爭很不理解。

解散保守組織問題，中央決定上指的是「跨行業的上層組織」。因為工農兵革命委員會等保守組織的上層人物，他們把路帶錯了，執行了資產階級反動路線，自覺或不自覺地受到王逸倫等一小撮黨內走資本主義道路當權派的操縱，大方向錯了，所以，這些上層組織，應按中央規定解散、這些保守組織下面的基層組織，就不要採取強制的辦法解散。要相信群眾自己會教育自己，他們一旦認識到錯誤，知道受蒙蔽了，就會大殺回馬槍，把蒙蔽他們的人揪出來，堅決地回到毛主席的革命路線一邊來的。廣大群眾是好的，是要革命的，

不能說他們是不革命的，更不能說他們是右派，是反革命。現在有些人一說保守組織就是右派，右派就是反革命，怎麼能這樣呢？這是嚴重的模糊認識，也可能有人故意製造思想混亂。因此，一定要把保守組織和廣大基本群眾區別開，廣大群眾是沒有責任的，只是上層領導機構帶錯了路。好比一個連行軍走錯了路，責任主要在連長、指導員，戰士有什麼責任？作為保守組織中的廣大群眾，他們改變了觀點就應當歡迎，相信他們一定會回到毛主席革命路線上來的，一定會成為左派。

至於軍區在支左工作中犯了錯誤，責任在領導，廣大幹部、戰士不承擔路線錯誤的責任。當然，這一事件對所有同志都是一堂生動的階級教育課，每一個同志都要從一事件中接受教訓，提高階級鬥爭觀念，把無產階級覺悟大大提高一步，堅決響應毛主席的偉大號召，堅決支持左派，把內蒙地區的無產階級文化大革命進行到底，取得完全、徹底的勝利。

戴紅袖章的問題。這不要和毛主席比。紅衛兵向毛主席獻袖章，毛主席戴袖章是有重大政治意義的，是指方向的。我們這些同志戴上袖章有什麼意義？

聽了大家談的情況，看來，三團在教育部隊執行中央決定的工作上做得比較好。最主要的經驗，就是領導幹部敢站出來講話，用毛澤東思想向戰士做解釋，大家應該向他們學習。目前，許多問題要向幹部戰士講清楚，我們的戰士是很可愛的，都是很好的戰士，他們熱愛黨，熱愛毛主席，只要把道理講清楚，把蓋子揭開，他們很快就會轉過來，怕講是不行的。開不成大會開小會，要講大道理，大方向，大道理管小道理。要發揮政治思想工作的威力。

毛主席教導我們，在路線問題上沒有調和的餘地。我們現在旗幟要鮮明，要支持三司等革命群眾組織。當然，組織鮮明可能會受到圍攻，那不要緊。如果旗幟不鮮明，不劃清界限，保守組織就會有幻想，左派隊伍就不能很快壯大。在這個大是大非問題上不能和稀泥。支左，就是支持左派，這是立場問題。當然，對保守組織的基本群眾也要積極做好政治思想工作，耐心教育，提高他們的革命性。

對部隊要加強教育，加強黨團活動，抓緊支部工作，要抓組織，發揮骨幹作用。最根本的問題還是用毛澤東思想掛帥，突出政治，活學活用毛主席著作，在鬥爭中學，在鬥爭中用。

　　軍以下部隊是搞正面教育的，其他單位不能去串連，部隊不經軍區批准，不能再擅自上街遊行。要注意壞人造謠挑撥軍隊與左派的關係。內蒙處在反修前線，蘇修、蒙修天天在盯著我們，軍區擔負著保衛無產階級文化大革命，保衛國防的光榮而艱巨任務，我們千萬不能麻痺，一定要提高警惕，加強戰備。這要和部隊講清楚，千萬不要上當。為什麼不聽毛主席、黨中央的話，卻輕易聽信謠言呢？這就是階級鬥爭的一種現實反映。階級敵人在這個時候跳出來是不奇怪的。不然的話，它就不叫敵人了。好，就講這些，供大家參考。

　　　　　　　　　　（根據三次講話記錄綜合整理，未經本人審閱）

　　　　　　　　　　　　　　　　內蒙古黨委機關紅旗聯合總部
　　　　　　　　　　　　內蒙古黨委機關《井岡山》革命造反縱隊翻印
　　　　　　　　　　　　　　　　　　　1967年5月2日

5.學習中國人民解放軍突出政治的光榮傳統，為把內蒙革命造反派建設成為一支非常革命化非常戰鬥化的隊伍而鬥爭

——一九六七年六月九日上午滕海青代司令員在呼市無產階級革命造反派政治工作會議上的講話（1967.06.09）

無產階級革命群眾的同志們，戰友們，小將們！

首先讓我們敬祝偉大領袖毛主席萬壽無疆，萬壽無疆！（呼口號，祝毛主席萬壽無疆，萬壽無疆！）敬祝我們林副主席身體健康，永遠健康！（呼口號：祝林副主席身體健康，永遠健康！）

呼市無產階級革命造反派經過了一年艱苦頑強的鬥爭並取得了重大勝利之後，今天有這樣多造反派的代表歡聚一堂，總結交流經驗，提高思想，掌握武器，明確任務，堅定信心，加強團結，以便更集中力量去爭取新的勝利。這個大會開得很及時，開得好。這個大會，是一個突出無產階級政治的大會，是一個高舉毛澤東思想大紅旗的大會，是呼市無產階級革命造反派興盛的表現，是逐步成熟的標誌。

今天我來向同志們學習，同時我想談一談如何加強無產階級革命造反派的思想建設問題。

一年來，以呼市三司為代表的無產階級革命造反派高舉毛澤東思想偉大紅旗，高舉革命的大旗，批判的大旗，指向毛主席親自開闢的航道，緊密團結廣大革命群眾，把矛頭直接指向黨內最大的一小撮走資本主義道路的當權派，揪出了烏蘭夫及其代理人王逸倫、王鐸，這是一個偉大的功績。你們長期地與資產階級反動路線進行頑強不屈的鬥爭，用鮮血和生命包圍了毛主席的革命路線，這又是一個偉大的功績。特別是在今年二月以來黑風的白色恐怖下，在從上而下的資本主義反革命復辟的逆流中，你們頂住了黑風和逆流，不怕圍，不怕打，不怕抓，不怕死，繼承和發揚了無產階級革命派的硬骨頭精神，艱苦奮

戰，終於粉碎了這一股反動逆流，搗毀了地下黑司令部，撲滅了階級敵人妄圖在內蒙地區實現資本主義反革命復辟的妄想，這又是一個偉大的功績。你們這一支用毛澤東思想武裝起來的，經過階級鬥爭風雨鍛鍊和考驗的隊伍，是無產階級文化大革命的急先鋒，為內蒙地區的革命事業做出了卓越的貢獻。你們的革命精神好得很，鬥爭大方向始終是正確的。你們的光榮鬥爭歷史將載入內蒙的無產階級文化大革命的史裡，永遠不忘。你們忠於毛澤東思想，忠於毛主席的革命路線，堅定不移，不畏強暴，敢於造反的革命精神，也是我們人民解放軍永遠學習的榜樣。

　　當前我們無產階級文化大革命進入了兩個階級、兩條道路、兩條路線大搏鬥，大決戰的階段。內蒙地區的無產階級文化大革命，自從我們偉大的領袖毛主席和他的親密戰友林副主席親自簽發了中共中央關於處理內蒙問題的決定和最近毛主席親自批示照辦的內蒙軍區五項命令，以及軍委關於處理內蒙軍區問題的決定發佈以來，又這個地區的無產階級文化大革命指向一個嶄新的階段。這個新階段的鬥爭任務，就是要緊緊地掌握鬥爭的大方向，發展和壯大左派隊伍，團結廣大群眾和廣大幹部，實現革命的大聯合，打擊黨內一小撮走資本主義道路的當權派，有步驟，有計劃的把被黨內一小撮走資本主義道路當權派所篡奪的、騙取的黨權、政權、財權，文權統統的要奪回來，大抓革命，督促生產，實行革命的三結合。無產階級革命造反派必須清楚地清楚地知道自己的任務任重道遠。今天我們所取得的勝利不過像毛主席指示的，只是萬里長征走完了第一步。我們說今天取得了偉大的勝利，但是，這個勝利是初步的勝利。也是萬里長征走完了第一步。我們在好的形勢情況下，必須要看到我們的艱難。當前階級鬥爭在內蒙地區是比較複雜的，兩條路線的鬥爭不僅是在地方，而且在軍隊裡面也是很劇烈的。自從二月份以來，在內蒙地區出現了一股資本主義反革命復辟的逆流。在「八條」下來以後，也就是在軍隊，軍隊裡面以黃厚、王良太他們為首的這種反黨反中央的反黨集團，現在還沒有徹底把他們肅清。這一工作還是才開始，我們要把以黃厚、王良太為首的這個反黨集團，把它徹底肅清，鬥倒、鬥臭。這要一個相當長期的工作。他們的反黨集團不僅在軍隊裡面，而且與地方的王逸倫、王鐸等黨內走資本主義道路當權派他們是勾結在一起的。現在也把黃厚，王良太、劉昌、張德貴這一小撮人揪出來了，這是

我們內蒙地區無產階級文化大革命的偉大勝利，是毛澤東思想的偉大勝利（鼓掌）。在這樣一個關鍵時刻，我們認為，無產階級革命造反派必須熱烈地響應毛主席的偉大號召，向中國人民解放軍學習，學習中國人民解放軍突出政治的光榮傳統，把內蒙革命造反派建設成一支非常革命化，非常戰鬥化的隊伍，只有這樣，才能夠勝利地完成歷史給予我們的光榮任務。

我想講一講中國人民解放軍。我們偉大領袖毛主席號召全國人民學習人民解放軍。當然，我們無產階級革命造反派也應當學習人民解放軍，響應我們偉大領袖毛主席的號召。但是，學解放軍什麼呢？我想今天在這裡多用一點時間談一談這個問題。

中國人民解放軍是毛主席親自締造的，林副主席親自指揮的，是一支非常無產階級化，非常戰鬥化的人民軍隊，是在光焰無際的偉大的毛澤東思想哺育下，在兩種建軍思想，兩種建軍路線鬥爭中壯大和成長起來的。幾十年來，中國人民解放軍在第二次國內革命戰爭中，在抗日戰爭中，解放戰爭中，以及在抗美援朝戰爭中，打敗了蔣介石八百萬軍隊，打敗了日本帝國主義侵略者，打敗了武裝到牙齒的美帝國主義的侵略，同志們，我們這個軍隊大家知道的，就是從一九二七年南昌「八一」起義，但是在一九二七年八月一日南昌的起義，這支軍隊，因為那個時候沒有按照當時的實際情況，和當時工人、農民結合起來，這支軍隊在不久就失敗了。實際上，我們人民解放軍的真正的誕生，真正的力量是我們毛主席親自領導的一九二七年秋收暴動起來的一支軍隊，長征起義的軍隊。真正成為我們人民解放軍的，以後發展壯大起來到現在我們人民解放軍，也就是在一九二七年秋天毛主席領導的秋收暴動的這支軍隊。這支軍隊開始只有三個團的部隊，因為當時沒有經驗，打了一氣仗，以後打了一些敗仗，隊伍剩的很少了，不到一千人。這個時候毛主席親自出來把他們帶到江西的一個叫三灣的地方，整編了，整編成為一個團。毛主席就帶著這個團上了井岡山，建立了以井岡山為中心的革命根據地。我們的軍隊就是從無到有，從小到大，從弱到強。所以說，我們的軍隊是毛主席親自締造的，也就是說，我們的軍隊開始只有幾百人，千把人，就是毛主席把它組織起來，親自帶到井岡山，建立了第一塊中國人民的根據地。所以，從一九二七年到一九三七年這十年中間，我們的軍隊是從小到大，從弱到強，逐漸發展到全國的紅軍

三十萬人。這個時候我們黨裡面出現了左傾機會主義，以王明為代表的領導，也就是第三次左傾路線。這個時候，他們違反了毛澤東思想，他們開除了毛主席的領導。在這個時候沒我們的軍隊受了很大的損失，一直到一九三五年一月間在長征的途中，在貴州遵義開了遵義會議。這個時候，我們黨，我們人民真正找到了我們最偉大的領袖毛主席。在這樣一個最艱難，最危險的時候，也就是中國革命處在非常危險的關頭的時候，這個時候我們毛主席出來，挽救了中國革命。從遵義會議以後，經過了爬雪山，過草地，毛主席帶著這個軍隊到了陝北，與陝北的紅軍會合了。那個時候，我們中國有十幾個蘇區，有十塊根據地，最後也就剩陝北一塊根據地了，紅軍三十萬一直到陝北，在一九三七年抗日戰爭開始的時候我們的軍隊不到三萬人。所以，這個罪惡主要是以王明為代表的第三次左傾路線，把我們的蘇區損失了百分之九十，紅軍也實際上由三十萬人到最後不到三萬人。我們白區的黨，那個時候所謂以劉少奇為代表的白區的黨損失了百分之百。但是我們的軍隊，在我們偉大領袖毛主席親自領導下，雖然我們人少了。但是我們的馬列主義的水平高了，軍隊戰鬥力更強了。有了正確的路線，正確的領袖的領導，我們的部隊雖然少，但是在抗日戰爭爆發以後就發展的很快了。抗日戰爭開始由三萬人一直到一九四五年日本投降的時候，我軍已經發展到一百二十萬人了。經過了八年的抗戰，我們的軍隊取得了很大的發展，全國的根據地的人口到一億人了。所以，在這個時候就取得了第三次，也就是解放戰爭的勝利。不到四年的時間，三年多的時間，消滅蔣介石八百多萬軍隊。在我們解放戰爭剛剛結束的時候，美帝國主義又開始發動了侵略朝鮮的戰爭，這時我們的軍隊在很疲勞的情況下又參加了抗美援朝戰爭，打敗了以美國為首的所謂的聯合國軍隊。所以，這一系列的勝利就看到我們人民解放軍為什麼能夠從無到有，能夠從弱到強，基本的原因也就是它是在毛澤東思想武裝起來的人民解放軍。在保衛和參加社會主義革命，社會主義建設中，我們人民解放軍也作了重大的貢獻。在毛主席親自發動和領導的無產階級文化大革命中，人民解放軍執行了「三支兩軍」的最高指示，這也創立了新功。為什麼中國人民解放軍能夠從小到大，從弱到強，以劣勢裝備戰勝優勢裝備的敵人，從勝利走向新的勝利，根本的原因就是我們的軍隊高舉毛澤東思想偉大紅旗的結果，是堅決貫徹執行毛主席思想偉大紅旗的結果，是堅決貫徹執行毛主

席關於政治建軍方針、路線的結果。四十年來，我軍在歷次革命戰爭的時期，以及社會主義革命社會主義建設時期，毛主席關於政治建軍作了許多極為重要的指示，形成了一套完整的突出政策的光榮傳統，創造了豐富的政治工作經驗。毛主席關於政治建軍的光輝思想是極其豐富的，極其深刻的，極其廣泛的，全面的，正確地加以概括當然是比較苦難的。根據我的學習，根據我的體會，毛主席政治建軍的他的歷史，他的光榮傳統，大體上可以分以下幾方面：

關於政治是統帥、是靈魂，政治工作是一切工作的生命線的觀點。毛主席在一九二九年制定的古田會議決定中明確地說明了政治與軍事，政治與業務，政治與技術的關係，正確指出：「**軍事只是完成政治任務的工具之一**」，「**中國的紅軍是一個執行革命的政治任務的武裝集團**」。毛主席在闡述人和物的關係的時候，多次指出：「**武鬥是戰爭的重要因素，但不是決定的因素，決定的因素是人不是物。**」等等。毛主席這一光輝思想，像一條紅線一樣貫穿著我軍建軍的全過程，一九二九年古田會議，十二月初，這個時候正式毛主席領導井岡山的紅軍粉碎了敵人幾次圍剿，紅軍有很大的發現。但是，這個時候，因為我們黨內有一部分人，那個時候就反對毛澤東同志的領導，毛主席由軍隊內排斥到軍外去了，他就沒有掌握軍隊的工作，就作地方工作去了。可是，那個時候軍隊呢？名字叫紅四軍，打了幾次仗之後，這個軍隊就越來越不能打仗。我們軍隊有一部分人是從舊軍隊轉過來的，他們有流寇思想，不想建設根據地的思想，這樣的軍隊就越來越不能打仗了。所以，在這樣一個時期，又把毛主席調回去，調到軍隊裡面去，就在經過一個地方，叫古田的地方開了紅四軍的黨代表大會，毛主席在這個會議上做出了一個決定，所以叫古田會議決議。這個決議不僅是我們軍隊的建軍、建黨的根本的準則，也是我們中國全黨建黨各個方面的準則。所以在什麼時候，我們的軍隊離開了毛澤東思想，離開了毛主席領導，我們軍隊就要打敗仗。古田會議當時就是這樣一個情況。毛主席在建軍的時候，他是強調政治思想上的建設，政治是統帥，政治是靈魂，政治工作是一切工作的生命線。所以，我們軍隊的建軍就是政治建軍。林副主席根據這一偉大真理，創造性地概括為「四個第一」。各種工作和政治工作的關係，政治工作第一；政治中業務性工作和思想工作的關係，思想工作第一，思想工作中書本思想和活的思想的關係，活的思想第一。這就是我軍政治建軍的理論基礎

和它的指導思想。

　　人和武器的關係，人的因素第一，這不僅是在軍隊中間，我們作任何事情，工業、農業一切事情都要是靠人的因素。我們的無產階級革命造反派也沒有武器，能夠戰勝各種的困難，能夠把最頑固的堅固的據點──「工作大壩」拿下來，我們不是靠武器打的，靠人的因素，靠政治攻勢。農業的發展，工業的發展，一切都主要是靠人的工作。人的工作是什麼工作呢？就是政治思想工作。政治思想工作就是做人的工作。做人的工作，就是要用毛澤東思想改造每一個人的主觀世界。政治工作中間有許多其他的工作，業務性的工作，政治工作，業務性的工作與政治思想工作比較起來還是作政治思想工作。思想工作有一個書本的思想和活的思想，那麼主要抓活的思想。這並不是說書本的思想不要。活思想有兩種：一種是先進的，一種是後進的，或者落後的。活思想就反映了客觀存在的一些問題，要抓住客觀存在的一些問題，用毛澤東思想為武器去解決這個活思想。書本的思想是作為一個武器。比如毛澤東思想，它是貫穿在毛澤東著作，黨的方針政策上，要把這種書本的思想貫輸到每一個人的思想中，那就產生一種正確的思想。我們呼市的這樣的情況，在我部隊裡面表現的很明顯的，部隊開始遊行示威，根本沒有辦法指揮的。在五月十三日，我們調了一個部隊，就是鐵道兵×××團，闖進來以後，以王良太、黃厚他們操縱的這個黑司令部，他們就有一個計劃，準備三天到七天要把×××團搞過去。他們是做了很多的工作，軟硬皆施的工作，向×××團的戰士，尤其是戰士，向他們做工作。但是，×××團的戰士整真正是毛澤東思想武裝起來的戰士，三天，五天，一個禮拜，半個月，不但沒有搶過去，而且×××的戰士越看到這個越堅強，越看越清楚。警衛營的戰士捧著衝鋒槍到×××團門口崗哨那去講，（×××團這個軍隊是施工部隊，他們的武器比較差，他們主要是施工，）查看他的武器不好，警衛營的戰士拍著自己的衝鋒槍說，我有這個，意思他那個比他的強。我們×××團的戰士掏出《毛主席語錄》說：你有這個，我有這個！（鼓掌）同志們看一看到是毛澤東思想強，還是他的衝鋒槍強呢？當然是毛澤東思想武裝起來的人嘛，這是最大的戰鬥力。這種也是活思想。但是，這個活思想，因為這個部隊他學習毛主席著作學的好，頭腦裡面紮了根，只有毛澤東思想，毛主席怎麼講，他就怎麼做，一切馬路消息，一切謠言他們

都不聽，他們只聽中央的，只聽毛主席的，只聽軍委的，所以他們是一個堅強的戰士。如果不靠毛澤東思想就可能被人嚇倒，還有騎×師××團，我們調來一個連到賽馬場，那個部隊來，信心很高，關鍵的時刻讓他們擔任很重要的任務，他們很高興。來的時候我們造反派的同志給打掃房子歡迎他們，可是保守派就打了他們才進來的一個幹部。打了以後馬上就造謠說這是三司打的。戰士看清楚了，你們完全是造謠嘛，本來完全是你們打的嘛，怎麼說三司打的呢？從這一點證明謠言不攻自破。第二天他們（保守組織）就派了很多的人威脅這些戰士，讓他們辯論，辯論也不行，最後派了一些女同志，在哪裡採取另一種瓦解這個部隊，表現很善心的，洗衣服，補衣服，釘扣子，搞這些東西，想腐蝕這個部隊。但是部隊的戰士看清楚，原來他們搞硬的不行，現在他們搞軟的一套更加不行。硬的軟的都失敗了。所以，這個不對也是一個以毛澤東思想武裝起來的部隊，戰士、幹部完全可以辨別是非。

關於人民軍隊建軍的宗旨的論述。毛主席關於在古田會議決議、《為人民服務》、《論聯合政府》、《中國人民解放軍宣言》等許多光輝著作中，再三強調**「緊緊地和中國人民站在一起，全心全意地為中國人民服務，就是這個軍隊的唯一的宗旨」**。毛主席還提出：**「紅軍的打仗，不是單純地為了打仗而打仗，而是為了宣傳群眾，組織群眾，武裝群眾，幫助群眾建設革命政權才去打仗的。」**所以我們的軍隊從紅軍到抗日戰爭，我們的軍隊到什麼地方首先是組織群眾，那個地方沒有共產黨員，我們軍隊就在那裡發展黨，沒有政權，在那裡建立政權，組織群眾武裝群眾。為什麼軍隊發展這樣大呢，是不是從擴軍把部隊把群眾拉到軍隊裡來？擴大起來的？那是一種方法，主要的方法就是在那裡建立黨的組織，建立群眾團體組織，建立根據地，組織地方武裝。把地方武裝壯大起來以後，由地方武裝加入到主力部隊。紅軍打仗以後，又把幹部排到地方去，把武器、彈藥又發到地方武裝，壯大地方武裝。由地方武裝轉到軍隊，軍隊又派幹部去組織武裝。這樣的循環，把群眾組織起來了，軍隊擴大了，武裝也擴大了，把黨的組織也建立起來了，把地方政權也建立起來了。我們的軍隊歷來就是這樣的。不脫離群眾，什時候都是和群眾打成一片，和人民站在一起。所以，在古田會議中間就解決這個問題。古田會議以前，那支紅軍，在一段時間裡面，完全是為了打仗而打仗，不願意建立根據地，不願意在

井岡山那個地方建立根據地。因為井岡山是山區，很窮，生活很艱苦，不願意在那個地方。打了仗，搞到了東西，那個時候叫打土豪，打了土豪搞了東西，吃吃喝喝，以後又走了，到另外那個地方再去打。那樣的辦法那就不行嘛，那怎麼行呢？沒有根據地嘛，沒有群眾嘛，那是一種流寇思想。古田會議說的流寇思想就是這個嘛。毛主席《組織起來》、《中國人民解放軍宣言》中、要把軍隊變為工作隊，把人民解放軍變為工作隊。也就是解放戰爭已經基本勝利了，那個時候我們的部隊就過了長江，全國取得勝利了。這個時候，我們的軍隊有一種想法了，現在是打了二十多年的仗，大功告成了，我們的軍隊現在任務已經不多了，沒有仗可打了，幹什麼呢？所以，在這樣的情況下，毛主席提出來我們的軍隊要變為工作隊，要繼續做群眾工作。毛主席在七屆二中全會的報告中指出，明確規定，人民解放軍既是戰鬥隊，又是工作隊，又是生產隊的基本任務。

關於黨對軍隊的絕對領導的觀點。這是毛主席在紅軍初建時期就提出來了，支部建在連上，連隊建立支部。這個時候，在秋收起義以後，部隊在江西的三灣改編的時候，因為打了敗仗，部隊改編，人數很少。中國革命，中國紅軍能不能存在，能不能勝利，大家情緒不高的時候。這個時候毛主席親自鼓舞部隊，把支部建立在連裡面。連裡面建立支部，營裡面建立黨委，團裡面建黨委。紅軍開始的時候，在連裡面有了支部，支部就成了一個核心，支部就是一個堡壘。這個連有了支部，有了黨的領導，這個不對就打不垮，拖不爛。已在各次革命戰爭中，毛主席指出，**我們的原則是黨指揮槍，而決不允許槍指揮黨。強調我們是偉大的人民解放軍，是偉大的中國共產黨領導的隊伍。只要我們時刻遵守黨的指示，我們就一定勝利。**黨的領導是我軍取得勝利的絕對保證。黨指揮槍，還是槍指揮黨的同志們，在這一次內蒙地區資本主義反革命復辟逆流中，大家看的很清楚。在這種以黃厚、王良太他們反黨集團，反黨、反中央這個集團，在這一段行動中同志們看的很清楚。這種反黨集團，王良太，黃厚他們這一撮人，他們就是用槍指揮黨。他們想把軍隊調上街遊行示威，上北京去告狀，到中央去造反，實際上他們就是用槍指揮黨。我們照毛主席歷來教導我們的只許黨指揮槍，不能使槍指揮黨。因為我們中國有這樣一個情況，根據是軍隊建立的，群眾組織是軍隊組織的，很多地方黨是軍隊組織的，有這

樣一種糊塗觀念的人，認為天下讓老子打下來的，就是軍隊打下來的，應當是軍隊高於一切，軍隊可以指揮黨，可以指揮政權，一切地方你都聽我的。過去有這種軍閥主義的思想。所以，毛主席在紅軍初建以後，他就特別強調這個問題。我們的軍隊是執行革命任務的一個武裝集團，它是槍桿子出政權，槍桿子出政權是在黨的領導下的槍桿子出政權。如果不是在黨領導下的槍桿子出政權，過去蔣介石也是槍桿子打天下，閻錫山過去在這個地區搞的很久的。傅作義他們就是靠槍桿子保護政權嘛，那是那一種軍閥主義。槍桿子出政權，只有在共產黨，無產階級先鋒隊的領導之下，槍桿子是你為奪取政權的一種手段，一種工具。所以這個問題，如果沒有黨的領導，就沒有中國人民解放軍，那麼沒有黨的領導，這支軍隊那就與舊的軍隊，軍閥的軍隊還有什麼分別。

關於三大紀律，八項注意，這是毛主席在井岡山時候親手制定的，在一九四七年重新頒發的。三大紀律，八項注意，它既是培養我軍優良作風的政策規定，也是我軍政治工作的重要內容，這對人民軍隊建設和正向處理軍隊內部關係，團結人民，瓦解敵軍，過去和現在所遇到了巨大的作用，這個三大紀律，八項注意從來還起到偉大的作用。

關於三八作風。就是堅定正確的政治方向，艱苦樸素的工作作風，機動靈活的戰略戰術。團結、緊張、嚴肅、活潑。原來這三句話八個字使毛主席在抗日戰爭時期延安成立一個「抗大」，為「抗大」制定教育方針和校訓的時候提出這個問題。開始便是團結、緊張、活潑、嚴肅，以後才把它改為團結、緊張、嚴肅活潑。在一九六〇年林副主席親自主持軍委擴大會議上確定為我軍的三八作風。三大紀律，八項注意，我們人民解放軍什麼時候保持的，三八作風這個問題呢？那時候僅僅是在延安「抗大」裡面提出這個問題。在我們軍隊裡面，有的執行的很好，有的執行的不好。但是，中間有一段時間大家不提倡這個問題了，所以在林副主席主持軍委工作的時候，開始他就把三句話八個字重新把它頒發。作為我們人民解放軍的三八作風。所以三大紀律，三八作風整個三八作風，也就是我們人民解放軍有兩本質的集中現表，則是我們軍隊訓練，作戰的一切行動的準則，是團結自己，戰勝敵人的重要因素，是我軍無形的巨大的精神力量。所以我們的軍隊首先要團結，團結就是力量。軍隊如果不團結，打仗各打各的，互不配合，互不支援，那就不能夠戰勝敵人。在軍隊要像

個軍隊的樣子，要緊張。林副主席特別強調軍隊裡面要快，特別強調快。在我們地方，在我們革命造反派中間要不要快的作風？我說快的作風也是需要的。比方五月十日的晚上，保守派圍攻區黨委，我們的造反派反擊去的很快，如果動得不快，一直到第二天早上才去，時間已經過了，不快就不行。所以，我們軍隊要快。林副主席說，快就是軍隊，時間就是軍隊、比方搶一個據點，搶一個山頭，據一個要點，在幾十秒鐘，一分鐘之內就可以決定很大的戰略問題。這個據點他先占一分鐘，他就主動，你要去攻他，你就可能攻下來，可能攻不下來，但是我們在三十秒占了那個地方，我們就主動了，這叫快，快就是軍隊。

嚴肅，我們做事情嚴肅，革命的一切工作都是政治任務，你是為人民服務，為人民利益而工作，那就不能拖拖拉拉，吊兒郎當，那個不行。

同時，我們軍隊，我們說要活潑。有一種樂觀主義的情緒。在任何苦難的時候，我們要看到光明，看到前途，不能悲觀失望。

毛主席制定關於軍民一致，官兵一致，瓦解敵軍的三大原則和擁政愛民，強調我們軍隊和人民是一致的，軍隊等於魚，群眾等於水，軍隊離了群眾，就等於魚離開了水不能生存。官兵一致就是在政治上是平等的，士兵是可以批評任何的領導。瓦解敵軍，過去打仗的時候有瓦解敵軍，作敵軍的工作。所謂敵軍，就是和我們相對立的，那麼現在，在目前說來，我們革命造反派的對立面是什麼呢？在目前說，主要的對立面是黨內走資本主義線路當權派。但是，這種敵人比較好搞，大量的，還是走資本主義道路當權派的某一些領導頭頭操縱的廣大受蒙蔽的保守組織群眾。我們過去打仗也是一樣嘛，打仗一次俘虜上萬人，但是，只對國民黨軍隊裡面主要的是上層領導，下邊士兵卻是受壓迫的階級弟兄。所以，在那種情況下，特別是在解放戰爭的時候，我們那個連隊，軍隊打一仗傷亡很大，馬上把敵人的俘虜，把他俘虜以後，編到我們連隊裡面，原來的老兵三、五十，加上七、八十，多餘我們一倍兩倍的俘虜兵在我們連隊裡面。我們連隊幹部帶著他們同樣能打仗。為什麼呢？因為他們那些國民黨的士兵，他們也是受壓迫的階級弟兄，只要給他一次政治教育，他懂得了，他是替資產階級當炮灰的，給軍閥某些人當炮灰的，懂得這個道理以後，他就加入人民解放軍這個陣營，打仗也是很勇敢的。過去那個時候打仗，就是在解放

戰爭早晨捉的俘虜兵，晚上就去打仗，打仗時俘虜兵的帽子還沒有換，衣服還是他的，打死到底是解放軍的人呢？還是國民黨的，基本分不清楚了。為什麼國民黨的士兵一到我們這來，就能夠打仗呢？只要的是靠我們政治思想工作，一天。兩天輪流的時間就把他思想給他轉過來了。那麼，自前在呼市這個地方呢，也有這個問題，保守組織的群眾還是大量的，所以，我們對他們採取什麼政策，這是一個很重要的問題。

還有擁政愛民，這就是，我們軍隊要擁護政府，要尊重政府，尊重政府的法令，愛護人民。當然，這個問題也是一個，特別是在抗日戰爭、解放戰爭這個時候，擁政愛民的工作做的特別突出，成績很大，軍隊和地方真是像魚和水一樣離不開。所以軍民團結一致力量是無窮的。就能夠戰勝任何的困難，能夠戰勝任何的敵人。所以在過去任何時候都要作敵軍的工作，要作群眾的工作，就是作人的思想工作。政治思想工作就是作人的工作。所以，我們作人的工作不僅僅是作我們軍隊自己的，而且是要作敵人的工作。講一個故事，我們在一九三二年的時候，紅軍在安徽圍了兩個據點，一個叫韓八斗，一個叫蘇家阜，每一個地方大概圍的國民黨一個旅的軍隊，一直圍了四十多天。我們打，人家敵人工事很堅固，打不進去，打了幾次傷亡很大，以後怎麼辦？就是把他們圍起來。那個時候國民黨還沒有多少飛機，每天來架把飛機送點糧食，那裡面上萬人，架把送點糧食也不解決問題，怎麼辦，我們就把它圍起，把那個部隊出去打援，來了幾次援兵，把他們消滅了，結果圍到敵人士兵，他們和我們只隔一個壕溝，我們給他們作政治工作，那個國民黨的士兵餓的根本就不行，夜晚站崗的時候，他們就從城牆爬出來爬到我們這裡來吃一頓飯，吃的飽飽的再回去站崗，以後搞的每天夜晚很多的國民黨士兵都跑出來了。跑出來怎麼辦？我們就給他做工作，給他飯吃，吃了飯不回去。不回去不行，還是叫他回去，因為他那個站崗是偷換的，今天你站，明天他站，結果這樣一站，很多人我們都作了工作，都到我們這吃了飯，都做了工作，最後大概圍了四十幾天以後，敵人實在沒有辦法，以後全部交槍、當然，以後士兵根本就站崗也不願意站了，他們已經知道我們這部吃過飯，都談過話，甚至和我們士兵開過會，所以他根本就不害怕了。如果那個時候我們貪一點小便宜，來一個捉一個，不准他回去，他就不敢來嘛。所以，那一種工作就是採取那一種辦法，瓦解敵軍，因為

他是廣大的士兵,他也是受壓迫的。在一九四八年冬天淮海戰役,我們在徐州南邊圍了敵人十幾萬人,圍的開始就要打,以後中央下命令停止十天不打,恰恰這個時候十二月間下大雪,敵人飛機送糧食也送不到嘛,參戰軍隊圍的很緊,他那個地區很小,結果也是一樣,每天夜晚都有幾百人跑到我們這邊來,因為他們沒有飯吃,我們喊話,那個時候沒有這樣的條件,現在有高音喇叭,那個時候只靠當面喊,如果現在的高音喇叭喊那就更快了,我們的士兵幹部拍了宣傳隊去喊話。就這樣作工作,就跑出很多。他們的士兵跑的越多,他那個長官,軍心越動搖,他就更沒有信心。所以,這是軍民一致,官兵一致,瓦解敵軍的三大原則,不但是我們過去,現在軍隊要這樣作,我們的革命造反派現在必須要和人民解放軍團結得很好嘛,人民解放軍支持革命左派嘛,革命左派就要和人民解放軍團結一致。只有這樣才能夠戰勝在我們當前文化大革命中的一切困難嘛。

　　我們人民軍隊的民主制度,即:政治、經濟、軍事三大民主。這是我軍固有的優良傳統,也是我黨的群眾路線在軍隊中的表現。我們軍隊政治、經濟、軍事民主,這個問題在我們的軍隊,在有紅軍一直到一九五五年軍隊實行薪金制度以前,我們的軍隊官兵在經濟上都是一樣的,戰士多少錢,幹部也是多少錢,大家吃的都是一樣的。軍隊有點不同的什麼呢?幹部可以騎馬,戰士當然就沒有辦法騎馬了。那個時候有的戰士講,平等嗎。你們幹部為什麼騎馬呀,我們就不能騎馬呀?幹部為什麼騎馬?因為幹部到那個地方還要開會,還要做工作,他要不騎馬,和戰士一起走,走到那個地方什麼工作也不能做,那不行嘛。但是,其他的生活各個方面都是一樣的。以後戰士裡面分灶了,有中灶、小灶、戰士灶吃飯。戰士灶水平低一點,中灶水平高一點,小灶水平又高一點。為什麼呢?因為有些幹部年紀越來越大,長期戰爭拖拉的身體越來越不好了,比如團以上的幹部,營以上的幹部,你不把他的身體照顧一下,他就不能工作嘛。但是,這個問題跟我們士兵講清楚,他們完全擁護的,士兵對幹部非常的照顧,幹部對士兵也是一樣。政治上、經濟上、軍事上。軍事上民主也是一樣的,我們過去打仗也是這樣,要打一個仗,把情況都跟戰士、幹部講清楚,我們要打一個仗,你們怎麼看,交給大家討論。我們有個諸葛亮會議,戰士、幹部大家都討論。最後由指揮員下命令怎麼打。所以,這個仗是

特別好打的，戰士也清楚，幹部也清楚。我們經常還有這樣的情況。打仗一下子衝上去，沒有打下來，傷亡很大，下來怎麼辦！就是那個情況，下來以後，就在敵人的槍炮之下來開會討論這個仗怎麼打，這次把政治工作做好了，已經分清楚情況了第二次打保險能打上去。政治、競技、軍事民主也是我們軍隊的一種作風。這樣，我們什麼任務都能夠完結，比如爬雪山，過草地，為什麼沒有吃的我們能夠把部隊帶過去呢！就是大家政治思想工作嘛。大家知道，在這樣困難情況下，你說怎麼辦，上從軍隊幹部，下到連隊戰士都是一樣，大家把問題講清楚，搞一點糧食大家吃、大家團結一致，在苦難的時候，過雪山，爬草地的時候，那個時候幹部不是有馬嘛，那個時候幹部那能還騎馬呢，把馬馱了傷病號了，幹部跟戰士一樣走路。越是苦難的時候，大家就越是團結，所以不怕什麼苦難，大家團結起來了，辦法就多了。同志們不是看到嘛，爬雪山，過草地，吃皮帶，吃牛皮，那緊緊是一個典型。吃皮帶，哪有那麼多皮帶，皮帶今天吃了，明天就沒有，爬雪山，過草地是相當長的時間，要走一個多月，有的要搞幾個月時間，算什麼呢？吃野菜，吃草。但是那個時候也還有這個情況了，比如說，到了草地，我們過草地就是四川與青海搭界的草地，是伸長的草地，牧民與軍隊來以後，就把牛馬羊趕走了，你找當然找不到，那怎麼辦！那個地方還有些吃的東西，過去我們沒有那個常識，指示搞一些野菜可吃的吃一些，在開始過草地以前大家帶一些乾糧，每一個人準備十五斤，二十斤，三十斤乾糧，但有的沒有準備到了。背那麼多乾糧怎麼走路，再加上槍支、彈藥，所以走路也就困難。一般的是走了是十天半月以後乾糧已經吃完了。這個時候草地大致已過了三分之二了。先頭部隊前面把草，好吃的菜都吃光了，後面的部隊吃野菜也就困難了。所以這樣情況下過草地就犧牲了很多人，為什麼犧牲？根本沒有吃的。同志們說吃草，什麼草能吃？人不是牲口，有些草就是吃不動，沒有辦法，吃野蔥，大方葉子、灰菜，吃這些東西，有些草人根本沒辦法吃，還是吃不動，它有一定的條件。沒有吃的，很多人就過不來，特別是身體弱的。我們軍隊在任何時候能夠完成任務，能夠團結，根本的嘛，就是毛澤東思想，黨的領導。沒有毛澤東思想，沒有黨的領導，沒有在黨的領導下的團結，不可能戰勝一切苦難。沒有毛澤東思想，沒有黨的領導，就不可能又一個真正的民主和真正的集中，也不能夠鞏固起來，提高戰鬥力，那就可能發生

極端民主化的現象。所以，我們的軍隊有毛澤東思想，有黨的領導，我們的團結是在毛澤東思想的旗幟下的團結。我們軍隊的民主是一定限度下的，為了提高部隊的戰鬥力的民主，我們軍隊又高度的集中，這種集中完全是為了戰勝敵人，在黨的絕對領導下，在跟從黨，服從領導的前提下要高度集中，只要這樣，才能夠戰勝敵人。我們的無產階級革命造反派要完成我們黨和毛主席賦予我們的文化大革命歷史人物，那就必須有高度的民主，有適當的集中，加強團結。只有這樣，才能夠提高我們的戰鬥力，就是說我們越戰越強，越戰水平越高。

我們的軍隊是強調政治整訓，毛主席歷來就重視部隊的階級教育。我們的軍隊在一九四六年冬天，一九四七年春天就開始了一種新式整訓，這種新式整訓就是進行土改教育。另外，一九四六年夏天開始了解放戰爭，解放戰爭開始的時候是敵強我弱的情況下，我們是打了很多的勝仗。但是在這樣一個時候，我們的部隊有了擴大，但是在我們的根據地有些地方是縮小了，部隊的傷亡增大了，根據地很多遭到了敵人殘酷的破壞，在這樣的情況下，我們如何提高我們人民解放軍的戰鬥力，在這個時候就提出了新式的整軍運動。毛主席在《評西北大捷兼論解放軍的新式整軍運動》中指出：「這次勝利，證明人民解放軍用訴苦和三查方法進行了新式整軍運動，將使自己無敵於天下。」這次新式整軍運動是搞什麼呢？就是搞訴苦教育。我們的部隊成分當然主要是工人、農民，但是這些工人、農民同志他並不知道真正過去自己受的苦，受的壓迫，所以那個時候搞土改，那麼就搞訴苦、三查，查鬥志，在我們軍隊裡面主要是查思想、查鬥志，不一定都是查成分。在那個時候，經過半年多的戰爭，傷亡很大，有些幹部和戰士鬥志就有點不那麼旺盛了。在這樣的情況下，搞了一個新式整軍運動。新式整軍運動以後，部隊在戰爭非常殘酷、非常頻繁的時候，抽出時間來整軍。所以那個整軍主要是搞政治思想工作。那個整軍並沒有增加槍支，也沒有增加彈藥，也沒有增加飛機大炮，什麼都沒有，靠什麼？就是階級教育，就使得我們的部隊，我們的幹部知道為什麼受剝削，為什麼受壓迫。瞭解這個情況，所以林副主席講：「不懂得剝削，就不懂得革命。」我軍歷來把階級教育作為政治教育的基礎。通過憶苦和其他各種辦法，把這種對剝的制度，對階級敵人的仇恨，一代一代傳下去，使我們的後代永遠忘不了，堅決的

為社會主義和共產主義事業奮鬥到底。我們的部隊教育就是任何時候都要以階級教育為綱，要使得我們的幹部、使得我們的戰士懂得剝削，為什麼受剝削，也就是遵照林副主席的教導：「不懂得剝削就不懂得革命。」同志們，我們的無產階級革命造反派可不可以採取這種辦法，憶苦的辦法，對比的辦法。我想我們無產階級造反派，特別是呼市三司都是地主、富農出身，牛鬼蛇神。他是誣衊我們嘛。我想我們的無產階級革命造反派大部分是工人、農民出身嘛，都是受剝削的或者大部分是受剝削的。這要貫徹毛主席歷來就講重視我們部隊，我們革命群眾、革命組織，革命軍隊的階級教育這一傳統。所以我們無產階級革命造反派中間也應當進行這個教育，要對比嘛，新舊對比嘛，把現在的社會和過去的社會對比一下嘛。過去為什麼受剝削、受壓迫，現在為什麼能夠搞這樣大的民主嘛，搞這樣大的史無前例的古今中外從來沒有的文化大革命嘛。可不可以對照比較一下，這一就能夠提高我們的階級覺悟。

毛主席在一九六六年提出了「**人民解放軍應該是一個大學校**」的偉大號召，這個問題，我們大家都學過的。他提出：「**這個大學校要學政治、學軍事、學文化，又能從事農副業生產，又能辦一些中小工廠，生產自己需要的若干產品和與國家等價交換的產品。這個大學校，又能從事群眾工作，參加工廠、農村的社會主義教育活動；社會主要教育運動完了，隨時都有群眾工作可做，使軍民永遠打成一片；又要隨時參加批判資產階級的文化大革命鬥爭。這樣，軍學、軍農、軍工、軍民這幾項都能搞起來。**」主席提出這樣一個問題，也是對我們全國人民提出來一個偉大的號召。我們的解放軍就是按照這樣作的，我們解放軍現在他不僅僅是要學軍事，而且要學政治，現在我們解放軍搞農業，也要搞工業，要作群眾工作。這個任務是向我們全國人民提出來的，這就更加豐富和發展了關於政治建軍的光輝思想，為把我軍建設成為一支非常無產階級化，非常戰鬥化的人民軍隊，為共產主義事業而奮鬥劃出了藍圖，指明了方向。

林副主席主持工作以來，高舉毛澤東思想偉大紅旗，創造性地運用毛澤東思想，提出了突出無產階級政治，四個第一，八個作風，四好連隊等加強軍隊革命化的一系列重大措施，他號召我們全軍開展活學活用毛主席著作的群眾運動，提出了帶著問題學，活學活用，學用結合，急用先學，立竿見影，在

「用」字上狠下功夫的根本的學習方法。推動了全軍全國掀起了一股工農兵活學活用毛主席著作的群眾性的高潮，出現了工農民直接掌握毛澤東思想的新時代。林副主席對毛主席政治建軍思想的闡述，發揮，創造性的運用，水平最高，貢獻最大。我們也要向我們副統帥林副主席學習。林副主席是學習毛主席著作，運用毛主席著作，是我們黨內學習最好的。

　　幾十年來的實驗證明，我軍之所以能夠克服一切困難，戰勝一切強敵，靠什麼？是靠技術？子彈？靠原子彈？靠業務？通通都不是。我們過去是靠打政治仗，靠政治吃飯，靠政治練兵，靠政治去帶動一切，推動一切，製造一切。我們過去打仗，打了敗仗，下來把部隊動員一下，組織一下，又去打，打了勝仗。在這個時候並沒有增加人，也沒有增加槍，也沒有增加子彈，甚至人還減少了，可是第二次打，打勝了，是靠什麼呢？就是靠我們的政治思想工作，所以我們就靠政治帶動一切，政治推動一切，政治改造一切，這就是我軍進軍的根本，是突出政治的光榮傳動，是我軍成長壯大的傳家寶。讓我講一段我們人民解放的光榮傳統，我想就是這麼兒個方面了。所以我們偉大領袖毛主席號召全國人民學習解放軍，到底學什麼？就是學人民解放軍的優良傳統。這種優良傳統就歸根結底是毛澤東思想，也並不是人民解放軍有什麼特殊的本事，有什麼特殊奧妙的東西，沒有的，他主要的就是按照毛主席指示辦事。毛主席怎麼講，他就怎麼辦，毛主席指到哪裡他就打到哪裡。凡是毛主席說的，上刀山下火海無所不惜。所以，我們的軍隊就無敵於天下，就是靠毛澤東思想武裝起來的人，是最大的戰鬥力，上面講的解放軍的光榮傳統，我們向人民解放軍學習什麼東西，就是學習這個。無產階級革命造反派要學習解放軍豐富的政治工作經驗，繼承和發揚解放軍突出政治的光榮傳統。學習解放軍活學活用毛主席著作，突出政治，堅持四個第一，大抓活思想，發揮三八作風，遵守三大紀律，八項注意。我們無產階級革命造反派的同志們，根本的問題就是要大立毛澤東思想。大立毛澤東思想的目的就是為了消滅資產階級思想，樹立無產階級革命思想，改造人的靈魂，實現人的思想革命化，挖掉修正主義的根子，鞏固和發展社會主義制度。

　　如何把解放軍突出的政治的光榮優良傳統真正學到手？

一、活學活用毛主席著作，向「私」字開火，狠抓世界觀的改造。

毛主席教導我們：「世界觀的轉變是一個根本的轉變」。

林副主席教導我們：「我們要把自己當作革命的一份力量，同時又要不斷地把自己當作革命的對象。革命，也得革自己的命。不革自己的命，這個革命是搞不好的」。

人民解放軍，最聽毛主席、聽林副主席的話。把大立毛澤東思想，活學活用毛主席著作，破私立公，改造自己的世界觀，當作根本的任務，當作終身的必修課，放在一切工作的首位，真正做到高於一切，大於一切，重於一切，光於一切。我們對毛澤東思想懷有深厚的無產階級感情，對我們偉大領袖毛主席無限的熱愛，無限的忠誠，無限的崇拜，始終把毛主席的思想當作糧食、空氣、方向盤、生命的智慧，力量的源泉，行動的指南。因此，我們不論時間多麼緊，任務多麼重，壓力多麼大，始終堅持天天讀，天天用，活學活用，學用結合，在用字上狠下功夫。特別是林副主席提出：「把活學活用毛主席著作的群眾運動提高到一個新階段」的號召以後，人民解放軍更加重視在鬥爭中學，在鬥爭中用，學一點用一點，在靈魂深處鬧革命，大破私字，大立公字，敢於把自己擺進去，把思想亮出來，對自己的缺點錯誤，敢於打近戰，刺刀見紅，決心把自己鍛鍊成一個思想的革命戰士、有力地促進了部隊的思想革命化。雷鋒、王傑、歐陽澤、劉英俊、蔡永峰這些英雄人物，以及許多先進集團，都是我們隊伍中活學活用毛主席著作的光輝榜樣。

內蒙地區無產階級革命造反派，在過去一段鬥爭中的風暴中，在資本主義復辟逆流的衝擊下，在資產階級反動路線的猖狂迫害下，保衛了無產階級專政，捍衛了毛澤東思想，捍衛了毛主席的革命路線，高舉「造反有理」的革命大旗，頑強不屈，堅持鬥爭，湧現了許多可歌可泣的動人事蹟，取得了重大勝利，這一切也都是你們活學活用毛主席著作的結果。我們呼市以三司為代表的革命造反派，始終掌握了鬥爭的大方向，在鬥爭中取得了一套豐富的經驗，在鬥爭中鍛鍊了自己。我們呼市三司為達標的無產階級革命造反派，在鬥爭中有很高的水平，這一切都是在鬥爭中學，在鬥爭用毛澤東思想的結果。

　　同志們，戰友們，我們必須清醒地看到，新形勢，新任務向我們提出了更高的要求，我們要更加刻苦地改造自己的世界觀，建設自己的隊伍，以適應更加深入，更加廣泛的鬥爭需要，同時也要看到，在我們的隊伍裡，還存在兩種思想、兩種世界觀的嚴重鬥爭，正如毛主席所指出的：**「在階級社會中，每一個人都在一定的階級地位中生活，各種思想無不打上階級的烙印。」「資產階級、小資產階級，他們的思想意識是一定要反映出來的。一定要在政治問題和思想問題上，用各種辦法頑強地表現他們自己。要他們不反應不表現，是不可能的。」**我認為，當前在無產階級造反派隊伍中，要注意防止發生以下幾種傾向：

1、要防止「滿」字。

　　「滿」字就是驕傲自滿的「滿」。

　　毛主席指導我們：**「因為勝利，黨內的驕傲情緒，以功臣自居的情緒，停頓起來不求進步的情緒，企圖享樂不願再過艱苦生活的情緒，可能生長。因為勝利，人民感謝我們，資產階級也會出來捧場。敵人的武力是不能征服我們的，這點已經得到證明了。資產階級的捧場則可能征服我們隊伍中的意志薄弱者。可能有這樣一些共產黨人，他們是不會被拿槍的敵人征服過的，他們在這些敵人面前不愧英雄的稱號；但是經不起熱人們用糖衣改造的炮彈的功績，他們在槍彈面前要打敗仗。我們必須預防這種情況。」**根據毛主席這個教導，在目前的情況下，請同志們冷靜地檢查一下，我們隊伍裡有沒有因為勝利驕傲自滿，故步自封，不求上進，無所作為！有沒有因為勝利而功臣自居，老子天下第一，老虎屁股摸不得！有沒有因為勝利產生了麻痺和平思想，削弱了鬥志，減退了革命造反精神！有沒有因為勝利而看不到階級鬥爭的曲折和複雜性！有沒有因為我們勝利了，就看不到我們當前階級鬥爭的複雜、曲折的情況！我們有些同志，搞其他工作就很積極，但是做不下來，真正的坐下來很好地想一想，很好地學習毛主席著作，很好地檢查一下我們前一段工作的成績和缺點，認真地總結一下我們工作的經驗。因為我們勝利了，有沒有不利於維持前進的思想！一句話，我們有沒有因為勝利而躺在成績上大睡大覺，放鬆了靈魂深處的刻苦改造！如果有，那是不符合毛澤東思想的。勝利可以鼓舞我們前進，但

是勝利也可以使意志薄弱的人倒退。勝利只能說明我們過去的成績，但不能說明我們現在和將來的問題。勝利和功績應當歸功於黨和毛主席，是毛澤東思想的勝利，人民共同努力的勝利，不要把功記錯了，不要把黨的勝利，毛澤東思想的勝利、人們共同的勝利都記在自己的賬本子上，這樣就會犯錯誤。康生同志在最近接見內蒙負責同志時指出：「過去他們犯錯誤，現在你們勝利了，輪到你們犯錯誤的時候了！」這句話多麼深刻，多麼語重心長，我們要十分警惕這個問題，否則就可能走向反面的。**「虛心使人進步，驕傲使人落後」**，我們應當永遠記住這個真理。我們的黨，尤其是我們的軍隊，在歷史上有這樣的情況，打了一個勝仗或兩個勝仗之後，經常打一個敗仗，因為什麼呢？因為勝利沖昏了頭腦，就麻痺大意，沒有看到當前的敵人還是強大的，鬥爭還是複雜的，因此，這樣就打了敗仗。我們無產階級革命造反派，也要接受這樣教訓。我們在困難的時候，我們就虛心我們調查研究，分析情況，作刻苦細緻工作。但是到勝利的時候，在思想上就麻痺起來了，這樣我們就可能要犯錯誤。我們一個人，一個團體，一個軍隊，一個單位，凡是驕傲的時候，一驕傲了，那一定要走到反面。他要犯錯誤，就要落後。一個人驕傲，必然要犯錯誤。一個單位驕傲必然減弱戰鬥力。一個群眾團體驕傲可能脫離群眾，它就不能真正的團結廣大群眾，有力地戰勝敵人。驕傲自滿，這個「驕」字是我們一切工作的大敵，它只能妨礙我們的進步，不能使我們更好的進步。我們要防止這種驕傲自滿的情緒。我們內蒙的無產階級革命造反派，取得了很大的勝利，的確這個勝利震動了整個內蒙地區人民。現在這種情況轉變很快，呼市情況穩定下來，也取得了各盟市、各分區，現在有些地方有些好轉。包頭原來差，現在好轉了。這個好轉主要是軍隊領導人思想的轉變，原來他們站在資產階級反動路線上，轉不過來。我們支持保守派，壓制革命派，在呼市穩定下來以後，我們向他們作了一些工作，批判了一些同志。例如包頭、集寧、哲盟、昭盟、巴盟情況有很多好轉。就是這些地區軍隊的幹部，部隊機關回到毛主席革命路線上來了。這樣哪個地區的無產階級革命派開始壯大自己的隊伍，保守組織開始瓦解。但是我們並不是因為有這樣的好轉就看不到當前複雜鬥爭的發展，我們鬥爭中阻力很大。有些地區現在還沒有轉過來。比如錫盟或其他地方，現在還沒有轉過來。下面旗縣武裝部現在大部分沒有轉過來。這些地方需要我們作大量

的思想工作。這些地方，這些同志，大部分是好同志，他們過去在軍區的錯誤領導下，中了很深的毒，現在沒有把毒消盡、他們沒有完全地轉過來，這是艱苦的思想政治工作。除少數人堅持不改，堅持錯誤外，絕大多數幹部和群眾是可以站到毛主席的革命路線上來的。現在這個工作要我們無產階級革命派深入地細緻地去做。呼市軍分區同時現在情況很好，但敵人不會自行滅亡的。和我們鬥爭很久的敵人，他們改頭換面，繼續搞地下活動。他們尋找有利時機捲土重來。在地下黑司令部這套聯繫的那些人，從軍隊到地方也沒有完全地把他們揪出來，他們在那進行破壞無產階級文化大革命的活動，進行反黨反中央的活動，進行反對人民的罪惡活動。如果看不清當前敵人還在繼續和我們搞掙扎，認為我們現在已經是沒有什麼事情了，把外邊的一切挪放到一邊，自己搞自己的家裡事情，當然搞也對，看怎麼搞，搞思想建設，還是搞的由於我們自己驕傲自滿，搞起內戰活動！現在有沒有這個苗頭？如果取得勝利都驕傲自滿，不顧全大局，把內蒙整個無產階級文化大革命，都看成現在已經勝利，沒有事情了，勝利了，再沒有什麼事情可以做了，那就搞自己小單位不正常的事情，打內戰。我看不起你，你看不起我，這樣的事情是很不好的。鬥爭很複雜，這是繼續爭取勝利的鬥爭。凡是驕傲自滿的這種情形，我們就要克服。要按照毛澤東思想對照我們自己的思想，檢查一下我們自己的思想，合乎不合乎毛澤東思想。如果合乎毛澤東思想就大幹，不合乎毛澤東思想，我們就要堅決按照毛澤東思想辦事。

2、防止「爭」字

　　爭，就是爭名、爭利、爭權、爭位、爭出頭風，爭不到手怎麼辦！就打內戰。請同志們看一看，在我們隊伍裡有沒有為了「爭」這些問題呀！當然這種「爭」有這樣情況，就是拿自己的長處去比別人的短處，而看不到別人的長處和自己的缺點。往往總看到自己單位，自己是了不起的，自己的成績比較多，別人的缺點比較多，拿個人的和單位的長處比別人的短處，這樣就沒有辦法搞好團結。應當是找出自己的缺點學習人家的長處，這才是無產階級革命造反派的政治風格。不要搞個人攻擊，不要鬧義氣，不要泄私憤，不要圖報復。要檢查一下，我們有沒有為了「爭」而互相懷疑、猜疑、互不尊重、互不支

持、互相排斥，互相揭老底。這種揭老底就是揭他們的短處，不看到這個單位群眾在文化大革命中的偉大功績和成績。只看到缺點，看不到長處，看不到人家的功績。而且搞個人功績、鬧意氣、洩私憤、圖報復，那我們無產階級革命造反派的大聯合就搞不成了，只有各自為政，你幹你的，我幹我的，就像打仗一樣，你打你的，我打我的，鬧獨立性等等。我想，我們這次開的政治工作會議，就是要同志們抓活思想，抓人的思想工作，就希望同志們檢查一下，有沒有這個情況，在我們革命造反派有沒有講輩、論資格，哪一個歷史早，哪一個歷史晚，哪一個功勞小，老的壓新的，新的擠老的，互不相讓，這樣我們有什麼辦法搞革命？自己家的事都搞不清，還要什麼團結對敵？就不可能搞好、有著一連串的「爭」，爭名利、爭權、爭位、爭出風頭等，歸根結底，說穿了就是一個「私」字在腦子裡作。頭腦裡面「私」字，而不是腦子裡面真正的是一個「公」字。毛主席指示我們：「**只注意自己小團體的利益，不注意整體的利益，表面上不是為個人，實際上包含了極狹隘的個人主義，同樣地真有很大的消蝕作用和離心作用。**」這樣爭名奪利，整出風頭，到底是無產階級思想還是資產階級思想？當然是資產階級思想，是個人主義思想。我們無產階級革命造反派就是有一個整體觀念，全域觀念，不要忘記了內蒙一千三百萬人，不要忘記了中國七億人民，不要忘記了世界上被壓迫的人民。如果我們忘記了全域，只搞自己小單位，只搞自己個體，不顧全域，這樣就恰好上了資產階級反動路線的當，客觀上迎合了階級敵人的需要，把自己放到了新的資產階級代表人物的位置上去了。這樣做就不可能真正接受毛澤東思想，正確的執行毛主席為代表的革命路線，在尖銳複雜的階級鬥爭中，就會迷失方向，走到邪路上去。

　　同志們，在過去一段艱苦鬥爭的日子裡，我們各造反派之間，風雨同舟，生死與共，用鮮血和生命保衛了毛主義的革命路線，緊緊團結在一起，戰鬥在一起，為什麼今天取得初步勝利的時候，出現了這一種和那一種不好的苗頭？是不是桃子快熟了，該摘桃子了？在摘桃子這個問題上有個「公」字和「私」字的問題。在這個時候是真正看到是真革命和假革命的試金石了。真革命，就是要把無產階級文化大革命進行到底，不是在半途上取得勝利，有一點成績，就了不起了，就要搞個人的東西，搞小團體的東西，忘記了整個的革命利益，忘記了內蒙一千三百萬人民，忘記了中國七億人民，忘記了世界上還有三分之

二的受壓迫的人民沒有解放。我想這個問題在我們呼市無產階級革命造反派中間現在還不是有很多這樣的問題了。我想在今天這個勝利的情況下必須提出這個問題，現在有沒有這個苗頭呢？我看有一點這個苗頭，如果我們不糾正這個問題，不防止這個問題，我想我們內蒙的無產階級文化大革命勝利是要推遲的，它的反覆或者就多一些，這樣就有了空隙，使階級敵人在那裡利用我們自己隊伍中間的缺點，使聽他們有了可乘之機。從我們講，在取得勝利的時候必須說出來。我們部隊裡面從整個歷史上也有這樣的問題。我給同志們講一段故事，一九三五年遵義會議以後，毛主席確立為我們黨的領袖。這時情況雖然很嚴重，但是形勢是很好的。但是到了一九三五年夏天，毛主席帶著紅一方面軍和張國燾帶著紅四方面軍在四川西北會合了，這時力量是比較大的，特別是張國燾紅四方面軍的力量，因為他在四川創立了紅色根據地，發展了很大力量。但是在這大好的形勢下，張國燾是叛徒，他那時還沒有叛黨，但是他那時鬧獨立性。本來那時毛主席帶著我們紅軍要北上抗日，但是就是在四川西北的地方，張國燾就那個時候反黨了。毛主席帶著一部分部隊到了陝北，張國燾帶著一部分部隊分了家，南下到四川西北區，當時張國燾為什麼走呢？因為毛主席帶著紅一方面軍十月從江西出發，到第二年五月，已經自己打了很多仗了，人數減少了很多，而張國燾的部隊從四川出發，人數也比較大、多，這樣就看不起毛主席的部隊，就另起爐灶，他就另外成立中央了，他就搞分裂，當然有路線上的錯誤。那個時候的形勢需要我們北上抗日，而張國燾帶著幾萬人回到四川西面，結果由路線上的錯誤一切都錯了，打了敗仗。第二次又來過草地到陝北的紅軍會合了，他不願意和毛主席會合，把他的主張過黃河到青海，也就是現在甘肅河西走廊那個地方。那時他不聽中央的指示，結果那個軍隊，西北的「五馬」，馬步芳、馬鴻逵等，結果那個部隊經過一段戰鬥，他的部隊基本上全部被敵人消滅了，只剩了幾百人跑到新疆。一直到抗戰以後，西安事變以後，李先念帶幾百人回到延安。如果那時候張國燾不鬧分裂，一同北上抗日，力量就大了。抗日戰爭爆發之後，紅軍力量可能比「七‧七」事變時要大一倍，為什麼就是在那個形勢下，張國燾搞了分裂黨的活動？我們黨經常在勝利的時候，正是有些人鬧山頭主義，鬧個人主義思想，不顧全黨的利益，不顧全國人民的利益，搞個人活動，往往這樣走，使革命遭受損失。爭名奪利，實際

上是資產階級、個人主義的表現。在他是一個普通的農民、普通的工人、普通人員的時候，他根本想不起來爭名奪利，根本想不起爭權、爭位、爭風頭。但是，群眾起來了，在廣大群眾為革命艱苦奮鬥，前赴後繼，鬥爭到有一定的成績的時候，黨內有些個人主義比較嚴重的人，這個時候就要鬧獨立性，這個時候就忘記了，他本來是一個工人，是一個農民，或忘記了是一個學生。如果沒有廣大群眾的力量，一個人不可能有什麼作為。如果沒有廣大群眾，一個人有什麼作為呀，他們忘記了這樣一個問題，就要突出個人。我們無產階級革命造反派中間應當有很高的政治姿態，政治風度要把方便讓給別人，把苦難自己承擔起來，把功勞上到黨和毛主席、人民的賬本子上，不要把功勞上到自己的賬本子上。我們要反對這種爭名奪利的個人主義思想。這種爭名奪利，這種個人主義思想，它是完全違背毛澤東思想的。

3、防止「壓」字。

「壓」就是壓迫。我們無產階級革命派是受壓迫的。過去我們無產階級革命派開始是少數，少數是受壓迫的。我們呼和浩特的無產階級革命造反派在到了很多的時候，還是受壓迫的。到中央八條公佈了的時候，我們還受壓迫。但是現在我們要注意。不要用過去人家壓我們，我們今天也採取以牙還牙、以眼還眼的這個報復主義手段，這是錯誤的，是不對的。毛主席教導我們說：「**誰是我們的敵人？誰是我們的朋友？這個問題是革命的首要問題。……我們的革命要有不領錯路和一定成功的把握，不可不注意團結我們的真正的朋友，以攻擊我們的真正的敵人。**」過去，我們在資本主義反革命復辟逆流中，受盡了白色恐怖的種種壓迫，在精神上和肉體上受盡了摧殘，這是階級敵人犯下的滔天罪行，這是他們的垂死掙扎，也是他們虛弱的表現。這對我們革命小將來說，不是壞事，而是好事，是光榮的，這就是階級鬥爭，階級鬥爭就是你死我活的鬥爭。你不打倒他，他就打倒你。所以在這種鬥爭中間，我們勝利了。現在我們對於那些受蒙蔽的廣大群眾和對執行了反動路線但已承認了錯誤的幹部和那些群眾，對他們應當採取說服教育的辦法，把他們教育過來，爭取過來，不能採取壓服、諷刺、挖苦、歧視、打擊的辦法。不能因過去他們壓迫我們，現在我們壓迫他們。當然對那些保守組織的頭頭，他們幹了很多壞事，已經超出

了無產階級文化大革命民主範圍以外的人，應該採取打擊的辦法。但是對廣大群眾來說，要採取說服教育的辦法，不要像他們那樣。如果我們也採取歧視、打擊的辦法，這樣做把矛頭指向了廣大群眾，實際上我們也執行了資產階級反動路線，走向了反面。這樣就不利於團結，不利於革命，不利於壯大自己的隊伍，不利於實行革命的大聯合。革命造反派，要有無產階級革命派的氣概，以大局為重，以革命為懷，緊緊掌握鬥爭的大方向，集中力量打擊主要敵人。

二、堅持四個第一，大抓活思想

毛主席教導我們：「掌握思想教育，是團結全黨進行偉大政治鬥爭的中心環節、如果這個任務不解決，黨的一切政治任務是不能完成的。」

人民解放軍歷來遵循毛主席的這一教導，重視部隊的政治思想教育工作，在一切工作中始終把政治工作放在第一位，把抓活的思想、用毛澤東思想來回答和解決實際問題當成政治思想工作的中心環節，這是我軍完成各項工作任務的最主要的保證。無產階級革命造反派學習人民解放軍突出政治的光榮傳統，這是一個很重要的方面，就是要把人民解放軍如何做人的思想工作，抓好活的思想的經驗學到手。正當革命形勢順利發展，革命隊伍迅速學到手。正當革命形勢順利發展，革命隊伍迅速擴大的時候，提出這個問題是十分重要的十分迫切的。當前，對革命造反派說來，既要抓好自己的活思想，也要抓保守組織中廣大群眾的活思想，要做好保守組織中的廣大群眾的政治思想工作。

抓好活思想，核心問題是抓好兩頭。一頭是吃透並宣傳毛主席、黨中央和軍委有關的方針、政策和指示！一頭是掌握廣大群眾的活思想動態，抓學解決不斷出現的思想問題和實際問題、並且把這兩頭正確地結合起來。如果抓活思想，不抓上頭，那上頭的精神吃不透，就不可能真正地把毛澤東思想的精神領會了。我們去做下面的工作就沒有武器。我們抓活思想首先是要抓上頭，主要是抓毛澤東思想。自己要把毛主席著作學好，那我們才有本錢，才好作別人的工作。抓下邊就是抓先進和落後，先進的思想我們就總結推廣，落後的思想要去克服它。要真正的認識到那時正確的那時錯誤的，真正回到毛主席革命路線上來。我們革命造反派必須認真學習和掌握文化大革命中黨的各項政策，特別

是有關掌握鬥爭大方向、團結就與保守組織中的廣大群眾的政策。我們對保守組織中的廣大的群眾就是要抓他們的活思想。從他們的思想上看他們為什麼要站在那一邊，不站在毛主席的革命路線這邊。是什麼原因？他們到底是受蒙蔽欺騙，是真正是立場問題還是認識問題，找出他們思想上的根本疙瘩在什麼地方，把這些疙瘩解開。

正確對待保守組織，嚴格區別兩類不同性質的矛盾。對於保守組織，必須把上層組織與基層組織區別開來，把少數頭頭與廣大群眾區別開來；把壞人與好人區別開來，對於極少數的壞人要堅持錯路、屢教不改的頑固分子，要加以孤立和打擊，對於受蒙蔽的廣大群眾，應該按照毛主席教導，堅持「團結——批評——團結」的方針。如何搞好團結教育工作，要根據人民解放軍行之有效的經驗，也可以採取以下一些做法：

運用控訴、憶比的方法，進行階級教育；

因為保守組織廣大的群眾他們也是工人農民，他們也是過去受壓迫的。應當給他們搞新舊對比，也可以搞憶苦，新舊對比，因為這是階級教育的一種辦法。這個教育的形式不一定用開大會的辦法，也可以找幾個人談心的辦法，不要讓他們忘記過去，不要忘了本，不要忘記過去受的苦，受的階級苦，受舊社會的苦。我們人民解放軍過去對廣大俘虜兵，往往採取這個辦法。就是搞憶苦的辦法，搞上一個月半個月就有很大的提高。

再一個就是以理服人，不要用壓服的辦法，對於保守組織，他們受了上層的欺騙，跟我們鬧對立情緒很大，必須去用說服教育，以理服人的辦法。

再一個就是要人人開口，宣傳黨的政策，人人做政治思想工作。我們呼市的無產階級革命造反派有了十幾萬人了，保守力量沒有這麼大，我們兩個人爭取一個人，我看這個問題就可以把他們搞過來，人人都開口，人人宣傳，人人做思想工作，這樣我們的力量就大了。

要建立一支思想工作的骨幹隊伍。除了人人做宣傳工作，人人宣傳政策以外，各個革命造反派中都要組織一支作思想工作的骨幹隊伍。要會作思想工作，這是我們人民解放軍連隊作思想工作的辦法，就是一幫一，一對紅的辦法。就是一個先進的帶一個後進的。兩個就都先進了，發展了，一對紅。我們革命造反派可不可以搞這個辦法？我想可以搞。人的思想任何時候都有先進落

後的問題，認識問題有先有後的問題。兩個人都先進思想，這兩個或三個人就結合起來，聯合起來了。

再一個就是集中正面教育和個別談心相結合的辦法。個別談心很重要，開會的時候思想問題解決不了，兩個人開會根本解決不了兩個人坐下來談，談的比較好，很多思想問題就解決了。

運用活的材料進行活的教育。我們革命造反派本身也有活的思想，我們的活的思想就是現今的保守的思想，保守組織中也有表現好的，這樣就可以分析一下，也可以影響他們。

這樣對待保守之中的廣大群眾是不是右傾了？不是右了，這樣做是正確的，是符合毛澤東思想的。符合黨的政策的，也是符合無產階級文化大革命的根本利益的。因為毛主席思想任何時候都要團結百分之九十五的群眾，團結百分之九十五的幹部。我們無產階級革命造反派本身也要擴大，我們擴大的對象是什麼？就是站在保守組織中的廣大群眾和幹部。站在保守組織的群眾和幹部，應該說絕大多數是好的人，他們是可以回到毛主席革命路線上來的。站在保守組織裡面的幹部，除了那些走資本主義道路當權派，或者是在文化大革命中間犯了嚴重的錯誤，其他人中有一大部分是好人。在三月間軍區領導犯了錯誤，搞了一個反革命資本主義復辟，搞了奪權，很多幹部相信人民解放軍，很多站到了保守派一邊去了。有些並不是願意就站過去的，是後來過去的、有些為了急急忙忙搞三結合，這個三結合是資本主義復辟的三結合。現在有很大一部分幹部在他們一邊，我們把那些幹部群眾統統打倒嘛？那不能。這個問題我們要很好地研究。全內蒙是個很大的問題，很多的幹部他們上了軍區的當。是軍區把他們拉過去的，而且站到那邊又作了一些壞事。現在對這些人是什麼辦法？那就是結合這個問題主要是由軍區負責，但是在結合以後，他們作了很多壞事那是他們個人的事，個人作了壞事，應當向廣大革命造反派進行檢查，承認錯誤、但這些幹部大部分不是真正的歷史反革命，不是走資本主義路線的當權派，不是在反革命逆流中間加入了反革命集團的以外，大部分要爭取過來，教育過來。這是因為這個數量很大，不能把他們都統統打倒，這樣不行。因為我們無產階級革命造反派與保守派之間的矛盾，是人民內部矛盾，大部分問題是思想認識問題。但是這個問題也要看到，真正的無產階級革命造反派間保守

派的矛盾，在某些方面也是兩條路線的鬥爭，這就是一方面站在以毛主席為代表的無產階級革命路線方面，一方面站在劉鄧資產階級方面。認為這個問題統統是人民內部矛盾，那就沒有什麼兩條路線鬥爭了。我們說大部分是人民內部矛盾，是認識問題，但是這裡面有兩條路線鬥爭。如果不把這個問題提出來，那我們革命造反派和保守派還有什麼界限？沒有什麼了。那還有什麼兩條路線鬥爭，也沒有了。所以說大量是人民內部矛盾，但這是兩條路線的鬥爭，是站在資產階級反動路線上還是站在以毛主席為代表的革命路線上的問題。當然保守組織上層組織，他們是自覺的站在資產階級反動路線上的了。我們與他們的鬥爭也就是兩條道路的鬥爭。受蒙蔽的廣大群眾，他們也可能是認識問題，但是也有立場問題。比方說有些工人、農民，他們為什麼不站在以毛主席為代表的革命路線上邊？而站在資產階級反動路線方面？當然有些是認識問題，可是有些頑固分子，就是教育不過來，就是站在那一邊。我們認為這有認識問題也有立場問題。所以我們對保守組織上層頭頭，我們同他們的鬥爭是兩條路線的鬥爭。對保守組織廣大群眾，我們對他們的矛盾是人民內部矛盾，當作認識問題來處理。爭取他們，教育他們。不能否認這中間有兩條路線鬥爭，認為純粹是認識問題的看法是不對的。如果都這樣看就沒有什麼兩條路線的鬥爭了。實際上內蒙的情況，保守組織和無產階級革命派是不是兩條路線的鬥爭？應當是兩條路線的鬥爭。他們就是保王逸倫，保王鐸，搞資本主義復辟，要推翻八條嘛，不是兩條路線的鬥爭嗎？這顯然是兩條路線的鬥爭，是兩條道路的鬥爭。如果沒有這個，八條可以推翻，可以不要八條，都是認識問題了，那不行。這裡面實際上就是兩條路線的鬥爭。當然對於廣大受蒙蔽的群眾，要當作認識問題，說服教育，把他們教育過來。只要改變觀點，認識錯誤，在這個基礎上回到毛主席的革命路線上來，主要通過說服教育，把他們爭取過來，應當看到受蒙蔽的廣大群眾也是資產階級反動路線的受害者。因為廣大群眾並不是自覺的為了保王逸倫，為了保王鐸，為了搞反革命資本主義復辟，並不是自覺的。廣大群眾他們也是資產階級反動路線的受害者。這些不自覺的群眾也是我們的階級兄弟，我們對他們採取說服教育的辦法在他們改變觀點承認錯誤的基礎上可以加入我們無產階級革命造反派的隊伍裡來。按照毛主席的思想准許人家犯錯誤，也准許人家改正錯誤。我們人民解放軍對於放下武器的敵人還是尊

重人格，爭取教育他們，寬大他們的，何況對於我們的階級兄弟，對人民內部矛盾，這只能用這個辦法，「**只能用民主的方法解決，只能用討論的方法、批判的方法、說服教育的方法去解決，而不能用強迫的，壓服的辦法去解決。**」不然口服，心不服。「**無產階級不但要解放自己，而且要解放全人類。如果不能解放全人類，無產階級自己就不能最後地得到解放**」我們應當牢記毛主席的這一教導。通過批評鬥爭，耐心教育，最後達到團結大多數，實現革命大聯合，實現革命「三結合」，使無產階級文化大革命取得完全徹底的勝利。

因此，順便提一下我們無產階級革命造反派如何正確對待我們內蒙軍區部隊的問題。這個問題，我每次都講這個問題。內蒙部隊他是中國人民解放軍的組成部分，同樣也是好部隊，是有悠久歷史、光榮傳統的部隊，在反修鬥爭中是有貢獻的，這個說來是高舉毛澤東思想偉大紅旗的。在這次支左工作中，犯了方向路線錯誤，那應該由軍區某些領導人負責。現在軍區揪出了地下黑司令黃厚、王良太。現在由於這種情況，分區、武裝部，我們革命造反派也揪黑司令。這個問題，我說同志們慎重一點，黑司令不可能有那麼多，有些地方犯了錯誤，有些地方有這種思想，但還是認識問題。如果不注意這一點，我們的錯誤就可能擴大了，打擊方面可能寬了。現在有很多地方反映了，本來軍分區表態支持革命派，武裝部有些表態，當然有些表示的堅決不堅決，革命造反派就對他們不信任，繼續揪他們的黑司令。這個問題希望同志們，三司的造反派和下面打一個招呼，軍隊的問題軍區處理。軍區只要支持，我們就慢慢來，不要要求過高。大量的是認識問題，經過說服教育，使他們逐漸的、徹底地轉變過來，站在毛主席革命路線上來。如果我們每一個武裝部揪一個那不得了，就是千八幾百個黑司令，就搞亂了。我想軍隊的問題，軍區、縣武裝部，真正他們的錯誤很嚴重，他們應該向革命造反派檢討。准許他們犯錯誤，准許他們改正錯誤。有些問題，屢教不改，這些人最好是通過軍隊實行紀律制裁。最近赤峰分區寧城縣武裝部部長副部長很頑固，軍分區指揮不了他們，把他們停職了。他把領章，帽徽摘了下來跑到鄉下，動員農民來圍攻寧城縣革命造反派，我們前天晚上下來命令把他們抓起來了，停職不行就撤職反省。這些問題最好由軍隊自己解決，這樣免得革命造反派與軍隊的矛盾搞大了。搞大了不好，我們的解放軍是人民的子弟兵嘛，人民子弟兵如何，群眾可以批判，有錯誤可以檢

討，如果面打大了就可能把矛頭指向解放軍了，這樣不好。這樣做當然敵人高興了，那就是親者痛，仇者快了，我們不要幹這樣的蠢事。這裡面不要搞的面更大。我想，對內蒙軍區的部隊，要有一個正確的看法。錯誤是領導上的，廣大的群眾是好的。戰士是好的。你比方警衛營的戰士，過去打人搞什麼，很壞嘛！但是，把王良太、黃厚問題揪出來了，他們覺悟了，痛哭流涕，說我們過去上了當了，自己當了反革命還不知道怎麼當的。因為，就是這樣，廣大的戰士他就是這樣，你說他是好人，他就保護；你說他是壞人，他就打你。戰士他就是這樣嘛。所以，這個部隊是好的，戰士是好的，主要的是由軍區黃厚、王良太這一小撮反黨、反中央的這些壞人操縱了，廣大的戰士、幹部是受害者。所以，這個問題，我想集團在這裡也還要重複的講一下這個問題，這有利於我們軍民團結。

三、提高革命性、科學性和組織紀律性

這「三性」，是林副主席根據文化大革命的實踐提出來的，也是我軍幾十年來建軍經驗的高度概括。「三性」是一個不可分割的整體。革命性是掛帥的，是基礎，是動力，是第一位的；科學性和組織紀律性是使革命性得到充分發揮、落到實處的思想保證和組織保證。只有使「三性」正確地結合起來，才能保證無產階級文化大革命沿著正確軌道健康發展，才能使我們這支浩浩蕩蕩的無產階級文化大革命更加革命化、更加戰鬥化。

在當時形勢下，革命造反派，在進一步提高革命性，發揚敢想、敢說、敢幹、敢闖、敢革命的造反精神的基礎上，特別要強調提高科學性和組織紀律性。目前，在這一方面，是不是有這樣幾個問題，值得大家注意：

1、加強統一領導，反對無政府主義。

在目前革命形勢迅速向前推進的大發現時期，在廣大革命群眾的革命積極性空前高漲的時候，沒有一個堅強的統一的領導，把工作做得更加深入、更加細緻、更加扎實，是不可能把無產階級文化大革命引向一個更新的高潮的，**正如毛主席所指出的：「只有領導骨幹的積極性，而無廣大群眾的積極性相結**

合，便將成為少數人的空忙。但如果只有廣大群眾的積極性，而無有力的領導骨幹去恰當地組織群眾的積極性，則群眾積極性既不可能持久，也不能走向正確的方向和提到高級的程度。」為了加強統一領導，必須堅決反對小團體主義、宗派主義、山頭主義、風頭主義、極端民主化、無政府主義等等各種形式的資產階級思想。

我們革命群眾隊伍中間，不能有小團體主義，不能有宗派主義、山頭主義、風頭主義，或者極端民主化的現象。毛主席在抗戰勝利的時候特別強調消滅山頭，保存山頭。消滅山頭就是要消滅各自為政無政府主義制度。保存山頭就是要保存革命的力量，要保存黨的作風，要保存人民群眾在革命運動中創造出來的革命力量。保存山頭的目的就是為了消滅山頭。我們在抗戰勝利的時候，各個根據地都有自己一攤子。這一攤子有大有小，那個時候都是強調各個組織那一個單位的重要，強調特殊性，強調自己的功勞大。那麼這樣各自強調，那就沒有一個整體的。各自自己的小局面，不服從整體，不服從大局，不顧全大局，那我們的革命就不可能取得勝利。在我們無產階級革命造反派這個隊伍壯大起來以後，有沒有山頭主義？可能有。這種山頭主義就是強調自己的山頭重要，不願意同其他的聯合。也有宗派主義，我們革命造反派中間，昨天有一個同志彙報降到，他們那個地方比方姓張的一派，姓李的一派，姓張的一派革命造反派和姓李的造反派聯合不起來，那就是搞宗派嘛。我們革命是一個整體，革命就沒有一個姓張的革命和姓李的革命，只有全人民的革命。在無產階級，共產黨，毛主席領導下的整體的革命，這個革命才能取得勝利，各搞各的，那是不行的。所以，這是一種小集團主義、宗派主義、山頭主義，風頭主義極端民主化的作風，就是不要領導，不要統一的領導，不搞大聯合，不搞無產階級革命派的大聯合，各幹各的，那這樣怎麼行呢？我們七億人民嘛，就是一個統一的思想嘛。統一的思想就是毛澤東思想。有統一的思想才有統一的行動嘛，各幹各的是不可能的嘛，不可能把無產階級文化大革命搞好嘛。所以這個問題，值得我們革命造反派注意的。沒有這個東西當然很好，有這個，我們就要採取批評團結批評的辦法來解決這個問題。

2、調查研究，實事求是，反對主觀主義，形而上學。

　　毛主席教導我們：「人們要想得到工作的勝利即得到預想的結果，一定要使自己的思想合於客觀外界的規律性，如果不合，就會在實踐中失敗。」

　　主觀主義形而上學多半不是實事求是，不是調查研究，只看到自己這一方面，看不到別人，看不到全體，也就是「坐井觀天」，從主觀的想像出發，不從客觀實際出發，那麼不管是工作、行動都是不會搞得很順利的，工作是要失敗的。我們必須按照實際情況決定工作方針，這是毛主席教導的。這是一切共產黨員必須牢牢記住的最基本的工作方法。我們所犯的錯誤，研究其發展的原因，都是由於我們離開了當時當地的實際情況，主觀地決定自己的工作方法。

　　所以，毛主席教導我們，我們的工作，定出自己的工作方針，就是要合乎當時、當地的實際情況，不能主觀想像去決定政策。為什麼內蒙軍區，過去某些領導人犯錯誤？他就是主觀主義，形而上學，不是經過調查研究。他們有人講三司大部分是地富牛鬼蛇神，地富反壞右占百分之六十四。我是跟那些幹部講過這個問題，為什麼在這個地方三司的四類分子占百分之六十四、怎麼樣算的？我說你那個呼市地區四十萬人（城市），這樣算，百分之五是兩萬人嘛，我說，呼市如果說情況更複雜一些，占百分之十，大概地富反壞右才四萬人，我說三司這個組織現在七、八萬，十幾萬人，地富反壞右統統都在三司裡面，其他完全是清水衙門，那也占不到百分之六十四多。這怎麼搞的？完全是主觀主義、形而上學嘛，不是從實際出發。所以這樣，那些領導人為什麼不犯錯誤呢？當然會犯錯誤嘛！形勢估計錯了嘛，那就會犯錯誤嘛。所以，我們無產階級革命造反派，任何事情都要進行調查研究，實事求是，反對主觀主義，形而上學，不能用感情代替政策，說我想的怎麼樣，就按我的主觀去怎麼辦，那往往是脫離客觀實際，非常主觀主義的，片面的，必然要犯錯誤。

　　「共產黨員應是實事求是的模範。又是真有遠見卓越的模範。因為只有實事求是，才能完成確定的任務！只有遠見卓越，才能不失前進的方向。」

　　我們必須牢牢記住這些最高指示，深入實際，深入群眾，調查研究，發揚求實精神，只有這樣，才能保護和發揮群眾的革命積極性，才能正確地、認識一個人、一個幹部、一個組織，避免主觀片面，少犯錯誤，才能保證我們沿著

毛主席的革命路線勝利前進。

所以，我們提口號：你決定都要根據實際情況。我們的革命造反派有些同志革命性很強，敏感性也是很好的，但是往往呢，提的口號，戴的帽子不大合適。這樣是不好的，不大好的。該上綱的不上綱那是右傾。不該上綱的，你上了綱，那也是可以是一種形左實右的表現，那也是不好的，那不是實事求是的。

3、堅決執行三大紀律、八項注意，堅決按黨的政策辦事。

毛主席教導我們：「政策和策略是黨的生命，各級領導同志務必充分注意，萬萬不可粗心大意」。

當前革命形勢越來越好，工作成績越來越大，發展順利的時候，我們越要頭腦清醒，越要強調按黨的政策辦事，越要強調具有高度的組織性和紀律性。任何用感想代替現實，用感情代替政策，無組織無紀律行為，只能給黨的事業帶來損失。我們革命造反派必須模範地、嚴格地、不折不扣地按照《十六條》、《十條》、《八條》以及有關的黨的方針政策規定辦事，堅決反對打、砸、擒、抄、抓。

當然，我來內蒙，時間不久。我們呼市無產階級革命造反派的同志們，在這方面，打呀，抓呀，擒啊，抄呀，這些方面還是不多的。但是，也不能說沒有一點。因為我們組織很大，隊伍下面比較複雜一些，我們各個組織，到下面戰鬥隊的同志，領導的水平也可能有高有低，年輕人腦子熱一點就可能作某些事過火一點。但是這些問題不可怕。在廣大的群眾革命運動中間，要不煩一點錯誤、那是不可能的。如果想所有群眾組織一點錯誤不犯，那是不可能的。如果想所有群眾組織一點錯誤不犯，那實際上是不要革命。但是，我們犯了錯誤，知道自己錯誤能改就好了，不要繼續犯，所以，打、砸、擒這個問題，雖然我們是不多，儘量避免，沒有這種那就更好，特別是我們下面的組織。你說我們呼市的造反派沒有，全內蒙區其他的地方有沒有！當然其他的地方，我知道的那些地方那裡的造反派成立比較晚，組織比較晚，在水平上不是像呼市的造反派那樣水平高，所以也就辦了一些脫離群眾的事情。這樣就給那些保守派組織謠言，輿論的一個方便條件。所以，我們對這個問題要特別注意，一定要

按黨的政策辦事。同志們，在這個問題中間我們要提高警惕，我們革命隊伍裡面可能有個別的壞人。這些個別的壞人挑撥革命造反派各個方面的關係。他們挑撥革命造反派與人民解放軍的關係。挑撥革命造反派與受蒙蔽群眾的關係。他們製造事情，破壞我們的聲譽。在這方面，我們要提高警惕。我們還要警惕那些「左」而實右的人。他們表現好像很左，實際上做的事情很右。這樣對我們革命造反派團結群眾，那是不利的。當然，我們革命組織裡面，群眾組織裡面個別的壞人是難免的。我們在我們造反派裡面整頓隊伍，要把個別的壞人清出去。當然，少數同志領導同志，實際形左而實右，這是一種認識問題，要進行批評教育。凡是不利於人民的事情，我們不要做，不利於革命事情的話，我們不要說。只有我們自己隊伍團結得更好，政策水平更高，掌握黨的政策更好，那麼，這樣才有利於鞏固和壯大我們的革命力量，教育和團結受蒙蔽的廣大群眾回到毛主席的革命路線上來，搞好鬥批改。

我想建議一下，我們現在呼市三司各個系統的派到外面的人是比較多的，到底有多少，我不知道。有的是在各盟，有的在旗縣，都有我們呼市派出去的。但是這種派出去好不好？當然對那個地方的革命造反派是有很大的支持了。我建議我們把大量的人員收回來，不要搞到外面太多了。因為在那個地區的革命，主要靠那個地方群眾自己起來革命，主要是靠內因，內因是根據，外因是條件。當然，我們給一點條件，幫助他們是好的，但是不要到那裡包辦代替，應當把我們大量的隊伍調回來，很好地進行本單位的鬥批改。現在這一部分人到底有多少，請各個單位調查一下。還有些同志到外面去，我們年輕人做事情，總是有一點不是實事求是了。比如有人到外面去，那個地方不接受他，他就說，就是滕司令員派來的，派來我們檢查你們的工作的。這不是這樣情況嘛。這樣作就不好嘛。以後人家要是問到是不是派出去的，我們說沒有，那不是自己臉上很難受嘛。這樣不好，我們年輕人做事情要牢靠一點，我們呼市三司在外面有很高的威信，這是很好的。但是，你派的人到外面，搞的人太多了，我們有些同志工作做的也不很好，這就可能不是把我們呼市三司的威信搞的很高了，可能要降低威信。我希望我們不光大學裡面，特別是我們中學的同志，那些孩子恐怕到外面跑的更多一些，我們希望各個中學的，把那些都調回來，好好的搞自己的鬥批改。你老在外面怎麼行呢！所以，我們有些小將跑的

很遠，跑的很野，跑了半年了，坐也坐不下來，學毛著學不進了，一天搞那些東西，顛顛跑跑一點不好，這樣不能提高思想。我們在文化大革命中間主要的就是要活學活用毛主席著作嘛，提高我們的思想嘛。用毛澤東思想來武裝我們的思想嘛，武裝我們的頭腦嘛。我們那些小同志天天那樣跑，你說那有多少時間學習毛著啊。當然，也有的同志學的好，自覺性很高。是不是每一個人自覺性都那樣高！到外面堅持學習呀？我看不一定，所以，我們找回來，在學校裡面。我們工廠，除了堅持八小時工作制以外，無論如何每天要騰出一個小時時間學習毛主席著作。我們大中學校更加要很好地學習毛主席著作的時間要定下來，每天要定多少時間，每個禮拜要定多少時間，雷打不動，一定要坐下來學。我們軍隊就規定了一條，每天有一個天天講，是雷打不動的。不管你是高級機關，還是下面連隊，上從司令員、政委，下到戰士都要安安地坐在那裡學習。所以毛主席著作，你不學習，不去談論，那是不行的。天生的馬列主義者當然還是不多的。還是要用毛澤東思想來灌輸進去。這樣才行的。這樣頻繁的學習，就要一定的時間，有一定的環境，沒有一定時間，沒有一定的環境就學不進。

下面一個同志遞一個條子，提出打倒第三種勢力。今天我才聽到這個名詞。什麼叫第三種勢力？我說我們無產階級革命造反派裡面就是一種勢力，一種思想。一種勢力就是以毛澤東思想武裝起來的無產階級革命造反派，堅決站在毛主席的革命路線上來。一種思想，就是毛澤東思想武裝起來的無產階級革命造反派的戰士，聽毛主席的話，讀毛主席的書，按毛主席的指示辦事的人。凡是不合乎這種思想的人，我們應當批判。我想，這裡面，我們革命造反派裡面有幾種勢力，那是不好的嘛。我看也沒有幾種勢力。這種勢力就是無產階級革命造反派嘛，不是無產階級革命造反派，這種勢力我們就應當反對嘛、無產階級革命造反派就是站在毛主席的革命路線上來嘛，按照毛主席的指示辦事嘛。讀毛主席的書，聽毛主席的話嘛，按毛主席的指示辦事嘛。我們的一切思想，行動是以毛主席的思想，毛主席思想統帥一切，指導一切嘛，不合乎毛澤東思想的東西，我們都要反對，都要批判。凡是合乎毛澤東思想的，站在無產階級革命路線上的，那就要提高自己的階級覺悟，努力改造自己的世界觀，繼續改造自己的世界觀，是自己真正成為一個毛澤東思想的好戰士，堅強的戰

士。那種風頭主義、個人主義、宗派主義，各種那些主義恐怕就是第三種勢力。那一種應當批判。

同志們，戰友們！「多少事，從來急、天地轉、光陰迫，一萬年太久，只爭朝夕。」我們無產階級革命造反派，要更高地舉起毛澤東思想偉大紅旗，發揚不斷革命、徹底革命的精神。認真學習中國人民解放軍突出政治的光榮傳統。特別是要活學活用毛主席著作，在鬥爭中學，在鬥爭中用。我們革命造反派裡面要總結這樣的經驗。提倡活學活用，鬥爭中學，鬥爭中用，我們要總結這樣的經驗。我們無產階級革命造反派，特別是我們呼市造反派，你們能不能在相當時間裡面開一個學習毛主席著作積極分子大會，我看我們這裡面有的同志學的好的，就是在鬥爭裡學，在鬥爭裡用嘛。必要的時候，我想一個學習毛主席著作積極分子大會是很有必要。當然這個時間也可以晚一點，作一個月，三個月，幾個月的準備，學習總結經驗，各個單位都有這樣的學習的模範，學習毛主席著作也要有帶頭的，學習的好的，需要帶頭嘛，介紹經驗嘛。我們革命造反派思想建設，用什麼去建設呢？就是用毛澤東思想去建設。政治掛帥就是毛澤東思想掛帥。政治統帥一切，就是毛澤東思想統帥一切。離開了毛澤東思想，我們不管做什麼東西，是一事無成的。所以，我們要把活學活用毛主席著作提到一個新的階段。要把自己的隊伍建設成為一支非常無產階級化，非常戰鬥化的文化革命大軍，使我們呼市三司為代表的無產階級革命造反派成為這麼一支真正的非常的革命化，非常的戰鬥化。這個戰鬥化不是打仗，就是我們部隊有戰鬥力。這個戰鬥力是什麼呢？是毛澤東思想、馬列主義這個戰鬥力，不是叫我們攻「工會大樓」，工會大樓攻下來了，不是叫你們去打仗，不是那麼一個戰鬥力，這個戰鬥力是思想上的戰鬥力，我們要有更高的政策水平，我們有更多的工作經驗，我們毛澤東思想紅旗舉的高，把毛主席著作用的更活，用的更好，這樣的戰鬥力，這樣有戰鬥力的隊伍。因為呼市的革命造反派你們的好壞，水平的高低，對整個內蒙地區的革命造反派有很大的影響，你們有很大的代表性。實際上，各個地區的同情呼三司觀點的，在全內蒙各個地方都有。所以呼市革命造反派，你們的一切行動對全內蒙都有很大的影響。你們的水平越高，那全內蒙其他的革命造反派隨著你們的後面就跟上來。當然，也可能其他地區的造反派，他們可能超過你們了，那也可能的。

　　同志們，戰友們，當前的形勢無限的美好，革命的前程無限的廣闊。當然，當前的道路漫長而曲折、而且是劇烈而又反覆的，我們要放開限界看未來，堅定不移向前進。我們要大乘勝利之勢，集中全部火力，把鬥爭矛頭指向黨內一小撮走資本主義道路當權派，指向內蒙的一小撮走資本主義道路當權派，徹底粉碎地下黑司令部，堅決地把無產階級文化大革命進行到底。我們要自覺地擔負起來革命和生產兩個重擔。我們要抓革命，促生產。革命這個問題我們是抓得不錯，生產這個問題，在整個內蒙地區說來，在目前處在一個很不好的情況，特別是工業生產這方面，因為一小撮黨內走資本主義道路當權派他們操縱保守組織，操縱這一些受蒙蔽的群眾。所以，我們在工業生產這方面，目前處在一種不好的情況。內蒙最大的工業基地包頭，現在工業生產一至五月份實際上最高的完成不到30%，有的最不好的，完成10%。所以，這個問題，我們抓革命，促生產，當然革命是主要的，是推動的，帶頭的，但是生產搞不好，反過來就要破壞革命。所以，這個問題，我們要很好的抓一下，要大力宣傳中央決定的工業十條，農業十條。實際上幾年內蒙地區風調雨順，但是，農業生產，由於黨內一小撮走資本主義道路當權派，反黨集團這些分子，蒙蔽了群眾，破壞了農業生產。所以，這些問題，我們革命造反派要注意抓這方面的工作，使我們革命、生產雙豐收。我們用畢生的經歷建立一個紅彤彤的共產主義新世界，我們光焰無限的毛澤東思想千秋萬代普照天下。

　　同志們，我想今天講的中心意思，我的主觀想法，就是在我們無產階級革命造反派中間加強思想建設。思想建設以什麼為標準呢？就是以人民解放軍為標準。人民解放軍是一個非常戰鬥化，非常革命化的軍隊嘛。那麼我們的革命造反派也是一個真正成為一個非常革命化，非常戰鬥化那就好了。加強思想建設就是要很好地努力地學習毛主席著作，把毛澤東思想紅旗舉得高高的，把我們學習毛主席著作的空氣搞的濃濃的，把我們的隊伍團結得緊緊的，把我們鬥爭的水平提得高高的。這樣，我們就是真正的成為一支非常無產階級革命化，非常戰鬥化的革命的隊伍了，也就是文化大革命，內蒙地區產出來的文化大軍嘛。

　　最後，我們高呼：

以毛主席為代表的無產階級革命路線萬歲！

戰無不勝的毛澤東思想萬歲！

我們心中最紅的紅太陽毛主席萬歲！萬歲！萬萬歲！

（根據錄音整理，未經本人審閱，不得翻印，切勿外傳）

呼和浩特革命造反派政治工作會議翻印

《呼和浩特革命造反派政治工作會議學習材料之二》

一九六七年六月五日

6.滕代司令員在呼三司各大專院校革命造反派總部負責人學習毛主席著作會議上的講話（1967.07.05）

　　現將滕代司令員在呼三司各大專院校革命造反派總部負責人學習毛主席著作會議上的講話，根據記錄整理印發到會同志，供學習參考。

會議祕書組

一九六七年七月五日

　　我們這次會議叫學習會，就是通過學習毛主席著作來總結經驗，提高思想。這個會議，也可以叫總結工作會，整風會，自我批評的會。不管會議的名字怎麼叫，反正是要真正搞好思想，從學習和總結看一看我們當前運動的大方向對不對？真正的無產階級革命造反派就是要抓大方向的，小資產階級革命造反派革命是不可能徹底的，是搖擺的、動搖的。我們要作無產階級革命派，不要作小資產階級革命派。

　　這次會議就是要高舉毛澤東思想偉大紅旗，突出政治，用毛澤東思想掛帥。在我們的頭腦裡樹立毛澤東思想的絕對權威。要相信毛澤東思想能解決一切問題，不要企圖搞什麼邪門歪道來解決問題。

　　為了把會議開好，我想講幾點意見。

（一）當前形勢

　　自從中共中央關於處理內蒙問題的決定以及毛主席親自批准「照辦」的五項命令、軍委關於處理內蒙軍區問題的決定頒發以來，內蒙地區的文化大革命發生了根本變化。由於中央對內蒙問題採取了英明果斷的措施，徹底砸爛了地下黑司令部，揪出了以黃厚、王良太為首的反黨集團，粉碎了資本主義反革命復辟的逆流，粉碎了反黨集團企圖旨在推翻《中共中央關於處理內蒙問題的決

定》的猖狂進攻，粉碎了他們有綱領、有組織、有行動的反黨陰謀。至此。內蒙地區文化大革命進入了一個嶄新的階段，沿著毛主席親自開闢的航道健康地向前發展。

六月十八日，內蒙古自治區成立了革命委員會籌備小組，它是進一步推動內蒙地區無產階級文化大革命的新的里程碑，是無產階級革命派真正當家作主、掌權用權的新起點，是鞏固無產階級專政的新的奠基石。這個形勢標誌著內蒙地區文化大革命出現了一個新的飛躍。無產階級革命派已經從無權到有權，在政治上居於壓倒優勢的地位，隊伍迅速壯大；保守組織中受蒙蔽的廣大群眾經過宣傳教育，逐漸覺醒，紛紛回到毛主席的革命路線上來，為無產階級革命派的大聯合創造了條件。

一個群眾性的革命大批判運動正在形成。無產階級革命造反派已經逐步地集中火力，通過一些大型的批判會，通過報紙、電臺，把矛頭指向黨內最大的一小撮走資本主義道路的當權派，指向內蒙黨內最大的走資本主義道路的當權派。軍內外正在廣泛深入地揭發批判「地下黑司令部」的罪惡事實。同時，有的部門、有的單位已經逐步地把社會上大批判與本單位的鬥批改結合起來。

呼市無產階級革命派政治工作會議以後，各單位重視了內部的思想建設。許多單位開展了整風運動，更加抓緊了活學活用毛主席著作，使整個思想戰線更加活躍了。我們革命造反派政治工作會議開了十幾天，這個會議開得比較好。這個會是活學活用毛主席著作的會，是加強無產階級革命造反派政治思想建設的會。我們為什麼要這樣做？就是要從思想上使呼三司革命化。三司是內蒙地區各革命造反派的一個典型，是中央肯定了的，我們一定要保持三司的榮譽，使三司成為高舉毛澤東思想偉大紅旗、響噹噹的革命造反派組織。這才符合中央決定的精神，也合乎你們無產階級文化大革命的利益，合乎內蒙一千三百萬人民的利益。培養三司這個隊伍，唯一的、最根本的方法，就是要樹立毛澤東思想的絕對權威。三司是從和反動路線的鬥爭中殺出來的，這個隊伍經過風雨，見過世面，整個說來是好的。中央為什麼要把呼三司樹起來，就是希望你們成為一支高舉毛澤東思想偉大紅旗、非常無產階級化、非常戰鬥化的革命隊伍。

我們普遍開展了擁軍愛民活動，許多部隊派出了毛澤東思想宣傳隊、深入

農村、工廠、學校，進一步增強了軍民團結。

對一些重點單位實行了軍事管制，在一些大中學校，開始了軍政訓練的試點工作，有力地支持了無產階級革命派。增強了「三性」，使這些單位的精神面貌發生了很大變化。上面這些是當前革命形勢的主流。但是我們必須看到當前階級鬥爭的複雜性和嚴重性，必須徹底揭開內蒙地區階級鬥爭的蓋子。當前。內蒙地區的階級鬥爭，仍然處在兩個階級、兩條道路、兩條路線鬥爭的決戰階段。這裡有烏蘭夫黑線；有執行資產階級反動路線的頑固分子；軍隊又犯了錯誤﹔有一小撮人是反黨反中央的反黨集團，這就增加了內蒙地區階級鬥爭的複雜性。現在我們無產階級革命造反派取得了決定性勝利。但是「敵人是不會自行消滅的」，「決不甘心於他們的失敗，他們還要作最後的掙扎」。他們採取各種陰線、毒辣、隱蔽曲折的手段，進行公開和隱蔽的破壞活動，如暗殺、打黑電話、破壞生產等等。階級敵人還利用我們的弱點，利用我們的內部分歧和發展組織的時機，妄圖打進來拉出去。製造事端，千方百計地挑撥造反派之間。造反派與保守組織中的受蒙蔽的群眾之間、軍民之間、民族之間的關係。他們唯恐我們的天下不亂，因此，到處刮陰風，點鬼火，企圖煽動分裂，轉移鬥爭的大方向，陰謀用各個擊破的方法，削弱我們的戰鬥力，瓦解我們的隊伍。這些問題我們無產階級革命造反派還沒有充分警惕。

在社會上，保守勢力的政治能量還是很大的。他們中間的一小撮頑固分子，人還在，心不服，或者趁我們隊伍發展時機鑽進來，或者改頭換面，另立旗號。特別值得警惕的是，有的單位，這種保守勢力已經嚴重地襲擊了我們革命派。這是一股不易察覺的、不可忽視的暗流。應當看到，保守組織中的群眾，認識了錯誤，轉變了觀點，劃清了界限，回到毛主席的革命路線上來，是可以加入造反派組織的。但是有些保守組織的群眾沒有接受過教育，沒有真正改變觀點，或者只寫了一張大字報，就混進了革命造反派。

這些人是一股極不穩定的事例。他們很容易被壞人、被別有用心的人利用、所操縱，興風作浪，把兩條路線的鬥爭帶到我們內部來。這一點，我們必須引起警惕，注意防止。並加強對他們的教育工作，把他們消化掉。

在無產階級革命派隊伍中，形形色色的非無產階級思想開始抬頭。某些單位、某些人正在滋長著驕傲自滿情緒、風頭主義、小團體主義、自由主義和無

政府主義思潮等等。當然還不是說這些形形色色的非無產階級的東西已經把毛澤東思想壓倒了，他們站了統治地位了，如果這樣認為就是錯誤的、但是也必須看到，這些形形色色的非無產階級思想，對我們的侵蝕，這就是意識形態領域中階級鬥爭。如果我們不搞好思想，不樹立毛澤東思想的絕對權威，他們是會腐蝕我們的。

以上這些是支流，不是主流，是非本質的東西，但是我們同志們應該嚴重地注意到，非主流的東西不是不變的。支流的東西如果太多了，集中起來也可能衝擊我們的主流，使我們走向反面。毛主席教導我們說：「應當指出：不能忽略非本質方面和非主流方面的問題，必須逐一將他們解決。」我們千萬不要被勝利衝昏頭腦，看不清形勢，飄飄然起來，以致迷失方向，走向反面。

（二）當前任務

內蒙古自治區的文化大革命，正處於兩個階段、兩條道路、兩條路線鬥爭的決戰階段。當前的主要矛盾，仍然是無產階級革命派與黨內走資本主義道路的當權派之間的矛盾。為了徹底地解決這個主要矛盾，當前我們的戰鬥任務是：

我們的主要任務是批判黨內最大的一小撮走資本主義道路的當權派，在批判黨內最大的一小撮走資本主義道路的當權派和內蒙最大的走資本主義道路當權派烏蘭夫和他的代理人王逸倫、王鐸的過程中，促進革命的大聯合，促進革命的三結合。當前我們鬥爭的主要目標就是要對準烏蘭夫和他的代理人王逸倫、王鐸。同志把批判黨內最大的走資本主義道路的當權派同本單位的鬥批改密切結合起來。這個大批判目的就是要在政治上、思想上、理論上把走資本主義道路的當權派批倒批臭。政治上要批臭，思想上要劃清界限，理論上要把它駁倒。同時，我們還必須在政治、經濟、思想、文化各條戰線上，徹底肅清資產階級反動路線的流毒。資產階級反動路線的流毒不僅執行了資產階級反動路線的人有，沒有執行資產階級反動路線的人也會受傳染的。無產階級革命造反派，過去我們反對人家壓制我們，現在我們不按黨的政策，任意擴大打擊面，任意武鬥，也那樣幹，去那樣壓別人，這是什麼，這不也是資產階級反動路線

嘛？過去我們反對人家，同他們作堅決地鬥爭，這是對的。現在，我們把他們那些東西拾起來，這就是中了毒，受了傳染。

我們要通過大批判，進一步鞏固和擴大無產階級革命派的隊伍，實現以左派為核心的最廣泛的革命大聯合。無產階級革命派，特別是大專院校的革命造反派，應該在大批判運動中起骨幹作用，起先鋒作用，目標一致，並肩戰鬥，團結對敵，把內蒙古黨內走資本主義道路的當權派鬥倒鬥垮鬥臭。

無產階級革命派要在改造客觀世界的同時，狠狠地改造主觀世界，大破「私」字，大立「公」字，狠奪自己頭腦裡「私」字的權，進一步加強革命性、科學性和組織紀律性。革命群眾組織之間的不同意見，要通過整風，用認真的批評和自我批評來解決。無產階級革命派，必須以大局為重，革命為懷，努力學習黨的政策，一時一刻也不要忘了我們共同鬥爭的大方向。無產階級革命派還必須正確對待保守組織中廣大受蒙蔽的群眾，要團結爭取他們，不要歧視、排斥他們，耐心地教育他們改正錯誤，回到毛主席的革命路線上來，一起鬧革命。「只有解放全人類，才能解放無產階級自己」。我們必須牢記毛主席的這一教導。

我們要在對黨內走資本主義道路當權派的大批判運動中，實現革命的大聯合，實現革命的「三結合」，把被黨內走資本主義道路的當權派篡奪的黨政財文大權，統統奪到無產階級革命派的手裡來。

我們無產階級革命派，要堅決貫徹執行毛主席關於「抓革命，促生產」的偉大號召。要成為「抓革命，促生產，促工作」的模範，要更加鼓足幹勁，力爭上游，把工業、農牧業、交通、財貿、科技等各條戰線統統抓起來，為完成和超額完成一九六七年的工農牧業生產計劃而奮鬥。總之，我們第一要把對敵鬥爭搞好；第二要把革命組織搞好；第三把內蒙一千三百萬人的生產、生活搞好，要想到我國的第三個五年計劃。這些光榮而艱巨的任務都落在了我們無產階級革命造反派的身上，我們必須把革命群眾都組織和團結起來，從政治上、思想上、理論上批透、批臭、批倒黨內最大的一小撮走資本主義道路當權派和內蒙黨內最大的走資本主義道路當權派及其代理人王逸倫、王鐸等，不抓住這個大方向，就不可能完成黨和毛主席交給我們的任務。

（三）當前我們無產階級革命派隊伍中存在的主要問題

　　當前，內蒙地區的革命形勢已經基本好轉，階級力量的對比已經發生了根本變化，革命派在政治上占了壓倒優勢的地位。在這種勝利的情況下，少數同志認為階級鬥爭結束了，似乎外戰結束了，「內戰」開始了。「內戰」的主要原因是山頭主義，小團體主義，宗派主義，無政府主義。當然從客觀上說，也要警惕和防止階級敵人和別有用心的人，鑽進我們的隊伍，以右的或「形『左』實右」的面目出現，迎合利用我們隊伍中形形色色的小資產階級思想，妄圖擾亂我們的陣線，製造分裂，製造「內戰」。但是，歸根到底，還是一個「私」字作怪。也就是說在我們造反派內部，嚴重存在著兩種思想、兩種世界觀的鬥爭。突出表現在以下幾個問題上：

一、較普遍地出現了「內戰」的苗頭，干擾著鬥爭的大方向。

　　由於勝利，小資產階級的搖擺性突出地表現出來了。有不少單位、不少同志，居功驕傲，不能正確地對待自己，也不能正確對待別人。老子天下第一，老虎屁股摸不得，趾高氣昂，傲視別人。只能表揚，不能批評。只能和意見相同的人在一起工作，不能和意見不同、甚至是反對過自己意見的同志一起工作，一道開會。為什麼不能一起開會，不能一起開誠佈公地進行批評自我批評？把同志當作敵人，這是不合乎毛澤東思想的。毛澤東思想教導我們，特別是對反對過自己的同志，有錯誤經過鬥爭，只要承認了就行了。這樣我們無產階級革命派才能團結。不然我們革命造反派內部就只能團結渙散，關係鬆懈，意見分歧，產生隔閡。這就不能搞好大聯合，只能成了大分裂。這些問題發展下去，就會互相進攻，互揭老底。越搞情緒越對立，簡直是「勢不兩立」，忘記了我們都是曾經戰鬥在一起的階級兄弟，是戰友，對於無產階級革命造反派有的人，有的組織犯了錯誤並不奇怪。你就一點錯誤也沒有，一點缺點也沒有？不可能！在游泳中學習游泳嘛，喝幾口水就能取得了經驗嘛。有些單位不是用團結——批評——團結的辦法，而是算老賬。不要算了，算老賬能對革命造反派算嗎？應向劉鄧算，向烏蘭夫算，向王逸倫、王鐸算，向黃厚、王良太

算。我們同這些人才是敵我關係，是你死我活的鬥爭。而我們自己的隊伍都是革命組織嘛。在革命組織中有缺點錯誤要自己教育自己，是人民內部矛盾。我們解放軍就是這樣批評自我批評，擺事實講道理的方法來解決問題的。那有一個組織沒有缺點沒有錯誤的。把老底都揭出來有什麼好處，文化大革命一年了那有沒有缺點錯誤的。不應當這樣，應該掌握鬥爭的大方向，有錯誤經過正常的批評教育，運用批評自我批評來解決。有人用放大鏡去找別人的缺點，抓住了某些缺點錯誤，就無限上綱，罵自己的同志為「叛徒」、「老右傾機會主義者」、「赫魯曉夫式的人物」、「定時炸彈」、「修正主義的君子」等等。把一些老造反派、一些負責同志，搞的灰溜溜的。老造反派在鬥爭中經過了考驗，但是他們不可能沒有缺點錯誤，我們應該熱情地幫助他們，不是把他們打到。還有的大吵大鬧，搞打砸搶。這樣就在思想感情上產生了嚴重對立，組織癱瘓，指揮失靈。例如要鬥走資本主義道路的當權派，你鬥你的，我鬥我的，各自為政，不能集中一地行動，削弱了戰鬥力。特別嚴重的是，有些單位、有些人，大搞分裂活動，發展個人勢力，擴大自己的山頭，他們拉攏一派，打擊一派，甚至把手伸得很長，挖人的牆角，把內部的分歧，帶到各盟、市，各兄弟組織中去了。幹這些事情的人，如果不是別有用心，就是私心大重，這種作風是極不正派的。我們的同志要警惕這個問題，不要上當，幹出親痛仇快的事情來。還應當特別指出，有些單位明知錯了，也不改正。身在「內戰」之中，卻以什麼「外戰內打」，「路線之爭」，來掩飾「內戰」的實質。我們內蒙革命造反派是經過了與資產階級反動路線鬥爭，經過了白色恐怖的鬥爭，也經過了與反黨集團的鬥爭，是經過了考驗的，有些人犯了錯誤，可以改嘛，現在有人想把人家搞得臭臭的，這樣做是錯誤的，應該內部整頓。對犯了錯誤的同志和幹部不能一棍子打死。在戰爭年代，我們有些幹部打了敗仗，甚至有個別人貪生怕死。對打了敗仗的幹部怎麼辦？打一次敗戰是需要付出血的代價的。怎麼辦？是打倒他們，還是教育幫助他們？毛主席教導我們，真正的長勝將軍是很少的。打了敗仗之後，總結了經驗還可以打勝仗嘛。戰爭不是打一次仗就完了，要打很多次，一仗敗了，多次戰鬥勝利，就是好的嘛！我們無產階級革命派不管犯多大的錯誤，也還沒有像軍隊打了敗仗損失那麼大。如果把那些打了敗仗的指揮官都不要，那麼誰來打下一仗。我們要允許人家犯錯誤也允許人家

改正錯誤，要給人家改正錯誤的機會。我們這次會議，就是要總結經驗，是從鬥爭中總結自己本身存在什麼問題。絕不是互相攻擊，不是我總結你有幾條，你總結我有幾條，相互搞人家的材料，這是不正常的。我們部隊打了勝仗還要開大會找缺點，總結經驗，防止驕傲自滿。打了敗仗就要少批鬥，多鼓勵。在解放戰爭時期，一九四七年秋天，我們在孟良固，一仗全殲蔣介石的王牌軍，暫編七十四師張靈甫的一個師，這是一個大勝仗，大家都高興，說七十四師是蔣介石的王牌軍都可以消滅，別的還算什麼？驕傲了，後來一連打了幾個敗仗，搞得灰溜溜的。在這種情況下，把幹部都撤職行不行？狠狠批評使大家就更灰心。那時陳老總是我們的司令員，他在大會上並沒有嚴厲批評，而是鼓勵大家作好工作，總結經驗，商量下一仗怎麼打，這樣做，深刻地教育了大家，鞭策了大家，大家下決心要把仗打好。這就是按照毛澤東思想辦事。不要只找人家的問題，不找自己的問題。應當首先找自己的缺點，要拿人家的長處來比自己的短處，不要拿自己的長處比人家的短處，要謙虛、謹慎、戒驕、戒躁。真正的無產階級革命派就是要敢於革命，敢於革自己「私」字的命，敢於負責，敢於承認錯誤。

二、和平麻痺，鬥志鬆懈

由於勝利了，不少人就鬆了一口氣，認為天下大平，可以「刀槍入庫」了，看不到階級鬥爭的嚴重性、反覆性；又由於勝利了，他們熱衷於開大會，搞慶祝活動，特大聯歡。我們從五月底到六月底二個月了，幾乎每天都有開大會的。當然，我不反對你們開幾個會總結一點經驗。但是會開得太大了太多了就不好。我們大家都應該坐下來很好地學習毛主席著作，很好學習中央的方針政策。最近《人民日報》、《紅旗》雜誌都發表了很多重要文章，我們如果很好學習就不會出現這些壞現象。我們有些人甚至沒有學習，所以鬆懈了，把階級鬥爭放在一邊，講排場，開大會。甚至有的中學生出去當臨時工，有的去種莊稼，有的在家不出來了。因此，組織癱瘓了，鬆懈了。這樣怎麼把無產階級文化大革命搞好？他們忘記了當前階級鬥爭，好像事不關己。這是違背毛主席教導的。我們要關心國家大事嘛。絕不能滿足起來，停止不前，整天坐不下來，溜溜達達，不看書，不讀報，不關心國家大事，不關心集體大事，脫離了

火熱的鬥爭，鬥志消沉下來了。有的甚至忙於解決個人問題，考慮個人工作去向問題，這是嚴重的組織渙散紀律鬆懈現象。

三、不能正確認識和處理兩類不同性質的矛盾，影響了革命的大聯合。

目前對於保守組織中受蒙蔽的群眾的態度，有兩種傾向。一種是發展過猛，不注意質量。有些大學不夠注意，有些單位原來幾十個人，現在發展為幾百人。有的人並沒有真正認識和改正錯誤，所以把他們吸收進來也消化不了。另一種傾向是卡得過死，關門主義，這是主要傾向。在有些單位，對受蒙蔽群眾，不是採取「團結──批評──團結」的方針，去熱情地幫助、教育和爭取他們，而是諷刺、挖苦、排斥、打擊他們。對於已經認識錯誤改正觀點，願意回到毛主席革命路線上來的人，應該歡迎他們。但有的人說他們是「兩面三刀」，是「投機」、「想撈稻草」，這是不對的。還有些形「左」實右的人，他們「唯我獨左」，對受蒙蔽群眾採取「不沾邊」政策，有別人接近，就被認為是「右傾」。我們必須警惕這種人。他們不僅對受蒙蔽群眾這樣，對待那些已經站出來的幹部，也採取排斥的態度，不支持他們的工作。對犯有嚴重錯誤的幹部，採取一概打倒，任意揪鬥，掛牌子，搞「噴氣式」，遊街。基至打倒在地，踏上一隻腳。嚴重違犯了黨的政策，破壞了無產階級的革命紀律，敗壞了造反派的聲譽。這個問題有的單位最嚴重。有的開批判會一次就揪上臺有四十多，並搞了「噴氣式」，掛了牌子。有人欣賞這些，說是「高水平」的。這個事就發生在軍區，我批評了他們，我說革命造反派不應該這樣，不是水平高，而是水平太低了，是不相信毛澤東思想能改造一切，能夠統帥一切。不久前，巴盟來了一些人，要求和軍區的×××見見面，檢查一下，我們答應了，但是，他們就在招待所鬥了他，還掛了牌子。我說他們太沒有水平，不像個革命造反派，根本沒有按毛澤東思想辦事，掛牌子有什麼用，他又不是打倒對象，這不是從思想上幫助人家。革命造反派要嚴格遵守黨的政策，要提高鬥爭水平，要相信毛澤東思想能解決一切問題，只相信自己是不行的。不相信毛澤東思想，只相信自己，這是什麼革命造反派？不要以感情代替政策。我們對於革命造反派的缺點錯誤不批評不指出，這不是對革命造反派的愛護。我對幹部不能一概打倒。內蒙的幹部比較複雜，有三條線要劃清楚。一條是烏蘭夫

黑線，這是我們已經挖出來的一顆定時炸彈。烏蘭夫從上到下搞了幾十年了。但有個重要問題要弄清楚，這些幹部是思想上的聯繫還是組織上的聯繫。如果只是在思想上和烏蘭夫思想有聯繫，這樣只要從思想上劃清界限就可以了。如果組織上有聯繫，那當然應當處理。我們都讀過「黑修養」，過去並沒有認識到是錯誤，這就是思想聯繫。中央指出來，黑修養是個大雜燴，是唯心主義的東西，我們就清楚了，就劃清了界限。烏蘭夫在內蒙這麼多年，當時在組織上和他是上下級關係，他的東西不執行那是不行的。第一是沒有看出來；第二有上下級關係。有問題沒有看出來是思想政治水平低；不管對錯，組織上下級要絕對服從上級，這是黑修養的流毒，這屬思想上的聯繫。組織聯繫就是搞祕密活動，搞陰謀活動，這些必須區別清楚。還要把工作聯繫與組織聯繫區別開。羅瑞卿原來是總參謀長，國務院副總理，那時我們都認為他是代表林副主席講的。以後把他揪出來，我們才知道他是個篡軍反黨的野心家。在這以前不執行他的東西就不行。不能把工作聯繫同黑線關係組織聯繫一樣看待。這是對待內蒙幹部需要劃清的第一個界限。

第二條線，自二月份以來有一批幹部犯了反動路線的錯誤。如果這些人犯了錯誤以後，當中央指出來，就很快改正了，站到毛主席的革命路線上來了，這就是好的。特別是在毛主席號召軍隊介入地方文化大革命以後，軍區一些人犯了方向路線錯誤，這時把很多地方幹部也捲進去了。三月份大奪權，由軍區主持召開的三級幹部生產會議，實際是搞資本主義復辟的會議。王逸倫、王鐸企圖把內蒙的大權都奪在他們手裡去。軍隊直接幫助了他們奪了這個權，而且變成了王逸倫、王鐸奪權的主力。在這種情況下，我們許多地方幹部都被捲進來了，站在了王逸倫、王鐸的這個路線上。軍區犯了方向路線錯誤，支持了王逸倫、王鐸，下邊的幹部不清楚，這樣就站在了軍區方面，參加了軍區策劃的大奪權，在奪權以後又做了很多壞事，我們應當怎樣對待這些幹部？我們認為應當按照中央關予內蒙問題的決定來解決。八條說軍區個別領導人犯了方向路線錯誤。這些同志承認並改正了錯誤就行了嘛。這個指示我想對地方幹部都應該適用，也應該執行。當然，地方幹部有錯誤應當批評，但是主要責任在軍區。如果我們不注意就要打擊很多幹部，從自治區到盟市旗縣，有很多幹部站在了他們那一面，不能都把他們打倒。我們一定要認真學習並堅決貫徹毛主席

的幹部路線，應該堅決按照中央關於處理內蒙問題的決定辦事。

　　第三條線，就是八條下來以後，即四月十三日以後，揪出的「地下黑司令部」，主要是軍區的一小撮人，這些人，公開對抗八條，反黨反毛澤東思想，是反黨集團，這個集團的主要骨幹應該打倒。也有一些人在黃厚、王良太的操縱下，辦了許多壞事，只要他們同黃、王集團劃清界限，承認錯誤，就可以採取批評從嚴處理從寬的辦法，不是把這些人都打倒。這也聯繫到地方幹部。地方幹部在執行反動路線後，改正了錯誤，又回到毛主席革命路線上來，我們必應該歡迎。在八條之後真正站出來擁護中央八條決定，無論地方、軍隊幹部只要能和黃、王劃清界線就好。這個問題從地方到軍隊一定要劃清界跟。不劃清界限就可能打擊面太寬，就會犯錯誤。對幹部問題，包括對各單位各學校的當權派，都要注重，有烏蘭夫黑線及他的代理人王逸倫、王鐸這個反黨集團；還有個黃厚、王良太反黨集團，這些界限一定要劃清，不然就打擊面過寬。現在各地都在抓黑司令。那有那麼多黑司令？我們必須切實按照中央指示辦事。軍隊幹部有錯誤，地方可以送大（小）字報。軍隊的問題要相信軍隊內部可以搞清楚，地方的黑司令，地方可以搞。我們有的地方到軍隊去抓黑司令，軍隊幹部錯誤要他們作檢查是可以的，但在檢查中就給戴上高帽子，把領章帽微扯掉，搞「噴氣式」，這就很不好了。我們不要搞這些東西。

（四）加強無產階級革命派的思想建設，總結經驗，加速革命化、戰鬥化。

　　毛主席救導我們說：「掌握思想教育，是團結全黨進行偉大政治鬥爭的中心環節。如果這個任務不解決，黨的一切政治任務是不能完成的。」他還說：「情況是在不斷地變化，要使自己的思想適應新的情況，就得學習。即使是對於馬克思主義已經瞭解得比較多的人，無產階級立場比較堅定的人，也還是要再學習，要接受新事物，要研究新問題。」當前，兩個階級、兩條道路、兩條路線的鬥爭仍然是十分尖銳複雜，在某些地方某些單位還有可能出現反覆，我們的任務還是十分艱巨。社會的不斷革命，要求我們的思想不斷革命。我們革命派內部也還存在著形形色色的非無產階級思想，迫切需要加以克服。

勝利的隊伍容易驕傲自滿，貪圖安逸，思想麻痺，鬥志鬆懈。比較穩定的局勢也容易使人思想麻痺，放鬆警惕。在這種情祝下，如果不大力加強思想建設，各種非無產階級思想就會嚴重地侵入我們的肌體，腐蝕我們的鬥志。歷史經驗證明，任何艱難險阻，都是不可怕的，真正可怕的是，政治上衰退，思想上解除武裝，組織上分裂，忘記了階級鬥爭，忘記了無產階級專政，忘記了鬥爭大方向。這個情況如果我們不注意，不用敵人把我們打垮，我們自己就垮了。我們有這樣的歷史教訓。一九三五年遵義會議之前我們的幾次失敗並不是敵人把我們打垮的，是由於黨內錯誤路線把自己搞垮的。第一次的失敗，是由於陳獨秀的投降主義路線造成的。第二次是李立三的「左」傾機會主義路線錯誤把我們搞垮了，使我們黨受到了很大損失。第三次是王明路線。這三次都是在我們力量很強的情況下，把我們自己搞垮的。抗日戰爭，日本帝國主義比我們強大得多，那時敵人有四百多萬，我們有二十多萬人，但是我們在毛主席的正確領導下把日本帝國主義打敗了，大大發展了我們的人民解放軍。我們不怕敵人強大，我們就怕內部政治上組織上出問題。堡壘是最容易從內部攻破的。四月十三日到五月底，階級敵人大搞白色恐怖，保守勢力非常囂張，但是我們沒有壓垮。為什麼？就是因為有戰無不勝的毛澤東思想，有中央的正確領導。因此，加強思想建設，促進人的思想革命化，要擺到一切工作的首位。如何加強思想建設，我在呼市無產階級革命派政治工作會議上，談過幾點意見，根據目前情況，我再強調地講一講如何用毛澤東思想來加強我們革命派的思想建設問題。

一、樹立毛澤東思想的絕對權威，活學活用毛主席著作，特別要在用字上狠下功夫，改造世界觀。我們不僅要用毛澤東思想改造客觀世界，把自己當成革命的動力，而且更重要的是，要用毛澤東思想改造我們的主觀世界，把自己當成革命的對象。在學習毛主席著作中，要老老實實地把自己擺進去，把思想亮出來。要下決心割掉自己資產階級、小資產階級思想的尾巴。不怕痛、不怕醜。要不斷地用毛澤東思想這個望遠鏡、顯微鏡，來徹底清除自己思想上的政治灰塵。同時，還必須認真地開展批評與自我批評，搞好思想鬥爭。同志之間，要敢於思想見面，敢於刺刀見紅。在思想戰線上，要勇於打硬仗，打惡仗，要當「私」字的造反派，不當「私」字的保皇派。

二、刻苦學習毛主席為最高、最新指示，來指導我們的革命實踐。根據

當前存在的問題，我們必須認真學好毛主席《關於正確處理人民內部矛盾的問題》這篇光輝著作，正確地區別和處理兩類不同性質的矛盾。不管是革命造反派之間，不管是革命造反派與幹部之間，不管是革命造反派與受蒙蔽的群眾之間，在政治思想上有多大的分歧，歸根到底，都要按毛澤東思想辦事，在毛澤東思想的基礎上團結起來，經過鬥爭，統一起來。凡是符合毛澤東思想的我們堅決照辦。否則就堅決抵制，堅決反對。在毛澤東思想的旗幟下，團結起來，共同對敵，促進革命的「三結合」。

三、把毛澤東思想的教育經常化。要認真學習解放軍突出政治的經驗。特別是要像解放軍那樣，活學活用毛主席著作，堅持天天讀，天天用，經常開講用會；根據每個時期的活思想，以毛澤東思想為武器，進行小整風，搞好階級教育，抓好活思想。

四、當前，我們要開展一個普遍的毛澤東思想教育，即整風運動，我黨的歷史經驗證明，經過一次整風之後，必將大大地推動革命勝利前進。今天，為了使我們的隊伍在政治上、思想上、組織上團結起來，統一起來，使革命事業不斷前進，使無產階級文化大革命健康發展，我們必須開展一次整風運動，這是加強思想建設的重大措施。如果你們這些同志，通過這次整風運動，起重大的推動作用，就更加有利於革命派的大聯合，更有利於鬥批改。

現在有些單位搞得好一些，有些單位搞得差一些，個別單位搞不下去了。這就需要開會學習幾天，研究一下當前我們存在什麼問題，怎麼解決，而不是在這個會上揭老底，算老帳。要反對算老帳揭老底互相攻擊。我們搞革命的大聯合，要搞革命的三結合。希望我們這個會議能夠做出榜樣，做出用毛澤東思想解決我們現實思想問題，克服小資產階級搖擺性的榜樣，做出活學活用毛主席著作的榜樣。我們，不但能夠奪黨內走資本主義道路當權派的權，而且也要能夠奪我們頭腦中小資產階級思想王國中私字的權。讓我們高舉毛澤東思想作大紅旗，共同努力開好這個會，做出好樣子。我的講話可能有不合實際的地方，請同志們批評。

（記錄稿，未經本人審閱）

會議文件

呼和浩特革命造反聯絡總部印

7.在集寧地區無產階級革命派學習會上滕海清代司令員的講話（摘要）（1967.09.12）

同志們、戰友們、紅衛兵小將們：

首先讓我們共同敬祝世界革命人民偉大的領袖、當代的列寧、我們心中最紅最紅的紅太陽毛主席萬壽無疆！萬壽無疆！萬壽無疆！

這次我到集寧來，代表籌備小組和內蒙軍區全體指戰員來問候集寧地區的無產階級革命派，我們是來向你們學習的。

當前，烏盟地區的文化大革命和全內蒙地區一樣，和全國一樣，形勢大好，這個形勢是越來越好的。從整個歷史來看，烏盟文化大革命全部的發展過程是健康的。大方向是正確的，是按照毛主席所開闢的航道勝利前進的。你們整個烏盟地區和集寧地區的無產階級革命造反派是在艱苦奮鬥戰中鍛鍊出來的。你們的隊伍是有戰鬥力的部隊，是一支很好的部隊，這個隊伍已經出現了一大批忠於毛主席，忠於毛主席革命路線的革命闖將，這是我們革命事業興旺的標誌。總之一句話，你們集寧地區的無產階級革命造反派大方向是正確的，始終是站在毛主席的革命路線上的。駐集寧地區的人民解放軍是站在毛主席革命路線這邊的。在八條下達後，在這個地區支左領導小組的領導下，他們是堅定地支持了革命造反派，真正成為保衛無產階級文化大革命堅強的支柱。人民解放軍在這段工作中間，整個的方向是對的，做了大量的工作，工作做得有成績。過去有些部隊和機關犯了些錯誤，但是現在基本上都轉過來了。有些幹部已經取得了群眾的信任。集寧地區一個轟轟烈烈的革命大批判運動正在興起，大批評推動了革命群眾思想革命化的建設。一個活學活用毛主席著作運動的新高潮正在興起。

集寧地區文化大革命總起來說，就是林副主席在八月九日講話中指出來的。我們的代價是最小、最小、最小，我們的成績是最大、最大、最大。這就是當前形勢的主流，這就是本質。我們分析形勢，必須抓住當前主流的問題，抓住當前本質的問題。有一些人認為「烏盟的文化大革命還要大亂特亂」，從亂中殺出一股真正的「左派」，這種思潮在目前看來是反動的。還有認為「烏

盟地區的支左領導小組執行了一條資產階級反動路線」，這種估計是錯誤的，而且是完全錯誤的。部隊在支左領導上，可能有缺點，也可能有些錯誤，那就是支流的問題，我們如果是只抓支流，不看主流，那形勢就要搞成一個思想混亂，顛倒黑白，混淆是非，最後就要迷失方向。這種輿論就是要把我們文化大革命引導邪路上去，要犯錯誤。對於這個問題我請同志們要提高警惕，不要上當。

當然，你們必須看到形勢是好。但是在我們實際工作中間也不能說是都做到家了，就沒有缺點了。那就是我們對毛主席的戰略部署跟得緊不緊，是跟得緊，還是跟得不緊？是跟了，還是跟得不好，或者是根本就沒有跟，反對跟。所以這個也要把它區別一下。當然我們最好的是緊跟著毛主席的戰略部署，跟黨中央，跟中央文革。也有一種根本就不跟，反對這個偉大的戰略部署，那就是立場問題，是對毛澤東思想的態度問題。

現在，我們烏盟地區集寧地區革命的大批判已經是正在搞了，也可能深入還不夠。烏盟地區的走資本主義道路的當權派現在是不是完全鬥倒了，鬥臭了，鬥透了？這個問題大家可以檢查一下，如果真正地把烏盟地區的走資本主義道路的當權派鬥臭了，從理論上、思想上、政治上把他們批倒了，那就是你們的大批判就比較地深入了。如果你沒有把他們鬥倒鬥臭，他就要活動，他政治上還有一定的影響，這就不可能爭取教育受他們蒙蔽的那些群眾。而且這些人還可能跳出來，迷惑一些不明真相的群眾和幹部，他們在文化大革命進展到奪權時刻，他們現在活動的主要的目標不是保守組織裡的什麼人，而主要是在無產階級革命派內部尋找他們的代理人。姚文元同志的文章有六個十分注意，他在文章裡講：當前勝利形勢下，我們必須十分注意鬥爭的大方向，也就是有人轉移我們的鬥爭大方向；十分注意維護以毛主席為首的無產階級司令部，現在就是有人在干擾，反對這個戰略部署；十分注意掌握政策和策略，也就是我們造反派內部有些人不很好地掌握黨的方針、政策和策略；十分注意團結大多數；十分注意不讓陶鑄式的人物從右的方面和極「左」的方面或同時從兩個方面來搞亂我們的陣營、陣線。左派犯錯誤，右派利用，歷來如此。請同志們注意這六個十分注意；這就是指明當前要擁護什麼反對什麼的問題，就是克服小資產階級搖擺性和無產政府主義思想，就是避免被階級敵人利用。

根據毛主席偉大戰略部署，想提以下幾點意見，供同志們參考。

一、高舉革命批判的大旗。革命的大批判是當前鬥爭的總綱、總任務。革命的大批判，就是當前最大的政治；革命的大批判，是當前的作重要的原則；革命的大批判是考驗一切人的試金石。你是個真正的革命者嗎？那就要更堅決地進行大批判，通過革命的大批判，把黨內一小撮走資本主義道路當權派徹底打倒。在這個時候，有沒有這個決心，願不願意坐下，是很重要的問題。這是我們無產階級革命派和廣大的群眾要共同完成的歷史任務。我們完成了這個任務，我們國家的社會主義江山千秋萬代永不變色。如果不完成大批判的任務，我們的文化大革命就可能夭折，資本主義就可能復辟。希望我們無產階級革命造反派對這個問題千萬千萬千萬不要忽略，不要把大批判當作可有可無。我們無產階級革命派鬥爭的鋒芒必須是對準走資本主義的當權派，就要搞大批判。不搞大批判，哪還有什麼目標對準誰的問題呀？沒有了！所以，搞不搞大批判，阻礙大批判，就是對革命的犯罪。破壞大批判，實際上就等於反革命。就是幫助了敵人，站在敵人的立場上，去阻礙這一指示，破壞無產階級文化大革命，那不是敵人？敵人就是反革命。當前集寧地區的大批判已經起來了，街上搞了好多的專欄，搞得轟轟烈烈了，很不錯啊，把矛頭對得很準，對準中國的赫魯曉夫和他的一夥嘛！這個高潮已經掀起了！這是掌握了大方向的。但大批判從整個內蒙來說，還是剛剛開始，我們要在這個良好開端的基礎上，把大批判高潮迅速地掀起來。現在大批判是怎麼樣繼續進行，繼續深入的問題。大批判開始是沒有經驗，抄人家的，把人家的東西拿來學習是可以的，並不是不可以的。開始，與本單位結合的少一點，這個沒有什麼關係嘛！我們大批判是逐步深入，逐步地總結經驗的。只要群眾發動起來了，辦法就多了。現在存在一些缺點，也沒什麼奇怪。但是有些人，他們自己不搞大批判，光看我們有些什麼缺點，抓住這些缺點就不放，不看大方向，我們要反對。但是我們的缺點，不是要把它隱蔽起來，看出缺點，我們就想辦法克服缺點。我們在大批判中，要發動群眾，人人動腦子想，有文化程度的可一寫，沒有文化程度，文化程度低的可以用口講，大家動手，人人動口，大家想。也就是形成一個口誅筆伐的群眾運動。搞好大批判有幾個方面要注意，首先一個是加強領導，各個總部、各單位的負責同志要深入到群眾中去，和群眾一起搞大批判。和群眾一起

搞大批判，就容易接受群眾經驗，便於總結經驗，就好抓典型。抓得好的單位，抓住這個典型，開開現場會議，供大家參觀，吸取經驗。要抓住典型，推動全盤嘛，這是領導的責任。再一個問題是同本單位的具體情況結合起來。本單位的，恐怕大、小單位總有個別的少數走資本主義道路的當權派。把他們結合起來去批判，他們幹了很多壞事。通過本單位，本地區的實際情況，來批判中國的最大的走資本主義道路的當權派，這樣就批得深，批得臭，也上綱。在大批判中，我們要解放幹部，我們應當按照毛主席革命路線去辦，該打倒的，堅決打倒，要解放的勇敢解放。解放幹部靠上面解放是不可能的，上面不瞭解情況，還是靠群眾、造反派把他解放。實際一些犯錯誤的幹部，也是走資派的受害者嘛。他們要和群眾一起參加大批判，只有通過大批判，來考驗他，有錯誤願不願改，接不接受群眾的批評，願意不願意回到毛主席革命路線上來，願意，那我們就把他解放出來。解放出來以後，在工作中間進一步考驗他們。我們在今後的大批判中，要把幹部解放出來，解放、結合是兩回事，解放了並不等於一定結合。但是，多一個做事的比少一個做事的好嘛！

最後一點，大批判要和大學習結合起來，要把學習毛主席著作放在首位。大批判就是批判走資派的反動言論、反動路線、反動觀點、他們的思想、他們的反動哲學。我們必須用毛澤東思想來批判，那麼就得很好地學習毛主席著作。我們不掌握這個武器，大批判就開展不好，還有一些人鬼得很，他自己不搞，還反對人家搞，他自己一點不搞，光知道批判人家的缺點、錯誤，說什麼搞得不好，假批判、真包庇呀，很多帽子加在革命派頭上，這些人是別有用心的，已經看出來他們保什麼，革什麼的問題，從這一點看出，他們只是極少數別有用心的人，他們站到反動的資產階級立場上，甚至用極「左」的言詞攻擊我們。這些人，我們要注意的。要十分注意不讓這些陶鑄式的人物從「左」的方面和右的方面來搗亂。

二、高舉革命大聯合的旗幟，積極創造和建立自己的紅色政權。無產階級革命派聯合起來，向黨內一小撮走資本主義道路的當權派奪權，這是毛主席提出的偉大的戰略號召。革命的根本問題是政權問題。我們無產階級革命派，用自己的雙手，艱苦奮鬥、流血犧牲，經歷了一年的革命鬥爭，徹底砸爛了資產階級的一套。舊的國家機器被徹底砸爛了！現在，我們要建立一個紅色政權，

也要靠我們自己建立。也就是我們敢於打破一個舊世界，敢於建立一個新世界。當我們現在要建立一個新的政權的時候，目前首先的條件，就是通過大批判，促進大聯合，解放幹部，才能組成一個「三結合」。

集寧地區的大聯合形勢是比較好的。所以說好，因為造反派內部還沒有打內戰嘛！還沒有幾個組織對立的情緒嘛！

現在，內蒙地區，造反派的分裂，到處在開始。我們這個地方比較好。現在很厲害的還是包頭。城市不大的派分裂，那沒什麼關係。你們這個地方，是有那個思潮，但是還沒有打倒分裂，形勢還是好的。但是那個思潮不可能不反應到集寧來，但是現在，好像影響不大，從這點證明你們毛澤東思想紅旗舉得還是比較高的，還是堅強的。但是，我們對於這個問題還是低調。你們這個地方不是有人喊出了「革命的分裂好得很」嗎？「內戰是必須的」嗎？「這是兩條路線鬥爭」的新口號嘛？這些口號儘管他是一個人兩個人，證明外面的思潮，還是反應到你們這裡來了嘛！雖然這些口號是反動的，但是可能有人接受嘛！可能有人聽得進嘛！這個東西，是阻止我們紅色政權建立的最大障礙物。我們要搞團結，他們要搞分裂嘛！在我們隊伍中有一些人打內戰，鬧派別糾紛呀，鬧分裂呀，擴大山頭呀，發展實力呀。在本地發展實力沒有，就到外地區了。到旗縣，到公社，到生產隊那裡去，招兵買馬呀！一到那個地方就支持一派呀，你支持這一派，我支持那一派，不管是左派、保守派，不管你是什麼人，只要你尊敬我、支持我，我就支持你，我就發表聲明。這是種什麼思想？這就是搞大聯合的思想？實際上，那是分裂的思想。中央也講了，籌備小組也講了，不要去挖牆角了，不要去搞分裂了。還有些單位為了擴大自己的事例，連保守組織他都要，結果有的單位原來造反派只有幾個人，現在發展到幾百人。實際情況怎麼樣呢？保守派把造反派吃掉了，改造了，改成什麼了？改成保守派了。這就是招兵買馬的結果。實際上自己打自己的嘴巴，將來要犯錯誤的。走到反面，不要看他是老造反派。結果他被人家吃掉以後，他變到保守勢力的那裡去了。保守勢力以及「左」的面貌出現，裝成特別革命的，用來迷惑群眾。所有這一切都是違背毛主席偉大戰略部署的，我們現在就是要奪走資本主義道路當權派的權。他們破壞大聯合，反對大批判，就是反對我們奪走資本主義道路當權派的權，這樣就不符合廣大人民的意見，是違背文化大革命的向

前發展的潮流。我們現在就是要大聯合、「三結合」，徹底真正地把走資本主義道路當權派篡奪的黨政財文大權奪過來。現在他們不從正面反對，你要奪權，他用另一種方法來擾亂你，使你奪不成，這是不符合文化大革命鬥爭利益的，就是搞分裂，違背大方向，迎合階級敵人需要。我們必須堅決克服掉，堅決批判這個思潮，無產階級革命派必須有無產階級的階級性黨性，要搞革命，階級性黨性高於一切，不能叫小資產階級派性高於一切。現在我們造反派裡面那個派很多，那個大多數派是合乎毛澤東思想的派，就是堅持無產階級黨性的派，這是好的。文匯報的「無產階級黨性和小資產階級派性」這篇文章要很好的讀一讀。這些問題是我們在大聯合中的支流問題，主流是好的，我們百分之九十的造反派是搞大聯合的，從你們集寧地區來說也是這樣，主流是好的。如果僅僅看到支流不看主流那是不對的，主流是好的，但是支流的問題不能不注意，支流太多了他就要干擾我們的主流，衝擊我們的主流。

最近你們要成立籌備小組了，這很好嘛，雖然你們現在還沒開會成立，我今天先給你們祝賀。根據烏盟的情況，不但是成立籌備小組的條件，而且革命委員會也有條件。現在希望你們拿起去年開始革命時敢鬥敢幹的革命精神來建立我們的紅色政權，敢於打爛一個舊攤子，就敢於建立新攤子。革命的根本問題是政權問題。雖然我們籌備小組是臨時機構，但是，你們條件很好，應當很好努力，把革命委員會馬上成立起來。我舉雙手贊成，甚至我們還可以派籌備小組同志幫你們搞。

你們的條件很好嘛！有站出來的革命領導幹部，造反派是團結的嘛！軍隊這方面是好嘛！這裡條件是很成熟很成熟的，完全可以搞革命委員會。你們越快越好。最晚到國慶節這個日子成立革命委員會。

我講的建立革命委員會和聯絡小組，同志們注意一點，建立一個年輕的紅色政權，這個政權就是我們從走資本主義道路當權派手裡奪過來的，要建立這個政權是一個階級鬥爭的過程，實際也是一場奪權鬥爭的過程，因此不管是建立籌備小組或革命委員會都有阻力的，有人破壞，也不願意，有人反對，反對時多方面的，歸結起來是幾個方面，一個方面是黨內走資本主義道路當權派，他們反對。走資本主義道路當權派，特別是烏蘭夫之流，內蒙地區烏蘭夫將近占了二十年，他們的黑窩黑線是比較深的，雖然把烏蘭夫和烏蘭夫的代理人揪

了出來，並不等於下面烏蘭夫的爪牙完全改變了思想，這一些人他們是要反對，你要把他的權奪過來嘛，他不反對嘛？所以建立一個新的政權是一個奪權和反奪權的鬥爭，一定要有反對的，這是一個方面。

再另一方面呢？來源於我們隊伍中間小資產階段搖擺性，這種搖擺性爭名爭位，特別是沒有安排他那個單位的那個人當委員，還有一種是我們隊伍裡無政府主義思潮，這個無政府主義思潮他們也是干擾我們建立一個新的權力機構。這種無政府主義思潮，實際上並不是無政府主義，他們是有政府主義的，就是這個政權掌握在誰的手裡的問題，這是根本的問題。無政府主義歸根結底，實際上是爭權的問題，是私字的問題。他們不從階級不從人民利益不從全域出發，只從個人的爭名爭位爭利出發搞破壞。

這樣的人當然是造反派內部的問題。這是一種小資產階級思想，我們對這個問題就是要進行說服教育，我想我們就是要緊緊跟上我們偉大領袖毛主席的偉大戰略部署，以革命為重，克服私字，排除一切干擾，遇見苦難也要頂住，我們要建立一個政權，不管他刮多大風，十二級颱風也要頂住。無產階級革命派應該有這個態度。你干擾我就不搞了，那什麼時候搞？應當頂住。大家要為建立一個以毛澤東思想為基礎的紅色政權而奮鬥。

擁軍愛民。擁軍愛民是毛主席提出的偉大戰略措施。內蒙處在反修第一線，加強擁軍愛民，加強軍民團結，有特別重要的意義。人民解放軍是毛主席親手締造的，林副主席親自指揮的。人民解放軍是人民的子弟兵，毛主席，林副主席早就提出的，我們所以敢於開展這場史無前例的文化大革命運動基本是要兩個條件，這是林副主席在八月九日晚上講的。一就是毛主席的無比威望和毛澤東思想的絕對權威，第二是有一支強大的人民解放軍。我們的隊伍完全是為了人民的利益工作的，它是無產階級專政柱石，文化大革命的保衛者。這是偉大的長城在史無前例的文化大革命中經受了嚴重的考驗，並做出了重大的貢獻。帝國主義、修正主義、各國反動派、中國的赫魯曉夫這些人他們是最害怕人民解放軍的。任何敵人要動搖我們無產階級專政，首先他們要考慮到人民解放軍，所以我們無產階級造反派應當愛護自己的軍隊。應當像愛護自己眼睛一樣去愛護它。決不受敵人的煽動把矛頭指向解放軍。我們有些造反派不能看清當前敵人的詭計，他們也把矛頭指向解放軍，這就把矛頭指錯了。最近北京出

現一個五・一六反革命組織，這個五・一六反革命組織就是把矛頭指向以毛主席為首的無產階級司令部，把矛頭指向人民解放軍。我們一定不要上這個當。軍隊裡面出現了幾個壞傢伙，內蒙的黃王劉張，武漢出了大麻子，這僅僅是個別的壞傢伙。不能夠代表我們解放軍。他們是恨人民解放軍的資產階級代理人，最近社會上一股歪風到處揪軍隊一小撮，揪地下黑司令，這樣搞必然要打亂我們自己的陣線。我們就要犯錯誤，我們無產階級革命派就要辦親者痛仇者快的事情，不能上階級敵人的當。我們軍隊在支左工作中犯了一些錯誤，正因為他沒經驗，這種錯誤完全與走資本主義道路當權派性質不同，只要毛主席黨中央指出來了他們就馬上改正。有些人利用人民解放軍在支左中間犯了一些錯誤就把矛頭指向解放軍，所以他們也就是混水摸魚。我們軍隊的廣大指戰員必須支持無產階級革命派，愛護革命小將，必須正確地對待自己，有錯誤就檢查，繼續按著毛主席指示，不要怕批評。我們團結起來了什麼都不怕，帝國主義反動派、修正主義都不在我們話下。我們最害怕的就是人民解放軍與無產階級革命造反派對立起來，我們要特別警惕這個問題。在集寧地區解放軍和群眾的關係要進一步搞好。

　　高舉毛澤東思想偉大紅旗，加強無產階級革命造反派的思想建設。同志們，無產階級文化大革命又進入了一個轉折關頭，這就是兩條道路兩個階級兩條路線的鬥爭，無產階級司令部和資產階級司令部的鬥爭。這個轉折階段，集寧地區的革命造反派建立一個臨時的權力機構或是籌備小組或是革命委員會，這是一個奪權的鬥爭，這個奪權鬥爭勝敗還沒有決定，還沒有最後決定，現在我們同志準備建立權力機構，終究還沒有實現，真正把這個權奪過來還得靠我們的同志努力。這個問題，我再三提無產階級造反派對這個問題是任重而道遠，在這種情況下，擺在無產階級革命造反派面前重大問題就是，繼續前進還是停滯不前，或者我們還倒退。我相信我們無產階級革命派肯定會這樣答覆：我們一定要繼續前進，肯定能夠繼續前進。要繼續前進，必須緊跟毛主席的偉大戰略部署。我們要前進的根本，就是要加強無產階級革命造反派的思想建設。我們當前加強無產階級革命造反派思想建設的中心任務是什麼呢？就是高舉毛主席思想偉大紅旗，活學活用毛主席著作，在鬥爭中學，在鬥爭中用，加強革命性、科學性、組織紀律性，克服小資產階級搖擺性，反對無政府主義，

宗派主義，小團體主義，個人主義和形形色色的機會主義，革命的必須善於把我們隊伍中的小資產階級思想引導到無產階級軌道上來，這是無產階級文化大革命取得勝利的一個重要關鍵。一定要克服無政府主義思潮，這種思潮大概在很多地區都是有的，呼市有這個思潮，其他地區有這個思潮，這個思潮是什麼呢？就是「懷疑一切、否定一切、打倒一切」，你們這個地區有沒有？根據我上面講的例子可能有一部分人以極「左」的面貌出現，把矛頭指向中國人民解放軍，混淆兩個司令部的界限，轉移鬥爭的大方向，這是一種危害極大的思潮。我想我們集寧地區的無產階級革命造反派必須嚴肅對待這個問題，堅決反對這種思潮。思想建設的第二個問題就是：克服山頭主義、宗派主義、小團體主義，也就是派性問題。克服小資產階級搖擺性根本的問題就是學習毛主席著作，樹立毛澤東思想絕對權威。應向紅炮兵那些單位學習，應當趕上。他們的經驗好嘛。根據其他地區的瞭解，你們這個地區有沒有不知道，其他地區總是有一部分人不讀書，不看報，外調，到處跑啊，跑跑竄竄的都不想回來啦，根本就不好好學習，光吃老本，那怎麼行呢？林副主席在給解放軍題詞講的麼，「高舉毛澤東思想偉大紅旗，在無產階級文化大革命運動中立新功。」這個意思我們造反派應該懂得，理解，我們副統帥號召不要吃老本，要是老本吃完了將來就沒辦法了。現在就是要在無產階級文化大革命中立新功，首先就要高舉毛澤東思想偉大紅旗，掌握鬥爭策略，緊跟毛主席的鬥爭大方向，不然我們怎麼立新功啊？我們也還有少數的同志，你們這個地區有沒有不知道，其他地區是有的，他們不看人民日報，不看中央的正式東西，他們看什麼呢？唯獨看傳單，看小報。聽馬路新聞，根據這個去分析當前文化大革命的形勢，那怎麼行呢？傳單是一個單位一個組織的小報，是一個單位一個組織的，馬路新聞到底是哪來的，是好人來的，壞人來的，你就搞不清楚，根據這樣去分析形勢，那麼，還不犯錯誤嗎？

千條萬條，毛澤東思想第一條。沒有毛澤東思想，我們就什麼事也辦不成了。要很好地學習毛主席著作。不管是工廠、機關、學校都應當建立學習毛主席著作雷打不動的制度。學校應當時間多一點，工廠、農民時間當然少一點。機關現在也是吃飯鬧革命麼。抓生產的時間現在不多，也要很好地把學習毛主席著作的指路建立起來。整個說你們學得很好，但是，真正地把毛澤東思想學

到手是很不容易的，很不容易學到手的。特別是在階級鬥爭這樣一個複雜的情況下，我們用什麼東西去辨別是非？那主要是靠毛澤東思想辨別是非。沒有毛澤東思想，我們就不可能分清是非。我們很多的同志犯錯誤，我們部隊裡面，在支左中間很多人犯錯誤，歸根結底，也就是毛澤東思想沒有真正學到手，還沒學好。你們遇到一個複雜的情況，那就必然產生主觀和客觀兩個對不上口。那就思想落後於形勢，憑主觀的願望去代替政策，去決定問題，那就可能要犯錯誤。我們造反派隊伍就是要學解放軍，三八作風，要團結緊張，嚴肅活潑，不要散散漫漫，鬆鬆垮垮。我們整個無產階級造反派的隊伍都要像解放軍一樣。我們有些同志，對學習毛主席著作沒有深厚的感情，應當很快的轉過來，不要去打撲克、下象棋、看下說、逛馬路、當逍遙派。應當很好地讀毛主席的書，聽毛主席的話，照毛主席的指示辦事，作毛主席的好戰士。逍遙派當然是少數的同志了，但是對這些同志應當進行教育，說服他們，這樣搞下去是不好的，思想要落後的。

　　造反者之間有矛盾，有不同的看法，我看這個是正常的，只能用說服教育的辦法去解決，不要無限上綱，把原來的戰友推到敵人那一方面去。不能把我們自己的戰友，把過去戰鬥在一起，奮鬥在一起，甚至流血在一起，挨打在一起的戰友在勝利以後就搞分裂了。有不同的意見，可以按照十六條的規定，可以辯論麼，最後服從真理麼，在毛澤東思想的紅旗下，在毛澤東思想的基礎上團結起來，不能把自己的同志當敵人對待。要多檢查自己的缺點，不要強調對方。兩方面都自我檢討了，都自我批評了，這問題就解決了。我們造反派同志應當把自己當作一分革命的力量，同時要把自己當作革命的對象。不要光革人家的命，就不革自己的命，不革自己私字的命。我去奪我們頭腦裡面私字的權，這樣就不好了。不要互相猜疑，互相懷疑。我們還有一些造反派的頭頭中間也有這個問題，你懷疑我，我懷疑你，這有什麼好處嗎？大家都在一起幹革命嘛，搞了一年嘛，在白色恐怖、反革命復辟逆流中間那樣堅決鬥爭，闖過來的嘛，戰友嘛，怎麼能互相懷疑呢？這樣你懷疑我，我懷疑你，我們造反派的頭頭就沒有一個好人啦？還有過去在白色恐怖中間有些造反派被抓起來了，坐了牢，還有些人寫了檢討，向軍隊檢討恐怕集寧這個地方咱們不知道了，其他地方是有的，坐了牢，向解放軍寫了檢討，當然這個不對了，是個錯誤了。但

是有些同志就把這樣的同志革命中間的一點缺點，說就是叛徒嘍。怎麼能這樣講呢？向人民解放軍寫了檢討，人就成了叛徒，那人民解放軍就成了敵人了，不能這樣去搞。還有在文化大革命中，有些群眾組織，有些幹部做了些錯事，說了些錯話，甚至有些組織犯了些錯誤，但是他們的錯誤改過來就行了。不要去挖老底，說他們那個組織在保守派猖狂時候，你怎麼怎麼樣。只要人家犯了錯誤改了就行了，保守組織群眾我們也允許他改正錯誤嘛。回到毛主席路線上來，我們就歡迎嘛。何嘗對於我們革命造反派呢？那樣斤斤計較幹什麼呢？抓大方向嘛，抓那些雞毛蒜皮的東西幹什麼？不然，我們這個隊伍就不可能團結得很好。要提高階級覺悟，去掉頭腦裡邊的私字，樹立公字，這個問題就解決了。大家都顧全大局，沒有小團體主義了，什麼問題都好解決了。有了個人主義，有了私心雜念，那問題就複雜了，不易解決了。這就要我們造反派強調自我批評。我們無產階級造反派就要又一個自我批評的精神。沒有這種精神，實際上將來，我們有許多年輕同志都是接班人，將來地位越高，你就越脫離群眾，你錯誤就越多，就越害怕群眾。總有一天來個第二次，第三次文化大革命，那個時候，現在的有些無產階級革命派也可能成為新的走資本主義道路的當權派。革命不徹底嘛，就是自我革命不徹底嘛！我想，你們這次學習會，自我批評精神好嘍。我希望每個同志都加強自我革命的精神，有了錯誤自己批評別人批評更主動。不要像擠牙膏一樣，擠一點出來一點，那多麼難受啊。有錯誤檢查不就算了嘛。我們軍隊裡面也有些幹部是這樣的，有了錯誤不好好檢查。脫了褲子把尾巴割了就算了吧。要強調自我批評，但在自我批評中間也不要無限上綱，應當又一個滿腔熱情，幫助同志改正錯誤。首先有一個團結的願望，沒有一個團結的願望，首先給他就是來大炮轟啊，目的就是要把你打倒啊，打下台啊，這樣還需要你幫助嗎？我們要採取治病救人，懲前毖後的方針。造反派之間，這樣的幫助，同志式的幫助嘛，要准許人家犯錯誤，准許人家改正錯誤嘛。這次文化大革命是史無前例的，我們的群眾組織的負責同志，如果說在文化大革命中一點錯誤都沒有，我看那是不可能的。首先我們沒經驗嘛，從領導到下面都沒有經驗嘛。犯錯誤並不是壞事嘛，犯錯誤是教育人嘛。我們有正面的經驗，也有反面的教訓。這樣培養出來的接班人，不是片面的，不是光有正面的經驗，沒有反面的教訓，反面的教育也有，正面的經驗也有。

當然，我們不希望他們犯錯誤，但犯了錯誤不可怕，但要改正就行了嘛。吸取教訓嘛，從一個組織來說是吸取教訓，從一個人來說，也應當吸取教訓。不要隱瞞自己的缺點和錯誤，這沒有好處。我們革命開始，大家都沒有經驗，我們解放軍開始打游擊，幾個人，從敗仗取得經驗，最後才消滅敵人，鍛鍊出我們人民解放軍這樣強的人民軍隊嘛。打了十二年仗，鍛鍊出來。但是這個鍛鍊有一個基本條件就是毛澤東思想嘛。實際上不讓人家革命，錯誤更大。對待錯誤的問題，對待一個同志，對待一個組織，不要光看他的缺點方面，從歷史上看，從文化大革命的整個過程來看，要看他的主流，這樣就好辦了，這樣就不互相懷疑，互相排擠了。你懷疑我、我懷疑你，互相挖牆腳，這樣搞下去，我們的組織就不能團結了。說來說去，希望同志們好好學習毛主席著作。用毛主席著作解決我們人民內部的一切矛盾。實際上打內戰思想不能怪群眾，群眾雖然有責任，實際上打內戰還是你們那些頭頭。你們頭頭不打。打起來起碼他不能調兵遣將。所以，打內戰要抓兇手，我說應當抓，按道理應當抓那些頭頭。呼市在師院東縱學習會議上，群眾提得很好的一點意見，那些頭頭是打內戰的，我想在這加一句，打內戰的頭頭就是挑動群眾鬥群眾的罪魁禍首。挑動群眾鬥群眾，誰去挑動的，還不是你那些頭頭挑動的。我們教育廣大的無產階級革命戰士，要監督我們的幹部、領導。誰打內戰，首先就把他拉下馬，就打不成了，像那個呼市東縱的群眾那樣。

同志們！今天就講到這了，烏盟的形勢大好，越來越好，希望同志們在這次學習會議召開的基礎上，加強各個單位的真正的造反派思想建設，好好學些毛主席著作，高舉大批判的旗幟，把大聯合，「三結合」，鬥批改抓得緊緊的，把我們的隊伍建設成為真正的非常無階級化，非常勇於戰鬥的隊伍。無產階級的革命派要放眼世界，胸懷祖國，不要只看那個小團體，自己那個兵團，自己那個戰鬥隊，要看到全內蒙，全國七億人民，要學習黨中央、毛主席，不要半信半疑，希望同志們共同努力，把烏盟的革命權力機構建立起來，把這政權很快地搞起來。徹底地從黨內走資本主義道路當權派手裡把權奪過來，無產階級革命派掌了大權，沿著毛主席的偉大戰略部署奮勇前進！在無產階級文化大革命中就，發揮我們的主觀能動性，發揮我們的革命創造性，要敢闖敢幹，在文化大革命的緊急關頭中，讓我們沿著毛澤東思想的軌道勝利前進，在史無

前例的偉大無產階級文化大革命運動中立新功。

　　無產階級文化大革命萬歲！毛主席的革命路線萬歲！

　　無產階級專政萬歲！戰無不勝的毛澤東思想萬歲！

　　我們偉大的領袖毛主席萬歲！萬歲！！萬萬歲！！！

（根據錄音整理，未經本人審閱）

《集寧紅衛兵》

1967年9月17日（第二版）

8.滕代司令員接見包頭代表講話（摘錄）（1967.10.06）

時間：一九六七年十月六日下午三點三十分
地點：呼市新城賓館小禮堂

包頭還有個問題嘛，兩派對范易的問題，希望你們就在這個地方，兩派把材料搞出來，講一講，如果范易真正該打倒的，我們不保，把材料交給群眾，把資料拿出來，不要保密，那不是什麼原子彈。為什麼不敢見群眾，我們是幹革命，幹革命是光明磊落的。一個人嘛。爭論有什麼意思！是不是保一個當權派保錯了就是保守組織！不那麼簡單，如果你對了，那就整個都對了嗎？不一定嘛！在這個問題上少花腦子，多花點腦子搞大批判，兩方都有群眾嘛！要相信群眾。

籌備小組表過態：范易不是烏蘭夫線上的、不是三反分子，這是根據現在材料講的，如果你們有新材料拿出來嘛！我們可以收回我們的意見，如果我們錯了，可以改嘛！如果你們拿不出新材料，我們還沒有錯，我們還要堅持我們的意見，還要保。要把材料交給群眾去討論，群眾是通情達理的。

（昨天籌備小組研究準備派幾個同志建立組織籌備小組的小組。像中央八條一樣，派內蒙人委付主席，籌備小組祕書長李質同志作組織籌備小組的小組長。李質同志在文化大革命中，歷來站在無產階級革命路線上的，呼市造反派很歡迎的，本來籌備小組人很少，但是，我們還是下決心，派一名健將去。當然一個人不行嘛！還有幾位付組長。有包鋼軍官主任陶繼繁同志。他是北京高炮付司令員，抗戰時期和解放戰爭時期都和我在一起。是高舉毛澤東思想偉大紅旗的，是北京指定來包鋼進行軍管的。另外，還有34師政委李志平。3987高炮師長陳鳳祥和軍分區司令員侯雙祿同志。

關於侯雙祿同志我要講幾句話：侯雙祿同志在文化大革命時是付司令員，司令員是張文師。後來侯雙祿到202廠主持軍管，八條下達後，侯雙祿、任林山對中央八條是堅決擁護的，我4月18到內蒙的，我們內蒙有九個分區，首先

表態支持八條，支持造反派的是昭盟、包頭和呼盟，包頭軍分區第一次黨委常委會決定很好、是我批的，分送各軍分區。後來黨委幾個委員頂不住了，開了全委會，其決定是錯誤的。我批評了他們，支持常委，後來機關中的保守派勾結保守派圍攻他們，我打電話給任林山同志：「沒關係，要頂住、我們支持你們。」在這一段他們表現是很好的。侯雙祿同志過去犯了方向路線錯誤，我們允許犯錯誤，允許改正錯誤。當然也有幾個不好的，鄭健和後勤部長。當然黨委內不統一，有點情況嘛！表現好的還是侯雙祿和任林山。

對籌備小組，造反派、工人階級應全力支持他們，支持這個紅色政權，先把這個幼苗扶植起來。這個就是徹底奪去了包頭走資派的黨、政、財、交大權，宣佈他們徹底破產，宣佈了他們的死刑。

《紅縱戰報》
反復辟聯絡站紅革會包機校《紅縱》
1967年10月10日，第十七期

9.內蒙古自治區革命委員會籌備小組組長、內蒙古軍區代表司令員滕海清同志在學習會閉幕式上的講話（摘要）（1967.10.？）

同志們，戰友們：

　　高錦明同志對學習大會的總結，我完全同意。無產階級革命派，要堅決響應毛主席的偉大號召，緊跟毛主席的戰略部署，作革命大批判的主力軍，做革命大聯合的模範。無產階級革命派必須在毛澤東思想的基礎上聯合起來，集中火力、集中目標，狠批黨內最大的一小撮「走資派」，相互之間有意見分歧，應當通過批評和自我批評來解決，要在大方向一致的前提下，求大同，有小異，反對搞派性，不要翻老賬，要正確對待自己和正確對待別人。只有聯合起來、才能實現革命的大聯合和革命的「三結合」。

　　我要補充講幾點意見：

一、要大膽地、實事求是地解放幹部。

　　把犯過錯誤的幹部，在大批判中解放出來，是一個方針性問題，是當前一項很重要的政治任務。有些革命群眾組織對犯錯誤的幹部錯誤性質不能肯定，總怕在解放幹部中搞錯了黨「老保」，這種顧慮是不必要的。這說明有些同志思想沒有解放。這次文化大革命，就是要打倒一小撮，對於應該打倒的「走資派」要堅決打倒，要在大批判中徹底把他們從政治上、思想上、理論上批深批透，批倒批臭。但對好人犯了錯誤，甚至犯了嚴重的錯誤，都應當本著毛主席「懲前毖後，治病救人」的教導，挽救他們，滿腔熱情的幫助他們，叫他們參加大批判，並在大批判中把他們解放出來。在解放幹部中，我們儘量不要搞錯，但是即便有個別做錯了，「走資派」暫時被滑過去了，那也不要緊。因為文化大革命是個偉大的群眾運動，壞人是瞞不過群眾的耳目的。如果我們缺乏魄力，怕錯了而不敢解放幹部，那就是因噎廢食，就不可能大量解放幹部，就會影響我們事業的發展。

　　造反派內部對解放某個幹部在認識上不一致怎麼辦？我看，這要按毛主席的教導，「**必須善於識別幹部，不但要看幹部的一時一事，而且要看幹部的全部歷史和全部工作，這是識別幹部的主要辦法。**」只有這樣才能對幹部實事求是。看一個幹部的錯誤，不僅要從本單位的實際出發，而且要和全區、呼市的幹部情況結合起來考慮，從內蒙、呼市整個情況來看，從文化大革命中執行資產階級反動路線，到二、三月份資本主義復辟逆流中站錯了隊，一直到反對《中共中央關於處理內蒙問題的決定》這三個方面來看，有很大部分的幹部犯了錯誤，其中許多人並不是「走資派」，是屬好人犯錯誤，如果把他們都打到了，那是不符合毛主席的幹部政策的。我們要從批判、鬥爭中幫助他們認識錯誤，回到毛主席的革命路線上來。造反派內部有意見分歧，完全可以坐在一起把材料擺出來很好研究分析，統一認識。如果這個幹部歷史是好的，只是在這次運動中犯了錯誤，而現在又願意回到毛主席的革命路線上來，經過群眾批判，取得了群眾的信任，就應該大膽解放。有些幹部有歷史問題（叛徒、自首分子除外），如果已有組織結論，在這次文化大革命中又發現新問題，也應該解放出來。如果發現的新問題並不大，暫時又搞不清，可以把這個問題掛起來，在繼續調查的同時，可以給予適當的工作，問題查清後，再做結論。不要一律靠邊站。

　　教育犯錯誤的幹部起來自我革命。要讓他們積極參加革命大批判鬥爭的行列，批判中國的赫魯曉夫，批判烏蘭夫，批判本單位的「走資派」。同時，也要幫助他們在大批判中，深刻檢查自己在政治上、思想上的錯誤。犯有錯誤的幹部應當自覺起來革命，不能躺在那裡，等著別人來解放。應當指出：消極被動而不是積極主動地回到毛主席的革命路線上來，就是消極抵抗。對於這種幹部，如果他們態度沒有明顯轉變，即使歷史清楚，也暫時不要結合，只能給一般工作。幹部解放後，要在文化大革命中經受實際考驗，在實際工作中做好工作，將功補過。既然前一階段犯了錯誤，現在就應該挺起腰桿更好地工作。做出成績，爭取在文化大革命中立新功。造反派要放手給他們工作，支持他們的工作，監督他們的工作。

　　總之，在大聯合、「三結合」中，那些幹部能結合，那些幹部不能結合，要走群眾路線，放手發動群眾，充分討論，我的意見只是一個參考。

二、積極創造條件，建立無產階級的權力機構。

現在強調這個問題具有十分重要的戰略意義和現實意義。內蒙地區經過一年多的文化大革命，舊的，不適合社會主義和社會主義建設的，為烏蘭夫所把持的國家機器已經砸爛，應該建立新的領導班子。要建立一個高舉毛澤東思想偉大紅旗，無限忠於毛主席、無限忠於毛主席的革命路線的無產階級的領導班子。林副主席說：「領導班子就是政權，政權就是國家機器」。我們有本事把舊的國家機器砸爛，我們也有本事，有辦法建立一個真正的紅色政權。既然我們要從「走資派」手中奪回一切權利，「走資派」當然不會甘心退出歷史舞臺，必然要破壞，要搞反奪權。他們人還在，心不死，他們使盡了各種花招，妄圖繼續與我們爭奪政權。特別是今年幾個月來，「走資派」把矛頭指向以毛主席為首的無產階級司令部。哪裡成立政權，哪裡就有人把矛頭指向它。這就是奪權與反奪權的鬥爭。就是兩個階級、兩條道路、兩條路線在不同條件下的鬥爭。我們建立一個政權是很不容易的，有時阻力很大。為什麼在無產階級革命派經過浴血奮戰，把舊的國家機器砸爛，建立新的政權時，有人那樣竭力反對呢？這必須從兩條道路、兩條路線鬥爭的高度上來認識問題。新的領導班子在工作中當然會有缺點、錯誤，但主流是好的。有些人不是從愛護批評的角度出發，而是抓住缺點大做文章，甚至進行攻擊。儘管這些人絕大多數是屬認識問題，但在客觀上，迎合了「走資派」的需要。希望無產階級革命派注意這個問題。

三、防止階級敵人破壞我們的革命隊伍。

內蒙地區的兩條路線鬥爭，過去和現在都是非常尖銳複雜的。但是，鬥爭的形勢，中央八條決定下達，特別是五月底以後，有所不同。現在階級敵人的鬥爭策略改變了。他們採取各種手段，企圖把水攪渾，干擾實現，瓦解我們的革命隊伍。他們千方百計地製造謠言，惡毒地挑撥離間，挑撥造反派之間、解放軍與造反派之間、軍隊之間、領導人之間的關係。

特別是他們在造反派負責人之間製造矛盾，說什麼「哪個是打進來的，哪個是叛徒」等等，目的就是為了把造反派所有的負責人搞的臭臭的，灰溜溜的。我們認為，這些群眾組織的負責人犯些錯誤沒什麼了不起。他們是站在毛主席無產階級革命路線上的革命闖將，他們的缺點錯誤不過是前進中的一點曲折。這與黨內走資本主義道路的當權派有根本區別。可是有些人偏偏在這個問題上大做文章，總是把無產階級革命派的頭頭搞臭，搞得沒有一個好人，不是「陶鑄式的」，就是「赫魯曉夫式的」任務。這些顛倒是非、混淆黑白的人，有些是無知，是認識問題，但是有的人不是無知，是別有用心。他們躲在黑暗的角落裡，刮陰風，點鬼火，瓦解革命造反派的隊伍，破壞大聯合。希望無產階級革命派，要頭腦清醒，提高警惕，識破敵人的陰謀，不要上當。造反派個人和組織之間都不要互相整對方的什麼材料，這樣做，實際上等於把自己的階級兄弟當敵人看待。有意見、有問題要拿到桌面上來講，對同志、對戰友的缺點錯誤要開展批評，背後搞陰謀我們反對。有一些人不抓大批判、大聯合的旗幟，挖空思想整理造反派的資料，製造分裂，混水摸魚，這是非常錯誤的，群眾一定會識破他們的陰謀，他們只能是「搬起石頭砸自己的腳」。

四、加強無產階級專政。

毛主席教導我們：**敵人總是搗亂、失敗，再搗亂、再失敗，直至滅亡。**目前敵人失敗了，但沒有完全滅亡。走資本主義道路的當權派和社會上的地富反壞右、牛鬼蛇神勾結起來，與國外帝、修、反以及特務勾結起來，妄想破壞無產階級文化大革命。他們跳出來利用文化大革命「四大」形勢，進行反革命活動，為其主子效勞。在不少地方發生了壞人挑動群眾搞打、砸、搶，破壞生產，破壞國家資材。對此，我們要加強無產階級專政，一定按有關文化大革命的政策辦事。希望革命群眾組織，協助專政機構，協助解放軍，實行無產階級專政。地富反壞右和一切反革命分子什麼時候都是專政對象，絕對不准他們亂說亂動。我們要採取專政措施，對挑動武鬥的幕後指揮和操縱者堅決法辦；打人兇手，不管是哪一派的，都要按中央「關於制止武鬥的通令」辦事。要注意凡是武鬥嚴重的地方，大都是「走資派」、地富反壞右、階級敵人在幕後操縱

的。對這些人必須實行無產階級專政，堅決鎮壓，毫不留情。希望無產階級革命派和革命群眾要大力宣傳，發動群眾，把壞人抓出來，實行無產階級專政，保衛無產階級文化大革命勝利進行。

《東方紅通訊》

1967年10月31日

10.周總理回答有關大聯合的四個問題
（1967.10.27）

通告

　　根據我盟無產階級文化大革命發展的形勢，為了適應當前階級鬥爭的需要，決定將「巴盟東方紅革命造反聯合總指揮部」改為「巴盟東方紅革命造反聯絡總部」。東方紅聯絡總部已經由各口總部、司令部，推選一名聯絡員（紅衛兵司令部二名，尚未正式推出，暫由李維新、巴雅爾代替）組成，甄達永等七同志任常務聯絡員。下設辦公室、鬥批組、政教組三個機構，聯絡總部辦公室設在原公署二樓。

　　特此通告

　　　　　　　　　巴盟東方紅革命造反聯絡總部　一九六七年十月十七日

周總理回答有關大聯合的四個問題

　　九月二十四日接見國務院財貿口各革命組織代表講話摘要：

　　（一）建立革命大聯合機構後，各群眾組織是否立即解散？

　　這不一定，要實事求是，根據具體情況而定。時機成熟了自然就解散，如聯合不那麼鞏固，有些問題還有爭論，有對立情緒，有些原則性問題不一致，不純是派性，可以保留。不要太勉強，不是每個單位都一樣，沒有差別了，在大批判中，鬥批改當中觀點一致了，沒有原則分歧了，就可以解散了。

　　（二）臨時協商機構的核心怎麼產生？不論組織大小，組織情況均派等量代表當否？

　　臨時協商機構要通過協商，是對等還是有點差別不強求。化工部一個一千三百人，一個三百人，大組織主動提出四比四，這無產階級氣派就大了，是符

合主席思想了。具體的毛主席有兩句話：一個是批修，一個是鬥私。批修當然是大批判了，批劉鄧陶，不是小批判，為個司局長，副部長就長期爭論不能合作，文化大革命就是要防修。派性不是無產階級黨性，是小資產階級思想，造反派學生和基層幹部多，年輕，容易急躁，偏左情緒，所以要鬥私。

人多的要有容忍精神。抗日戰爭期間主席講過：要承認山頭，消滅山頭，山頭是我們各根據地帶來的，只有承認，才能認識，時常注意了，多接近，人家感到同志式的關懷，就消除了。承認山頭消滅山頭是主席的認真觀點。懂得這個道理，人多也不要驕傲，人數多的要讓，不要讓人數少的感到受歧視。

有的一開始就選舉，人數多佔優勢了，這不民主，這是資產階級民主，資產階級就是以選票來競選。我們不是以人數多少來定，而是根據質量來定。

（三）現在搞巴黎公社式選舉當否？

現在一下子搞巴黎公社式選舉，勢必發展無政府主義。巴黎公社有好的一面，即直接選舉由下而上地發動群眾。缺點是權力不集中，武裝不抓緊，要通過協商，最主要的原則是群眾可以撤換代表，不稱職撤下去，巴黎公社我看也不純，有無政府主義，盲動主義，布朗基主義，要好好研究。

（四）大聯合是按行政聯合好還是按組織聯合好？

要從組織逐步到行政聯合，步驟可分兩步三步走，由群眾創造，你們自己創造，我不能給你們劃框框。最後要按行政系統的了。如果群眾還不想這樣，條件不成熟，不要下行政命令搞，應該多種多樣，不要強求一律。

私字的二十大罪狀

學習上有私心，毛主席著作學不進。

危急關頭有私心，貪生怕死當逃兵。

擔子面前有私心，不挑重的專挑輕。

工作面前有私心，馬馬虎虎還逞能。

困難面前有私心，叫苦叫難無信心。

犯了錯誤有私心，跌倒爬起無決心。

作風面前有私心，懶懶散散無幹勁。

表揚面前有私心，得意洋洋無決心。
做了好事有私心，生怕別人不知情。
生活上面有私心，追求享受無止境。
受到批評有私心，拒不接受不改正。
批評人家有私心，轉彎抹角無中心。
對待同志有私心，虛虛偽偽無感情。
執行任務有私心，強調客觀怕批評。
工作出錯有私心，怨這怨那推別人。
失敗面前有私心，灰心喪氣沒精神。
對待組織有私心，三心二意不忠誠。
階級鬥爭有私心，敵我界限分不清。
對待革命有私心，當天和尚撞天鐘。
名利面前有私心，一事當前把手伸。

（摘自解放軍報）

《東方紅通訊》
1967年10月31日

11.滕海清、高錦明同志傳達中央關於成立
內蒙古自治區革命委會的指示（1967.10.29）

時間：一九六七年十月二十九日上午十點十五分

地點：呼和浩特新城賓館俱樂部

參加人：滕海清、吳濤、高錦明、權星垣、李樹德等領導同志，呼和浩特地區各盟市群眾組織負責人和革命領導幹部，軍區、軍分區負責人等。

會議在十點十五分開始，開始前學習最高指示，會議由高錦明同志主持。

高錦明：今天召集呼和浩特市和各盟市革命反派組織頭頭開會，由滕海清同志傳達去北京向中央請示彙報關於成立內蒙古自治區革命委員會的經過及中央指示。

滕海清：今天召集各單位負責同志，把到北京向中央請示彙報成立自治區革命委員會的經過彙報一下，講一講精神。十月十日我和高錦明同志到北京。以前，籌備小組對成立革命委員會就作了準備工作，從六月十八日，七月十八日，八月十八日，九月十八日，十月十八日四個多月進行許多工作，主要是籌備成立革命委員會的工作。幾個月中間，籌備小組抓了幾個主要事情，基本的一條，是抓了思想工作，七月一號大專院校負責人學習會開始，到幾個代表大會召開，緊跟毛主席的偉大戰略部署，按照中央的一系列方針，特別是根據偉大領袖毛主席的指示，抓了工作，各造反派總部抓了這項工作，千條萬條毛澤東思想是第一條。這些工作都是為成立革委會作思想準備，主要靠毛澤東思想，毛澤東思想如何同群眾見面，廣大無產階級革命派，廣大群眾，把毛澤東思想學到手，緊跟中央，緊跟毛主席，鬥私批修。鬥了私，批了修，經過幾個會議之後，大批判搞起來了，促進了大聯合，解放了幹部，為成立革命委員會作了準備工作。經過幾個月準備，條件基本成熟，向中央作了彙報。九月下旬向中央發了電報，準備成立革命委員會，進行了召開紅代會，工代會，農代會，職代會，開了這些會議，這是成立革命委員會的準備工作。彙報時提出了初步方案，成立革命委員會沒經驗，沒搞過，沒實踐經驗，怎麼搞？提初步方案，請示中央，十號到北京，送中央、中央文革、中央軍委。正是國慶節之

後，中央很忙，總理接待外賓，總理到武漢、上海。康老也出去了，要解決問題的有十幾個代表團，中央通知，我心裡很著急，中央對內蒙古的文化大革命，對革命委員會成立很關心，十七號晚，中央首長，總理、伯達、康生、江青同志、張春橋同志、虞本禹同志，姚文元同志、楊成武總長，中央文革成員、吳法憲同志參加了，對初步方案作了指示，打了電話，只是策略的講了一下，十月二十四日，中央又談了一次，十月二十八日又談了一次，最後確定。中央儘管那樣緊張，共十八天，談了三次，中央對內蒙很重視，很關心，作了很多指示。成立革命委員會沒經驗，怎麼搞，沒經驗，派了人出去調查，訪問，方案是根據人家的框框套的，因而不一定適合內蒙情況，已建立的七個委員會，成立時間長，在文化大革除節節勝利情況下，除青海外再沒有有成立革命委員會，中央對成立革命委員會有這樣的指示：

一、革命委員會組織機構不宜太大，革命委員會應有徹底革命精神，首先是思想革命化，還有組織革命化，初步方案按黑龍江抄下來的，中央首長指出，領導機構不一定原來有什麼現在都要扶起來，應根據工作情況，實踐情況摸索。根據需要建立一個組織，不適合了就撤銷，是一個摸索的過程，比如各機關攤子，那些加強，那些減少，不要，還沒到改的時侯，現仍確定那些適合文化大革命的情況摸索中找經驗，這是組織機構問題，中央的整個精神機構不宜過大，不一定把所有的攤子都扶起來，在實踐中需要的建立，不需要的就建立。文化大革命還沒到改的時候，最近主席洽姚文元任務，調查「九大」問題，精神問題。

二、革命委員會本身成員，按原彙報方案，自治區一千三百萬人員，按一百五十人出，盟市五十人，中央看了方案後，中央認為，現在看革命委員會從質量上強調，不應從數量上強調，革委會不一定太多。講到盟市，五十人太多了，減少一點，革委會成員的產生應以呼市地區為中心，因為呼市是內蒙文化大革命的中心，要照顧到下面各盟市問題，但應以呼市為中心，為工作方便，各盟市可有代表參加工作組，但不宜過多，各盟市革委會也不宜太大，人員不宜太多，精幹一點，強一點，高一點，同時在我們革命委員會中間，一方面照顧到工作、群眾代表性，也要照顧到成立革委會後把工作抓起來，不是每單都派，大單位多一點小單位少一點，這不一定，主要辦法是協商，把最好的，最

有代表的真正高舉毛澤東思想偉大紅旗有幹勁的，突出政治的，有前途的，收集到革命委員會中來。當然不是一方面代表性的，不一定每一單位派一個，幾個方面來，基本上幾個代表大會產生，根據各地經驗，兩方面協商，根據巴黎公社原則，協商，群眾推選。可調換，發現好的調進來，不好的撤下去！革除委員會是過渡性的東西，在摸索中考驗幹部，是否稱職，能擔當起來。中央指示：不宜太大，少一點，精幹一點。

三、原來軍隊裡面少了一點，原方案軍隊20人，各地方領導幹部多了一點。地方各級領導幹部站出來較多，這是好事，但不一定都參加革命委員會，可以多加工作，群眾代表多一點。

四、注意培養新新生力量，革委會真正做到三結合，三結合中有一個新老問題，應有工人學生、基層幹部，群眾組織代表，優秀的，政治歷史清楚的、毛澤東思想紅旗舉得高，有幹勁，不是派性很大，而是黨性很強的人，這些人到革命會裡來，這裡有個新老結合，新的上來幫助老的，老當權派，有一個接班人的問題，把年輕人帶起來，以老帶新，都是老傢伙不行，都是新的也不行。一年的文化大革命，的確湧現出了好多好多革命領導幹部，好的苗子，有個互相幫助的問題。一方面要非常注意培養新的力量，也要注意革命老幹部，他們有很多經驗，當然會有錯誤。互相結合嘛！互相學習，培養新生力量。根據這個指示打回電話，籌備小組研究，由150名減到120名，呼市增多，31名，各盟市39名，共120名，軍隊增多，由20人增25人，占30%。地方各級領導幹部16人，（廳局長以上）占20%。造反派，基層幹部40名，占50%。名單調整之後，按120名，盟市減少到39名，呼市地區加多，軍隊加多，領導幹部減少，調整後情況是這樣的，根據調整，18號把第二次方案送中央，具體人頭沒落實，常委落實了，21號又把全部名單報上，呼市80人群眾組織中9人沒選出，暫缺，軍隊名額確定，暫缺一名，內蒙軍區，部隊，28師以外軍隊又調來幾個人，還沒來，估計最近會來的，21號把整部名單基本定下來了。24號總理又找談了一次，彙報內蒙文化大革命情況：代表產生問題，最後總理講，原來主任、副主任沒定，副主任原來都是長鬍子的人，後中央首長指示增加一名工人，提名，中央決定，按批准名單，副主任有吳濤，高錦明，霍道余。主任問題嘛，中央叫我來搞，由中央決定，中央讓我搞，我就搞。一個主任，三個副

主任，常委21人，現確定19人，名單最後由總理，康老向主席、林副主席寫報告，25號寫的。

內蒙滕海清，高錦明彙報成立內蒙古革命委員會，根據條件已經成熟，中央文革基本同意他們的意見，請批示。主席、林副主席看了，主席在他名字劃了圈，林副主席用紅鉛筆劃圈，意思批准。28號康老給我們看了。內蒙古革命委員會經中央文革，主席批准。

內蒙古革命委員會成立，全國影響很大。是對修正主義的嚴重打擊。

哪一天成立，還是請中央批准，凡中央不批准的不做。蘇聯十月革命節，修正主義是否發動攻勢，值得研究。革命委員會成立那一天開大會。請中央批，準備11月1號開大會。

名單位裡自治區兩位書記暫時不參加革命委員會。一個是康修民同志，一個是王再天同志，康修民同志大家知道，石家莊造反派反映了很多材料、送中央，八條是肯定康修民同志的，參加籌備小組，造反派有些反映，暫時不參加，情況搞楚之後再參加。

王再天同志，參加軍隊以前在舊軍隊，一般歷史問題，調查調查。

總理、康老指示，康修民、王再天同志問題，歷史問題，調查清楚以前暫不參加革命委員會，向中央講了二人情況，不管怎樣，文化大革命站在毛主席路線一邊，康修民八條肯定，王再天一直表現好，不可能是三反分子。是站在毛主席路線一邊的。中央一方面重視群眾意見，另一方面中央很重視，中央指示給康修民、王再天同志講清楚，調查清楚再參加。早一點晚一點沒問題。可以參加工作和高錦明同志研究寫的報告。在石家莊工作十幾年，歷史上問題，三個歷史問題，沒有新材料，但群眾有所揭發，歷史問題，群眾揭發出重視群眾意見，工作中不可能沒有錯誤，文化大革命站在毛主席革命路線一邊，暫時不多加主功一些，好一些。

昨晚開籌備小組會，調查康修民問題，由北京軍區和內蒙古革命委員會去，石家莊造反派不參加，我講過石家莊造反派不參加他們完整同意。王再天也由革命委員會組織調查。

這個問題留在內蒙是什麼了不起的事，但和造反派講清楚，交個底，歷史問題，群眾揭發材料，調查清楚以後，不是說他的問題有什麼了不起，不是三

反分子。要打倒，不是那樣，如果那樣，就始發動群眾了。康修民、王再天和造反派有一定感情的。不參加革委會，講清楚，暫不參加，經過調查，問題搞清楚，很好嗎，表現中央對這些同志是關心的，從呼市地區說來，內蒙地區說來，有人利用這個問題做文章，籌備小組剛成立就有人做文章，有人肯定在康修民問題抓稻草，目的就是反對籌備小組。中央八條肯康修民同志是正確的，現群眾有反映，中央慎重，也是正確的，這個罪名加不到中央頭上，加不到籌備小組頭上，也加不造反派頭上，好像我們成了保皇派了，不是這個問題，康修民問題完全由組織處理。不是交群眾處理，如果經調查，就是三反分子是走資派，可交他們。

有的報紙發表材料是石家造反派發表的，不是他們的功勞，中央、北京軍區，我們都有這些材料。但是石家莊造反派發來的。因為反籌備小組的矛盾很久了，兩位書記不參加，人家可利用把大家的思想搞亂。說籌備小組包庇壞人，希望同志們腦子清醒些。外面謠言很多什麼籌備小組分兩派，這一派，那一派。有的同志擔心，這是好心腸，另一種，不高舉毛澤東思想偉大紅旗，不跟毛主席走，像他一樣，他自己有派性，因而說我們籌備小組也有派性，這是形而上學的，籌備小組沒有兩派，就是一派，革命委員會也是一派，有人希望我們分裂，混水摸魚，別有用心的人的目的不會實現，將來也不會實現，我們有毛澤東思想，按毛澤東思想辦事，緊跟中央、中央文革，我們有錯誤我們就改。第二條我們有廣大無產階級革命派幫助，上有中央，下有群眾。再一條努力學習不自滿，堅定不移跟中央，跟毛主席。別有用心的人希望我們分裂，目的是達不到的。

成立革命委員會是尖銳鬥爭，一是向小資產階級派性無政府主義鬥爭，是人民內部矛盾，按毛主席思想辦事，可以解決。

兩條道路，兩條路線，兩個階級鬥爭，中央談到，內蒙文化大革命形勢大好，但階級鬥爭複雜。康老講，內蒙有蘇修、蒙修、日本特務加上烏蘭夫王逸倫黑爪牙，所以階級鬥爭複雜。形勢大好，是無產階級革命派緊跟毛主席的勝利，另一方面階級鬥爭是複雜的。

我和高錦明回來，聽到許多謠言，部隊比地方謠言多，為什麼？很顯然，他們不希望革委會成立，兩個階段、兩條路線鬥爭，害怕群眾，這是什麼問

題，說明階級鬥爭在內蒙地區很複雜，希望造反派腦子清醒，你們和走資派們鬥爭是很敏感。勝利後不是很敏感，問題基本解決，但階級敵人總是破壞的，呼市公安局對此問題抓的不緊。要把這些謠言材料整理出來，代表什麼人講話，是烏蘭夫王逸倫的聲音，有人講王良太是好同志，王良太是現行反革命。在寫檢查時寫了「打倒毛××」反動標語，可見有人和王良太有同樣的感情。王良大是好同志我們沒講過嗎，造反派也沒講過嗎，可見軍區有人對王良太感情深厚，比對毛主席深厚得多，還有許多的謠言，軍隊造反派追查，謠言從何而來，追查。

烏蘭夫搞了二十年，流毒深，影響大，烏蘭夫揪出來了，爪牙沒揪出米，老實告訴他，還來不及，這次是個暴露，但暴露不夠。問題不在我和高錦明回來不回來的問題，謠言代表什麼人講，這個東西不奇怪，有階級鬥爭嚒，有階級鬥爭，但我們准許當面講，背地搞是見不得太陽的，見不得人的，背裡搞陰謀，有缺點是可以批評，不要背後搞，王良太、王逸倫、王鐸背後搞，打著紅旗反紅旗，大家提高警惕。希望造反派把一段情況講清楚。

不要上壞人的當，不要幾個壞人把水搞混，腦子清醒，敵情觀念強一點，反動標語很多，專政機關到底破案多少？不多，專政單靠專政機關不行，靠群眾，大家提高警惕。

這次到中央，整個起來是成立革委會，中央指示綜合起來的這幾個方面。28號康老談了幾個方面，中央講形勢大好，階級鬥爭很複雜，講無產階級革命派不要驕傲，緊跟毛主席偉大戰略部署，學毛主席著作，講話整理了個材料，可傳達。

歸納起來講，中央對內蒙地區文化大革命很重視，對成立革委會人民日報、解放軍報社論寫好了，解放軍報社是伯達親自佈置的。廣播電臺也準備好了。十幾天三次接見，表明很重視。

名單：（略）

按巴黎公社式選舉，不稱職。從主任到副主任到委員都可以撤換，毛澤東思想紅旗舉的高的，政治上好的，站在毛主席革命路線上的，有缺點，工作中可改正。

內大的同志們啊，赫赫有名，連委員會都選不出，不像話。

根據林副主席指示挑選幹部，

一、擁護不擁護毛主席。

二、突出不突出無產階級治政治。

三、有革命幹勁。

四、歷史沒問題，調查清楚。

注，康修民、王再天同志講話略

會議十二點十五分結束。

（根據記錄整理，未經本人審閱）

《紅旗內參》16，內部刊物嚴禁外傳

內蒙古黨委紅旗聯合總部編印

1967年11月4日

12.滕海清同志接見昭盟會議（代表）時的 講話：以「鬥私，批修」為綱，大力加強 自治區革命委員會機關的革命化、戰鬥化 建設（摘要）（1967.11.09）

報告人： 內蒙古自治區革命委員會主任滕海清

時間： 一九六七年十一月九日下午二時三十分——五時三十分

地點： 人委禮堂

我想談兩個問題：

第一，傳達自治區委員會第一次會議的基本精神；

第二，關於加強機關革命化、戰鬥化建設的問題。

（一）

自治區革委會在十一月三日至五日召開了第一次全會體委員會議。會議的首要任務就是學習毛主席視察華北、中南和華東地區時的最新指示，以及林彪同志的「八・九」講話。並以毛主席最新指示為指針。分析了全國、全區當前的革命形勢，討論了全區今後三個月的主要任務。會議還通過了《關於當前內蒙古自治區文化大革命的形勢和任務的決議》和《關於加強無產階級專政的決議》兩個文件。

關於目前形勢，偉大領袖毛主席最近指出，「全國的無產階級文化大革命形勢大好，不是小好。整個形勢比以往任何時候都好。形勢大好的重要標誌是人民群眾充分發動起來了。」

遵照毛主席的這一教導，結合自治區的具體情況，會議一致認為，老區的革命形勢和全國一樣是空前大好的，而且必將越來越好。簡單地說，全區革命形勢大好主要表現在七個方面：

1、全區一千三百萬廣大群眾充分發動起來了；

2、光焰無際的毛澤東思想空前大普及；

3、發現、培養和鍛鍊了一大批無產階級革命事業的接班人；

4、出現了革命的大聯合、「三結合」、大批判和鬥批改的新高潮；

5、擁軍愛民運動深入開展，軍民團結，親密無間；

6、全區各族人民空前團結；

7、農牧業和工業生產形勢一片大好；

我們既要看到形勢大好的國內意義，也要看到形勢大好的國際意義。

我們還要清醒地看到內蒙地區形勢的另一方面和存在的問題。目前，階級鬥爭形勢仍然是十分複雜、十分尖銳的。一小撮走資派、社會上的牛鬼蛇神與蘇蒙修特務、日本特務以及蔣介石的特務勾結在一起，利用我們工作中的一些缺點，妄圖破壞文化大革命，挖社會主義的牆腳。特別應當重視的現象是，為什麼東三盟的武鬥有所擴大？為什麼在一些地區、單位，對烏蘭夫黑幫、反革命修正主義、民族分裂主義分子不狠批狠鬥，對他們恨不起來，讓他們逍遙自在，甚至有人還蠢蠢欲動！為什麼有些部門大批判、鬥批改搞不起來？為什麼呼市謠言那麼多，傳的那麼快？為什麼蘇蒙修和日本、蔣介石的黑手能夠伸到內蒙古來等等。我想最基本的原因就是一條：烏蘭夫的罪行沒有深入批判，烏蘭夫的餘毒沒有人認真肅清，烏蘭夫的黑線沒有徹底挖盡。希望大家把內蒙地區所發生的問題和現象聯繫起來，提高到兩個階段、兩條道路。兩條路線鬥爭的綱上來認真加以分析研究。只有如此，頭腦裡才能有敵情觀念。

同志們，我們革命委員會建立了，我們面臨的主要矛盾，仍然是無產階級和資產階級兩個階級，社會主義道路和資本主義道路兩條道路的鬥爭。我們一定要念念不忘階級鬥爭，念念不忘無產階級專政，念念不忘突出政治，念念不忘高舉毛澤東思想偉大紅旗。我們一定要堅定不移地貫徹執行毛主席的革命路線，緊跟毛主席的偉大戰略部署，把無產階級文化大革命進行到底。

關於任務，軍委會第一次全體會議認為，最根本的一條就是更高地舉起毛澤東思想偉大紅旗，以「鬥私批修為綱」，立即掀起一個全區性的活學活用毛主席著作的新高潮，努力把內蒙古自治區辦成紅彤彤的毛澤東思想大學校。

對今後三個月提出七項任務：

一、立即掀起一個更廣泛更深入的活學活用毛主席著作群眾運動的新高潮。要求各級革委會委員，馬上深入下去宣講毛主席最近視察三大區的最新指示：全區各族人民都要以「老三篇」、《關於糾正黨內的錯誤思想》、《反對自由主義》為座右銘，天天學、天天用，樹立全心全意為人民服務的世界觀。各級革委會（籌備小組）、各革命群眾組織，一定要辦好學習班。健全學習毛主席著作的學習制度，加強學習領導。在春節前後，召開一次全區學習毛主席著作積極分子代表會議。

二、進一步深入開展對中國赫魯曉夫及共在內蒙古的代理人烏蘭夫反革命集團的群眾性的大批判運動，把他們從政治上、思想上、理論上批倒、批臭。

三、各條戰線，各個部門、各個單位都必須深入進行鬥批改，特別是要堅決貫徹毛主席關於「進行無產階級教育革命，要依靠學校中廣大革命的學生，革命的教員，革命的工人，要依靠他們中間的積極分子，即決心把無產階級文化大革命進行到底的無產階級革命派。」的最新指示，大抓狠抓教育革命。

四、搞好農村，牧區的無產階級文化大革命，徹底肅清烏蘭夫、王逸倫、王鐸之流在廣大農村、牧區所散佈的流毒，使毛澤東思想在這些地區牢牢紮根。

五、狠抓革命、猛促生產，迎接明年的生產大躍進。原各廳局、各單位都要在革委會領導下積極開展工作。犯了錯誤的幹部，除停職反省的以外，要盡快解放出來，讓他們在鬥爭實踐中，經受考驗。改正錯誤，為人民立新功。

六、積極建立各級革委會。力爭今年年底以前建立起各盟市的革委會或籌備小組。力爭在春節以前，建立起各旗縣的革委會或籌備小組。

七、抓好宣傳工作，加強宣傳機關的政治思想領導。

（二）

內蒙古革委會這個年輕的紅色政權剛剛建立。這是個新生事物，這個新型的政權機構具有強大的生命力，但是它畢竟是不很完備不很健全的，必須在群眾的偉大鬥爭實踐中逐步地完備起來，健全起來，我們無產階級革命派和廣大革命群眾的責任，就是要愛護它、促進它，使它能夠適應鬥爭形勢的需要，能

夠擔負起無產階級專政的偉大責任。

對建設一個紅色領導機構，我著重講兩個問題：

一、我們一定要建設一個非常無產階級化、非常戰鬥化的領導機構。具體地說，必須切實做到以下幾點：

1、這個機構必須是革命的。一定要高舉毛澤東思想偉大紅旗，突出無產階級政治，用毛澤東思想武裝人們的頭腦，永遠忠於毛主席，永遠忠於毛澤東思想，永遠忠於毛主席的革命路線。

2、一定要有高度的黨性，堅決反對派性，堅決貫徹執行黨的路線、方針和政策。

3、要堅持黨的群眾路線，實行民主集中制。

4、要逐步建設成為「健全的、具有頭腦作用的、富於科學的組織和分工的司令機關。」

5、「我們需要的是熱烈而鎮定的情緒，緊張而有秩序的工作。」

二、如何建設成為一個非常無產階級化、非常戰鬥化的領導機關呢？

1、以「鬥私批修」為綱，活學活用毛主席著作，認真改造世界觀，是加強領導機關思想建設的根本。

當前，自治區領導機關正處於改革之中，面臨著一個新舊交替階段。由於機構的改革，人員精簡，引起一部分同志人心浮動，思想不安。一部分參加革委會工作的學生，由於畢業、復課或者專業不對口等問題，不安心工作；一些工人和基層工作人員，考慮到業務不熟悉和薪金待遇等實際問題，想調離革委會；一些從軍隊調來的工作人員，由於怕犯錯誤，工作束手束腳，怕負責任，思想不夠穩定；最主要的是原部委廳局的同志，考慮到機構未定，人員精簡等情況，比較普遍地考慮去留問題，少數人中流傳著「鬥批散」、「鬥批走」的論調。這樣勢必會影響革委會領導機構的思想建設，妨礙建立革委會的新秩序，妨礙當前的鬥批改。

當前的關鍵問題不應該先考慮去留，而應該堅定地執行偉大領袖毛主席「你們要關心國家大事，要把無產階級文化大革命進行到底。」的指示，搞好大批判，搞好鬥批改，作一個一心想把社會主義革命進行到底的、徹底的無產階級革命派。

　　肯定地說，經過無產階級文化大革命是要調到其他崗位一部分同志，留下一部分同志，機關要精簡，基層要充實，機關從組織上要革命化，有些同志留下是為革命，有些同志調出也是為革命，沒有別的什麼目的，但是那些人走，走到那裡去，現在你問我，我也不知道。這要經過鬥批改以後看那些機構要改革，如何改，是增，是減，是合併，是取消，目前都無定論，還是依靠大家去從實踐中、鬥爭中提出來。但是有一條是肯定的，這就是相信黨能作出妥善安排，一定會使每個同志各得其所。毛主席說我們的幹部大多數是好的，怎麼他把大多數好的比較好的幹部「踢出去不要了」呢？同志們，這種議論是階級敵人在那裡搞亂，我們切不可上當。同志們丟掉我字，拋去私字，就一定會感到精簡機構的措施是我們黨的革命事業興旺的標誌。

　　目前，加強革委會的建設，最根本的任務是加強思想建設。革委會辦事機關、各部委廳局要大辦毛澤東思想學習班，大搞鬥私批修，大樹特樹毛主席的絕對權威，大樹特樹毛澤東思想的絕對權成。林副主席最近指出：「要學老三篇，破私立公。共產主義就是講一個公字，反對一個私字。要破私立公，不然就是在那裡扯皮。要解決問題，就要從靈魂深處爆發革命。……千頭萬緒，就是要破私。破私，要打進攻戰；光打防禦戰，不是馬列主義。擁護毛主席的人是革命的，公和私的標準，就是擁護還是反對偉大領袖毛主席。」我們要按照毛澤東思想的偉大旗手——林彪同志的指示，開展靈魂深處的大革命，在破私立公的戰戰場上立新功。

　　二、充分調動人的積極因素，加強革命委員會的組織建設。

　　新的政權機構要符合下列原則：

　　1、在組織制度上保證突出無產階級政治；

　　2、要能充分調動人的積極因素；

　　3、有利於加強黨的領導；

　　4、要符合「精兵簡政」的原則。

　　根據這個基本原則，我們初步設想在革委會領導下設置：「一部、兩委、一室」。「一部」，就是政治部，領導全區的無產階級文化大革命，推動全區鬥私批修運動，領導全區學習毛著，其中包括組織、宣傳、統戰、文教、群眾工作等項工作，要設若干個組。

「兩委」，就是生產建設委員會和政法委員會。生產建設委員會領導全區的社會主義經濟建設，包括工交、農牧、財貿、計劃、科學技術等項工作；政法委員會領導全區政法工作，鞏固和實行無產階級專政，包括公安、檢察、法院和民政等項工作。

「一室」，就是革委會辦公室、承辦革委會的祕書、行政工作，是個承上啟下的樞紐機構。包括祕書、機要、調查研究、外事、辦事、總務等項工作。在各部、委、室中，都要設置政治機關和綜合辦事機關。上述機構仍是初步設想，是否適應鬥爭任務的需要，還需長期實踐。當前各機構如何定（定任務、定機構、定人員），請常委會指定的同志們去研究。

精簡機構勢在必行，去留問題是個客觀存在。革委會領導機構的建設中，一個重要問題就是如何正確處理革委會與原部委廳局的關係。我們的意見，原則上，原有的機構，比如人委的各廳局，都要抓革命促生產，新老機構相結合。在革委會各部委室的領導下，原部委廳局開展各項業務工作。原各部委廳局建立抓革命促生產「三結合」的臨時領導小組。原部委廳局的人員，一部分人充實革委會的領導機構，一部分人在本單位搞鬥批改，最近準備組織一部分人深入基層調查研究和抓基層的革命與生產建議。這樣做可能有利於建議革委會的領導機構，有利於各部委廳局的鬥批改，有利於幹部隊伍的建設。是否可行，請大家討論研究，提出意見。

要建立革命的新秩序，保證實行無產階級專政，必須有一套制度，當前首要的是：

1、建立比較系統的政治工作機關和制度，學習人民解放軍突出政治的優良傳統，加強政權機構的思想建設；

2、首先在革委會內恢復黨的組織生活，立即把黨委、總支、支部、小組等組織恢復起來；

3、要建立「雷打不動」的毛著學習制度，即天天讀制度和星期三、五半天學習的制度，排除一切干擾，堅持學習制度。至於其他工作、職責、制度等項，在革委會組織定下來以後，再討論。

三、大興三八作風，建立革命的新風尚。

作風問題，是政治思想問題，世界觀問題。作風是人的思想的外在表現，

是人的精神狀態的反映，是一種無形的巨大力量。

加強作風建設，首先要使每一個國家工作人員必須具有飽滿的政治熱情，充沛的革命幹勁，有朝氣，有創造性。過去的機關，有的人飽食終日，無所用心，看報、抽煙、劃圈圈。有的只埋頭搞業務，不問政治，到頭來還是沒有政治頭腦的「木頭人」，有的人因循守舊，墨守陳規，毫無生氣，毫無創造性。對於這種舊思想、壞作風，必須堅決反對，徹底肅清。

其次，密切聯繫群眾，一時一刻也不要脫離群眾，一切向人民負責，向群眾學習，老老實實地做人民的「孺子牛」，反對對人民群眾不是滿腔熱情，而是冷冷清清，漠不關心，麻木不仁，脫離群眾，工作不負責任，當官做老爺的作風。

第三，培養緊張、快的作風。

第四，加強團結，正確處理軍隊和地方的關係，特別是新老關係，要互相學習，互相尊重。

第五，要加強組織紀律性，要黨性高於一切，不要派性高於一切。

第六，要隨時開展批評與自我批評，把我們的革委會的領導機關的政治空氣搞的濃濃的，真正做到學到老、改到老，跟到老，為人民的利益堅持好的，改正錯的，完全徹底為人民服務，把自己畢生的精力獻身於偉大的共產主義事業。

第三、關於解放幹部問題。這是無產階級文化大革命的大聯合三結合的關鍵問題。毛主席說，對幹部要擴大教育面，縮小打擊面。我們打擊的主要對象就是走資派。要把他們打倒。對不是走資派，應新解放有缺點，有錯誤的，可以讓群眾批評但不要老抓住不放，老抓住不放是不對的。一個老幹部工作了十幾年，沒缺點沒錯誤是不可能的，我們造反派不是才搞了一年多還有錯誤嘛？要從歷史上看一個人，犯了錯誤，甚至嚴重錯誤，還是可以把他們挽救回來的。走資派就不一樣是敵我矛盾，我們有的人就搞不清，對走資派不恨不批不鬥，就是在那抓不是走資派，為什麼把一些犯過一些錯誤的人一鬥幾個月不放呢？這就不好，不是按毛主席的指示辦事。幹部的問題是個很大的問題，現在還沒很好解決。看幹部要看大節，要分析幾十年來的歷史，要根據當時、當地的情況。我們說，幹部大節是好的，在文化大革命中有一些錯誤缺點，甚至

犯了資產階級反動路線，但改了就好。毛主席不是講了要多解放一些幹部，他是傾向於多保一些幹部的。這是為了人民利益，不能採取否定一切，打倒一切的辦法。這是資產階級反動路線。資產階級反動路線就是打擊一大片，保護一小撮，他打擊的是好人，保護的是壞人。我們不能重犯這樣的錯誤。我們要把一小撮打倒。毛主席教導我們大多數幹部是好的或比較好的，如果大多數是壞的，不可能設想十七年來建設有這樣的成績，怎樣能設想民主革命搞成功。我們的大多數幹部還是掌握了毛澤東思想的。對幹部要有一個階級分析和用歷史唯物主義觀點分析。對幹部的問題要群眾和領導相結合。對幹部的問題有的是要揭發批判，有的瞭解清楚就行了。群眾組織要供給領導情況，領導也可以告訴群眾組織什麼人怎麼樣，領導和群眾結合起來。關於解放幹部問題也希望你們很好討論一下。現在你們對周明只是炮轟，不是打倒。（眾：三中聯司貼出標語要打倒周明）周明不是打倒對象，從歷史上看也不是打倒對象，我們過去就表明過態度。他在文化大革命中犯過一些錯誤，改了就行。他和烏蘭夫的鬥爭很激烈，過去受排擠、打擊的。過去烏蘭夫不讓他革命，現在無產階級革除派還不讓他革命，這怎麼行呢？凡是過去烏蘭夫要打倒的人，只要歷史上沒問題，我們現在一定要保。保是有條件的。有這樣幾種情況，第一個的確是歷史上沒有問題，只是在文化大革命中犯過一些錯誤還是要保。歷史問題很嚴重，已經做過結論，如毛主席說的投敵、叛變自首分子和劉鄧烏蘭夫黑線上的就不能保。幹部問題你們還是要按毛主席的指示辦事。除去走資派，投敵叛變的，只是在文化大革除中犯了錯誤的，經過群眾批評，自己站出來自我革命的，在兩者結合起來的情況下把他們解放出來。幹革命還是要新老結合，如果把老幹部打倒，只靠你們這些新幹部能不能把工作搞好，還得一個過程，培養過程，所以現在培養大批新生力量，誰去培養，還是要靠老幹部。有大批新幹部的出現是可喜的事情，是國家興旺的表現，但是還要有一個培養過程還要有老幹部去帶。沒有一批新生力量，後繼有人就有問題，這次文化大革命就是解決後繼有人的問題。為什麼要有「三結合」呢？現在的「三結合」就是有老幹部，有新幹部還有解放軍。為什麼有解放軍，因為解放軍是毛主席親手締造的有四十年的鬥爭歷史。把解放軍的突出政治，三八作風帶到新的權利機構。老幹部有一套革命經驗，加上新生力量，就是一個三結合的班子，這樣就不愁後繼無人

了。這次文化大革命湧現出大批優秀的革命造返派這是可喜的事情。但也要看到老幹部是黨的寶貴財富，沒有是不行的。年輕的同志要看到天下是怎麼打下來的，當然是毛主席領導的，毛主席領導我們大批共產黨員、廣大幹部奮鬥來的。比如紅軍開始有30萬人，到三五年、三六年長征時，只有三萬人，以後這三萬人，在抗日戰爭中培養了幹部把革命發展了。不能把所有的幹部打倒，該打倒的定然打倒，年輕人，敢說、敢幹、改革命是好的，在無產階級專政下，有解放軍的保衛和支持，毛主席的領導，才有這樣的大民主。不是無產階級專政下能有這樣的條件嗎？對幹部問題不能用感情代替政策，要用毛主席的路線，黨的政策來辦事，毛主席的幹部政策一貫是「懲前毖後，治病救人」，現在，毛主席不是號召大辦訓練班嗎？連陳再道毛主席還讓他去學習，他犯了很嚴重的錯誤，但終究不是敵人。毛主席還叫他是同志，在北京鬥了，毛主席還是讓他去學習。毛主席總是非常關心幹部的。連河南的何運洪還參加了學習，毛主席不是還接見了嘛！雖然這些同志犯了錯誤，但過去幾十年總還是跟了毛主席，現在還是要允許人家革命。九月二十六日毛主席接見的都是犯錯誤的幹部，接見以後，這些人感動的一夜沒睡覺。這說明毛主席對於幹部的愛護，對老幹部的愛護，對新幹部也是非常關心他們成長。我們對階級亂人要恨，對自已人，犯錯誤的人還是要幫助他。陶鑄就是要打倒一切人反對一切人，就是不打倒他。實際上是反對毛主席。把所有的人都打倒還搞什麼革命。

前一個時期，指定幾個人，籌建昭盟籌備小組，但沒有組成，從這一條說明你們沒有很好執行。中央指定我和吳濤同志籌建內蒙籌備小組，也只有兩個人，呼市革命造反派就積極支持，搞的晚了一點群眾還造了反。這是廣大群眾的迫切需要，這就是把舊的政權機構打爛以後，希望有個真正代表無產階級革命造反派和廣大群眾的權力機構。你們不搞起來，這是派性作怪。你們要關心國家大事，也包括昭盟的大事，為什麼建立權力機構不擁護，不搞起來呢？有個機構就好辦事，現在無產階級造反派掌權，但終究還是群眾組織不是國家機器，有了國家機器才能開得動，群眾組織人家可聽可不聽，按他們的派性去辦事，有了權力機構對革命有利，對人民有利，對抓革命捉生產有利。錫盟原來準備建立籌備小組，我講了一次話，說你們造反派的姿態很高，為什麼要建立籌備小組呢？他們就馬上打電話給家裡商量。群眾不同意成立籌備小組而要求

一下成立革命委員會。烏盟也是一樣，我在造反派政工會議上講了一次，群眾迫切要求成立革命委員會，所以也沒有經過籌備小組。這說明群眾的要求和我們的頭頭是不一樣的，是真正關心國家大事的。希望你們學好毛主席的指示，檢查一下前一段的缺點錯誤，總結一下經驗，要有個很好的自我批評。檢查時，我也要來聽聽。不要講別人，只講自己，下一步怎麼幹怎麼跟毛主席。著重檢查跟毛主席跟的緊不緊，研究一下幹部怎麼解放，研究一下權力機構要不要搞。你們能不能爭取搞個第三家，還是第九家。看你們有沒有雄心壯志。在內蒙革命委員會成立以前已經成立了七個，我們是力爭的第八家。在文化大革命中要有力爭朝夕的精神。我相信你們有這群的雄心壯志，你們回去和群眾商量一下，看他們的意見，當然也一定會有人反對，因為建立了權力機構，就是徹底奪了走資本主義道路當權派的權。反對的人絕不是無產階級革命派，也不會是勞動人民。內蒙革命委員會成立時，不是也有人反對嘛！謠言很多，這就是奪權與反奪權的鬥爭，兩條道路的鬥爭。「革命的根本問題是政權問題」，你們要建立新的政權，他們就要反對，不敢公開喊口號貼標語反對，但可以在背後蒙蔽群眾。在那裡煽動群眾。敵人也知道政權問題掌握在誰手裡是個根本問題。敵人越反對，我們越要幹，這就證明我們幹對了。建立革命委員會有幾個條件。如領導幹部，環節幹部，基層幹部，軍隊，昭盟的軍隊是沒有什麼問題，革命造反派，群眾組織。群眾組織的頭頭絕大數是好的，可以參加到革命委員會用來，包括犯了些錯誤的，但革命委員會的委員要具備下這幾個條件：

（1）高舉毛澤東思想偉大紅旗，是真正擁護毛主席的。

（2）要突出無產階級政治，誠心誠意為人民服務，不是飽食終日無所用心的人。

（3）有革命幹勁。

（4）要歷史上清白。

除了以上四條外當然還有個作風的問題。作風不正派思想就不會好，可作風問題可以教育，主要的是前四條。一定要有代表性，但不是派公差，每一個單位出一個。要按條件，符合這四條，特別是第一和第四條。另外，還有個爭權問題，我們說權就是要掌握在無產階級革命性反派的手裡，但是我們造反派不要去爭，爭沒什麼用，我們不是建立資產階級的議會制度，爭席位，我們是

建立無產階級權力機構，你出一個，我出一個，這樣臨時權力機構就成了一個大雜燴。關鍵的問題是靠你們很好學習，把主席指示的精神吃透了，鬥私了，把私鬥掉了，大部分鬥掉了，就好解決了。武器就是毛澤東思想，究竟在這裡多長，先學，學好了再講。什麼時候思想通了，問題解決了，你們就回去，你們一個禮拜通了也好，通不了一個月不行兩個月，總之相信毛澤東思想的權威會解決一切問題。家裡還有些頭頭沒有來可以都來，不要怕你們頭頭走了，就垮了，沒有你們頭頭就不行？群眾一樣可以革命。特別是掌權的頭頭要來。把毛澤東思想學好。就在這裡辦昭盟的毛澤東學習班。總比在你們那裡安靜些，不要天天打電話回去，操縱、遙控，摘那些小動作不好，背後搞，我反對，幹革命，光明磊落，希望你們很好的檢查一下，自我批評，我們不追究過去那些錯誤，你們自己檢查缺點錯誤，允許犯錯誤：允許改正，今天就講到這裡。希望你們好好學習。（鼓掌）－完－

《紅旗內參》22，內部刊物嚴禁外傳

內蒙古黨委紅旗聯合總部編印

1967年11月11日

13.包頭會議勝利結束滕代司令員在會上作了重要講話（1967.11.18）

時間：1967年11月18日下午3時至5時半

地點：呼市新城賓館

出席會議的有：內蒙古革命委員會負責人吳濤、高錦明、李質、李樹德、劉立堂、楊萬祥、王志友、那順巴雅爾、周文孝及內蒙軍區副司令員劉華香等同志。

滕海清：講幾點意見供同志們參考。

第一個問題：形勢問題。

這一時期同志們學習了毛主席最新指示，毛主席說全國的形勢大好，不是小好。這種形勢完全符合我們內蒙，也完全符合包頭。如果把形勢估計錯了，就會作出錯誤的行動。形勢問題，全國的形勢，全區的形勢，一個地方的形勢，都要經常進行分析。形勢問題，長期以來，是毛主席和左傾機會主義、右傾機會主義鬥爭的一個問題。形勢估計錯了，政策、方針、路線就錯了。黨的歷史上，三次左傾、兩次右傾，同志們都在毛選上看到了。從比較近一點講，劉少奇在和平民主新階段中，錯誤地估計形勢。58年大躍進時期，有些人說大躍進搞糟了。59年在廬山會議上，彭德懷公開進攻，說大躍進搞糟了。62年主席認為形勢大好，而劉少奇在講話中把形勢情估計得一團漆黑。63年在社教運動中，毛主席把形勢估計得很好，而劉少奇在後十條中，則把形勢估計得很糟。所以，主席又制定了二十三條。文化大革命開始，劉少奇又錯誤地估計了形勢，鎮壓革命群眾運動。8月，紅衛兵破四舊，特別是革命派起來批判資產階級反動路線，奪走資本主義道路當權派的權，革命群眾是相當好的，而走資派感到不好。今年二、三月間，在資本主義復辟中，走資派感到形勢好；而正在這個時間，有的同志動搖了，他們沒有看到毛澤東思想的偉大，一時看不到

黨的偉大威力，思想動搖了。這一系列的問題是什麼問題呢？就是形勢分析非常重要。

包頭的兩派，即十條派、七條派，對形勢的看法，支流看得太多了，沒有找到本質。在我們同志的頭腦裡，沒有樹立毛澤東思想絕對權威，不是堅定不移的，而是動搖的。沒有看到毛澤東思想掌握了廣大的革命群眾，武裝了廣大的革命派。所以，你們錯誤地估計了形勢。當然，反革命逆流三月間就解決了。你們認為五月間還是反革命復辟。主要原因，就是沒有樹立毛澤東思想。第二條，你們不相信群眾，沒有看到階級力量的對比。你們想一想，三月間，你們造反派有多少人？三兩萬人吧？到了五月間，你造反派人數猛烈增長，群眾靠攏。你們過高地估計了王鐸、王逸倫和包頭走資派的力量，過低地估計自己的力量。實際上，這個時候，他們已不掌權了，是造反派掌權。當然，他們在背後還有活動，為什麼看不清革命的力量，廣大受蒙蔽的群眾紛紛回到毛主席革命路線上來？第三點，你們恐怕受了極左思潮影響。這種極左思潮是小資產階級思潮，是反動思潮。這種思潮在呼市叫新思潮。實際不是什麼新思潮，在幾十年來，就有這種思朝。這種思潮影響，在某一個集團、在某一個領導人表現出來，就是左傾機會主義。第一次王明路線，第二次立三路線，就是極左思潮。每次極左思潮表現不同，但思想體系相同。極左思潮對一個領導人來說，就是路線問題。在三月資本主義復辟逆流中，有從左方的方面來，有從右的方面來。不管從那方面來，都是資產階級思想，來侵襲我們革命派，腐融瓦解我們的革命隊伍，破壞我們革命隊伍的團結。他們的口號很容易迷惑人。我看包頭的極左思潮還存在，但不如過去那樣囂張。我們把走資本主義道路當權派打倒以後，走資本主義道路當權派的思想，鑽到了我們革命隊伍內部。所以，本身就是一個思想鬥爭問題。我們敢不敢跟他們鬥，這是個立場問題，當然也有認識問題。為什麼這種小資產階級思潮，在我們革命隊伍內部得不到抵制呢？主要是我們對形勢的錯誤的估計。我們的同志往往看到支流的問題，必然產生錯誤的行動。根本的辦法，就是很好地學習形勢問題，啟發我們大家的思想認識，因為包頭的問題，主要是錯誤地估計了形勢。包頭工人占很大的比例。工人階級歷來是領導階級。包頭的工人比呼市多嘛，為什麼包頭的文化大革命比呼市落後了呢？一個問題對形勢錯誤的估計；一個是工人階級沒有起到

先鋒作用。當然，以後包頭的工人起來了，一馬當先，起到了先鋒作用。要想把包頭的文化大革命搞好，必須是包頭的工人階級帶頭。這不是學生不起作用，不是的。但是，工人階級是主力軍是，是一個整體。工人階級不應該有兩派。馬克思和恩格斯在1848年共產黨宣言中就指出，全世界無產者聯合起來！那末，包頭的工人為什麼聯合不起來？就是受到社會上小資產階級派性的影響。工人階級不應當有派性，而應當有階級性。工人階級是掌權的階級，為什麼還有爭權的問題？這個先進的階級，倒退了，向小資產階級看齊了。這不應當。為什麼有派性？是小資產階級派性。無產階級沒有派性，就是一派。這種派性，是從學校出發的。文化大革命開始，學校是起了突擊隊作用，這不能忽視，建立了偉大的功勳。但到了一定的時候，少數人派性就產生了，主要是那些頭頭。廣大群眾是沒有派性的。凡是這種派性，一定要克服。這種派性，經過文化大革命，暴露出來，再經過毛澤東思想，得到克服！這是有好處的，可以教育廣大幹部。真正的派性，還是我們那些領導人，擴大自己的勢力，擴大自己的影響，總想把這一派把那把一派壓下去。革命是大家的，不能只許自己革命，不許人家革命。過去，對保守組織壓垮了，但是現在，對保守組織也要照毛主席的指示去做。保守組織的廣大群眾是好的，只有少數頭頭是壞的。如呼市的張三林、曹文生。應當把廣大群眾團結起來，這和五、六月間不同了，那個時候，他們公開起來保衛烏蘭夫、王鐸、王逸倫和保衛黃厚、王良太的嘛。但是，廣大群眾是好的，受蒙蔽的，現在，也是這件，兩大派，一派如果是保守組織，他們沒有解散，在承認錯誤的基礎上要聯合，要接受造反派的教育。

第二個問題：掌握鬥爭大方向問題。

我看包頭兩派在這個問題上一個表現好點，一個表現差一點。你們鬥爭的矛頭不是指向劉少奇和烏蘭夫、王鐸、王逸倫和包頭的走資派。你們前一段，是熱衷於打內戰，不重視大批判，把劉少奇、烏蘭夫、王鐸、王逸倫和包頭走資派從政治上、理論上、思想上批深批透不夠。你們把目標集中在范易一個人身上，這是你們兩派爭論偽焦點。我們對你們兩方面所調查的材料都作了

研究，我們也掌握了一些材料。我看，我們對無產階級當權派要絕對信任。我們共同的思想是馬克思列寧主義、毛澤東思想。我們共同的目標是共產主義。我們不包庇一個壞人。如果同志們連這一點也不相信就不能坐在一起談。范易的問題，歷史上會作出正確的結論。他在文化大革命中犯了錯誤，現在他在學習。將來怎麼處理，是組織決定。你們不應當把目標建中在他一個人身上。當然，你們也作了不少工作，進行了調查，這很好。我們應當相信群眾，相信黨。我們要看到，從內蒙講，從包頭看到階級鬥爭很複雜。除走資派有沒有特務？有。我最近走了一個離包頭不遠的地方，有一個國民黨特務，非常壞。

　　無產階級革命派，應當不折不扣緊跟毛主席戰略部署，這才好。同志們抓大方向好一些，包頭的文化大革命就會好一些。

第三個問題：大聯合問題。

　　目前你們大聯合是好一些。開始是不好的。你們都是一個戰壕裡戰鬥的、共患難的。經過這一階段學習，你們聯合是好一些。但是不是真正從思想上聯合了？我看還不夠。關鍵不在於群眾，而是頭頭。呼市也是，真正聯合不起來的不是群眾，而是頭頭。我希望包頭工人階級先作鋒作用，也不是以工人階級為核心。自己強調以我為核心，那不行，不可能有很好的結果。是不核心，讓群眾評定，不能自封。正不正確，不是靠自己講，是靠大家講。呼市的三司、八一八。火車頭、華建，是群眾公認的，不是自封的。是高舉毛澤東思想紅旗，按照毛主席偉大戰略部署進行的。八一八、火車頭，他們不是自己爭，而是群眾公認的。我們有一個大學爭論不下，一千多人，選了四十五人，有兩個人爭論不下。以我為主是不正確的。靠群眾，廣大群眾說你那一抓好，那就行。在大聯合問題上，你們現在還搞對立宣傳，是非常不合適的。楊玉蓮的問題，讓革命委員會籌備小組處理。你們應該協助作好家屬工作。楊玉蓮是革命造反派。楊玉蓮的死，是一個很大損失。在造反派內部，有一兩個壞人，沒什麼奇怪，群眾要把他處理開。共產黨內部還有壞人。不因為造反派內部出現了一兩個壞人，就否定這個造反派。共產黨內部不能因為出了劉鄧陶就說共產黨不純潔了。應當把他們清除出去。不能有派性。有了派性，就不好辦了，容易

被敵人利用。敵人是天天研究瓦解我們。敵人是不可怕的，是害怕的是內部，堡壘最容易從內部攻破。如果有壞人，你們不抓，將來群眾覺悟起來是會抓的。過去警衛營受黃、王蒙蔽，現在覺悟了，什麼都講。我們靠的是毛澤東思想的絕對權威。另一方面，你們造反派要加強組織建設，不准鑽進的壞人起作用：我們內部一定要團結。

第四個問題：臨時權力機構問題。

包頭到底建立籌備小組，還是建立革委會？現在看，建立革委會你們條件不成熟。錫盟原來準備成立籌備小姐，但群眾發動起來了，自己在家裡搞，就成立了革商委員會。我們革命委員會考慮，包頭成立籌備小組。經過籌備小組，準備成立革命委員會。

成立一個權力機構是有鬥爭的。就是無產階級要掌權，資產階級不放權。他們人還在，心不死。還有些人，在思想上，組織上和走資派有聯繫，他們不希望成立革命委員會。我們無產階級革命派，沒有國家機器，就不能拿權。設有權力機構，敵人就想盡辦法要進行破壞。我們把一部分不適合社會主義的舊機器破壞了，建立起新的權力機構，真正把掌握權在無產階級手裡，而且掌握在歷史上清白人手裡。這是第一方面。第二方面，就是在我們造反派內存在著爭名、爭利、爭席位的鬥爭。誰個是老造反派，誰個是新造反派，比思想意識，很多東西就會出來。這是一個鬥爭。當然，後一種鬥爭和前一種鬥爭不同。前一種鬥不是我們奪權，他們反奪權。第二種鬥爭是爭名、爭利、爭小團體利益。不可能每個人都進入籌備小組，總是有代表性。我們內蒙古一千三百萬人，革委會有120人，80人在呼市。是不是80人能建立起革命委員會？是不是這80個人夠條件，其他人就不夠？不是的。這個問題，希望同志們顧全大局，要從革命利益出發。同志們在白色恐怖中那想到革命委員會當委員，根本沒想到，而是共同在一起戰鬥。所以，不要從個人，小團體考慮問題。要把籌備小組臨時權力機構建立起來，很快地建立起革命委員會。今年，革命委員會打算把各盟市革命委員會建立起來。希望包頭的造反派要有高風格，爭取第五。巴盟第四。我們內蒙在全國爭取了個第八。你們要爭取第五。

第五個問題：加強擁軍愛民工作（略）

第六個問題：關於抓革命捉生產問題（略）

第七個問題：加強無產階級專政問題

包頭的壞人，一直到現在，還沒有抓到一個。現在，地富反壞右、牛鬼蛇神還在活動，還混在我們造反派內部。如果不加強無產階級專政，我們所奪的權還會死掉。如果我們不抓這點，我們就不是無產階級革命派，真正的壞人要抓起來。包頭的公安機關基本上癱瘓了，我們要靠造反派，靠人民解放軍把壞人抓起來！把美蔣特務、蘇修特務抓起來！對他們要專政！我想，這些壞人有可能有的鑽在我們造反派內部。

最後一個問題：希望同志們很好地學習毛主席著作，把習學班辦好，真正把鬥私批修搞好。包頭學習班辦得還不錯，辦起了290多個。要提高一步。現在，大辦學習班，在我們人民思想中，樹立毛主席絕對權威。有天大的困難，只要有毛澤東思想，就會克服，就會戰無不勝。我們造反派千頭萬緒，千條萬條，要抓毛澤東思想第一條，許多矛盾，抓毛澤東思想這個矛盾。為什麼有些造反派犯錯誤，就是不學習毛主席著作。今天有的同志給我彙報，某某廠的造反派不學習毛主席著作。這是很大的錯誤。千忙萬忙，要抓毛主席著作。

（詳細摘要，未經本人審閱）

《紅旗內參》30，內部刊物嚴禁外傳
內蒙古黨委紅旗聯合總部編印
1967年11月21日

14.滕海清同志在接見哲盟會議代表時的講話（1967.11.24）

時間：1967年11月24日下午3:40——5:40

地點：新城賓館

出席會議的有：王志友、那順巴雅爾、李樹德、梁滌塵、杜志華等同志。

滕海青：同志們，這次革命委員會召集哲盟各方面代表來，通過學習主席指示，解決哲盟現在的問題和下一步怎麼搞。

首先談一下形勢問題。

根據毛主席視察三地區的指示，全國文化大革命形勢大好，不是小好。內蒙的形勢也和全國一樣，形勢大好，不是小好。哲盟的形勢也同全區一樣，形勢大好，不是小好。

形勢大好的重要表現是，在史無前例的文化大革命活動中，群眾充分發動起來了。我們看形勢，主要看群眾的情緒和動向，這就是群眾觀點。我們內蒙，從白髮蒼蒼的老人，到十幾歲的娃娃都充分發動起來了。（李樹德：呼市幼兒園的小孩兒也發動起來了。）群眾充分發動起來了，各族人民空前團結。第二點，主要是毛澤東思想得到了大普及，大發展。從表沒有看到毛澤東思想這樣深入人心。由精神變物質。第二點，揪出了黨內走資派，全國無產階級革命派掌權了。我們內蒙革命委員成立，標誌著內蒙文化大革命進入了一個新階段。去年這個時候，無產階級革命派，正向資產階級司令部衝擊，揪出了劉少奇黨內最大的走資本主義道路當權派，全國揪出了大大小小的走資本主義道路當權派，中國的赫魯曉夫徹底垮臺了！內蒙揪出了以烏蘭夫為首的走資派，他們徹底垮臺了。同時，我們無產階級革命派的隊伍，發展壯大起來了。去年這個時候，同志們想一想我們正受壓抑，是毛主席給我們撐腰，由少數變成多數，掌了權。經過文化大革命，從上而下的大民主，大批地湧現出革命接班人。鍛煉了老幹部，而且揪出了一批壞人，經過文化大革命，把他們暴露出來了。所以，形勢問題怎麼看法，是很重要的問題。

對形勢問題，歷來是我們黨兩條路線鬥爭的重要問題。一切左傾機會主

義，右傾機會主義，他們的問題產生，完全是對形勢的估計錯誤產生的。陳獨秀第一次右傾機會主義，就是認為資產階級已掌權了，民主革命已完成了，他變成了投降主義。第一次左傾主義路線，第二次李立三左傾路線，都是把敵人力最過低估計，把自己力量估計過高。本來，那個時候我們力量很小，應該按照毛主席的農村包圍城市方針，先在農村建立根據地。而他們主張攻打城市，造成黨很大損失。王明的第三次左傾機會主義路線，就是把敵人看成鐵板一塊，不是以農村包圍城市，作長期打算。對形勢估計錯了，犯了左傾機會主義，抗日戰爭，王明又變成投降主義。這都是對形勢錯誤的估計。解放後，劉少奇的和平民主新階段的報告，完全和毛主席七大報告對立。那個時候，劉少奇準備把軍隊交給國民黨，準備取消軍隊的思想教育。五八年大躍進，人民公社，總路線三面紅旗，人民是擁護的；而彭德懷恰恰在這個時候，攻擊毛主席，說人民公社搞糟了。六二年七千人大會，毛主席指出前途光明。大家充滿了信心。但是劉少奇的報告，把形勢估計的漆黑一團，同時，在六三年社會主義教育，搞試點，在劉少奇思想指導一下，也是把農村、工廠形勢估計得漆黑一團，幹部都壞。以後，毛主席親手制訂了二十三條。文化大革命以來，七、八月份。紅衛兵出來掃四舊，成績很大、但有些人，看不慣掃四舊，認為不好的，把文化大革命搞亂了。今年二，三月份資本主義復辟逆流，走資派認為這個時候形勢大好，但就在這個時候，有的人發生了動搖。內蒙5月26日前王鐸，王逸倫和內蒙軍區一小撮人，操縱受蒙蔽的群眾，掀起了一股小的逆流。5月26日以後，毛主席批准了內蒙古軍區的決定，形勢又好轉了。但是有的人，一直到現在，還認為內蒙形勢不好。特別是武漢事件以後，出現了一股「左」思潮，壞人把矛頭指向毛主席司令部，指向中國人民解放軍，指向紅色政權。這一切，都說明形勢分析的重要性。對形勢分析錯了，一切行動就錯了。

　　對形勢分析對了，可能是認識問題。但是，對形勢分析在很大程度上講，是個立場問題。我們講，我們的形勢好得很，敵人講他們的形勢緊張。我們講我們的形勢緊張，而敵人講他們的形勢好得根。這就是立場不同。為什麼武漢事件後，出現了揪軍隊一小撮？一個是認識不清一個是敵人搞的。紅旗雜誌十二期提出揪軍隊一小撮，就是王力、關鋒、林傑搞的。提出揪軍內一小撮，最

壞人搞的。

中國人民解放軍是強大的柱石。為什麼揪軍內一小撮？就是要摧毀這個偉大的長城，迎合了帝國主義，各國反動派和修正主義的要求。一些人是認識問題；一些人不是，包括我們造反派個別頭頭，他們是階級報復。他們所起的作用，是各國反動派、帝國主義所起不到的作用。這裡邊，大多數是認識問題，看不到走資派在裡邊的黑手還起作用。

第二個問題：緊緊掌握鬥爭大方向。

是否緊緊掌握鬥爭大方向，是指不能將文化大革命進行到底的關鍵。緊緊掌握鬥爭大方向這是毛主席的偉大戰略部署，就是大批判、大聯合、三結合、鬥批改，概括起來就是鬥私，批修。掌握不掌握不鬥爭大方向，這是區別真革命、假革命、反革命的試金石。

對毛主席的指示，我們理解的要執行，不理解的也要執行。在這一點，我們內蒙地區的廣大無產階級革命派執行了，但是也有一些地區，一些組織，在執行毛主席的這一指示。這是區別無產階級革命派和小資產階級革命派的分水嶺。我們不要口頭革命派，或兩面派。哲盟的同志們，你們要總結一下，一年來文化大革命，是不是緊跟毛主席戰略部署，是不是緊緊掌握鬥爭大方向，檢查一下，是不是按照主席指示辦事。檢查一下，過去執行不好，要吸取一下教訓。哲盟的資本主義道路當視派，是烏蘭夫的女兒和女婿雲曙碧、石光華。你們對劉少奇、烏蘭夫、雲曙碧、石光華鬥臭了沒有？，你們在政治上、思想上、理論上批臭了沒有？我看沒有。為什麼你們沒有批臭？文化大革命主要的鬥爭，就是無產階級革命和黨內一小撮走資本主義道路當權派的矛盾。這個矛盾是敵我矛盾。對這些人不批判，這是個什麼問題？

我也知道，哲盟地區抓軍隊一小撮也是有的。為什麼？這個問題中央三令五申打招呼，內蒙三令五申和你們打招呼，你們不聽。一定要打倒趙玉溫。難道趙玉溫比雲曙碧、石光華還壞嗎？難道趙玉溫是烏蘭夫線上的人嗎？我們從來沒說趙玉溫沒問題。他在文化大革命運動中犯了錯誤，但他不是走資派。那末，為什麼一定要打倒他？這一方面是我們的同志們不瞭解情況。當然，這是軍隊的矛盾擴大到社會面去了。就是阿古達木。肇那斯圖搞的！阿古達木、肇那斯圖是什麼人？今天我們擺到表面上來說，他們運動初期就有反黨言行，這

次他們企圖見機翻案。幾次打電話告訴他們，他們不聽，一定要打趙玉溫，實質上他們是為烏蘭夫翻案，烏蘭夫二十來年在內蒙不僅在其他領域、在軍隊也有他的毒瘤。阿古達木、肇那斯圖利用趙玉溫友左中犯的錯誤進行報復，實際上是為烏蘭夫翻案！我看，我們同志沒看到這一點。現在，內蒙軍區決定派梁滌塵同志到哲盟任軍分區政委，希望同志們要支持梁滌塵、趙玉溫、杜志華同志。

第三個問題：要鬥私批修，促進革命的大聯合、三結合。

搞不搞革命的大聯合、三結合，是執行不執行毛主席革命路線的問題，是擁護不擁護毛主席的問題。無產階級革命派，是一定要聯合的。

你們哲盟大聯合也是搞得不好的。毛主席指出，在工人階級內部，沒有根本的利害衝突。你們是無產階級革命派，為什麼還有那麼大矛盾？難道你們不是無產階級革命派，而是資產階級革命派嗎？你們的矛盾究竟是延安和延安的矛盾，還是延安和西安的矛盾？

你們把矛頭指向軍區是錯誤的。最近不是紅旗兵團還是靜坐絕食嗎？你們要叫我們承認你們是革命的行動，這是什麼革命的行動？我們幾次打電話，為靜坐絕食的群眾的身體擔心，這裡邊一定有壞人在幹的，這是迎合敵人的需要，是別有用心的人幹的。這是不顧廣大人民群眾的死活，身體健康，為他們的需要幹的。絕食是對敵人的辦法，不是對人民的辦法。我相信紅旗兵團廣大群眾是好的，真正蒙蔽他們的是個別壞人，群眾是沒有責任的。把矛頭指向解放軍，我看是領導他們的那些人幹的。我們相信紅旗兵團廣大群眾是要革命的，我同情紅旗兵團的廣大群眾，但是我們不同情紅旗兵團的個別頭頭！

有些組織是偏保的，這就是保守組織。你們應當承認過去的錯誤。你們不但不承認過去的錯誤，把廣大的群眾的生命當作兒戲。毛主席說你們要關心國家大事，要把無產階級文化大革命進行到底。關心國家大事，就是關心人民、愛護人民嘛，就是抓革命促生產嘛。我希望同志們從這一問題中吸取教訓，今後緊跟毛主席的戰略部署。

群眾組織犯錯誤，喝了幾口水沒關係，犯錯誤，要按照毛主席的偉大戰略部署改過來就好了。但是不要堅持錯誤。犯了錯誤老不改，那就麻煩了。

聯合的問題就是在革命的基礎上，實行革命的大聯合。主要的是進行自我

批評，不要過多地指責對方。（梁漱塵老同志到，群眾鼓掌。）同志們哪，我看不怕犯錯誤，就怕不改錯誤。我們這些人天天犯錯誤，犯了錯誤怎麼辦？就改嘛，就接受群眾的批評。我們革命群眾組織的負責人，犯了錯誤也要改嘛。陳再道犯了嚴重錯誤，毛主席指出四點。……還要叫他學習嘛。我們的同志犯了錯誤。毛主席在北京接見他們，他們一宿沒有睡覺。

同志們要正確對待人家，要正確對待自己。各自有錯誤，各自進行自我批評。敢不敢自我批評，就是敢不敢革命。無產階級革命派，既然要掌權，自我批評都不敢，那怎麼行呢？我們不但要革別人的命，也要革自己的命。過去參加過偏保守組織的群眾，要改過來。它是保烏蘭夫、王逸倫、王鐸的。但是保守組織的廣大群眾是好的，他們是沒有責任的。保守組織的頭頭，絕大多數也是好的。所以，過去思想是保守的，要回到毛主席革命路線上來，承認錯誤，檢查錯誤，那末。造反派也要團結他們，幫助教育他們，同胞們聯合。保守組織的頭頭，絕大多數也是要革命的，他們是擁護毛主席的。只要他們承認了錯誤，改正了錯誤，應當造反派聯合起來。

當然，現在有的保守組織，就是不承認自己的錯誤，堅持自己的錯誤，這就不對。你說你正確，廣大群眾是清楚的。總之，不要以為自己一貫正確。哲三司當然比較聽話的，但你們也有缺點。各個組織都有自己的缺點，這沒關係，只要改正就行了，不要堅持自己的錯誤。從我們革命委員會來說，是信任大家的。因為大家都願意走毛主席革命路線，都是擁護毛主席的。我們對你們造反派是信任的。反過來，你們對我們也應該信任，不能懷疑我們包庇那個壞人。起碼信任我們不是走資派。比如紅旗兵團靜坐，我們一天打電話，研究你們的問題，我們對你們還是相信的。保守組織的群眾要自己想來革命。如果你們個別頭頭是壞人，希望你們起來把他揪出來。

紅造反幹了一些事情不大好嘛，希望他們來幾個人，來這裡解決問題。不要堅持錯誤，堅錯誤不好嘛。

還有一個，原來保守組織解散了，現在又成立一個組織。這樣的組織是不能承認的。這些人主觀上當然不是搞分裂的，但客觀上是搞分裂的。八條下達後，改頭換面的保守組織，特別是現在，我們不能承認的。過去總理講了，江青同志講了，不准老保翻天！只有真正改正錯誤，參加造反派。現在另起爐

灶，是不行的，不准老保翻天！聯合是有基礎的，就是在毛澤東思基礎上的聯合。你們沒有回到毛主席革命路線上來，怎麼聯合？真正蒙蔽群眾的壞頭頭，群眾起來把他揪出來。如果群眾起來還制止不了他，那未，專政機關和群眾聯合起來採取措施。當然，這是極個別的。

特別是武鬥，哲盟有沒有武鬥啊？（答：有，最近還有，搞武鬥，肯定背後有壞人操縱。同志們想一想，凡是搞武鬥，打死打傷的，都沒有一個牛鬼蛇神，都是我們造反派，我們好人。所以，要看到搞武鬥，就是背後有壞人，就是操縱那個組織的頭頭在搞武鬥的。保守組織雖然是兩張路線鬥爭，但還是上人民內部矛盾。不能用棍棒把人家打垮。應當採取團教育、不要歧視他們，不要壓他們。對保守組織的頭頭，只要承認錯誤了，也不要壓他們，歧視他們。

第四個問題：大辦、辦好學習班。

大辦學習班，也是最高指示。各個群眾組織都要辦學習班，就是用毛澤東思想這個銳利武器，同我們頭腦私字作鬥爭。就是用毛澤東思想這個銳利武器，批倒批臭批深批透走資本主義當權派。

辦學習班，要犯錯誤的幹部，沒有犯錯誤的幹部，保守組織的頭頭，保守組織的群眾，造反派的頭頭，造反派群眾，有的地方還有解放軍。黨委紅旗有七種人參加。各種人都鬥私，用毛澤東思想武裝頭腦。

哲盟大批判要大搞特搞，起碼要搞到明年下半年。烏蘭夫的流毒還遠沒有肅清，流毒很深。烏蘭夫不是說東三盟很放心嘛，當然，哲盟是他的女婿。所以流毒很深，要徹底肅清。

辦學習班，黨團員一齊辦。

第五個問題：要建立起個臨時的權力機構。

各地的條件很好。哲盟的條件如何？如果有條件就建立起這個臨時權力機構。打碎舊的國家機器，建立起新的國家機器。現在，我們哲盟還是群眾組織掌權。哲三司你發下去的命令，哲一司就不聽；哲一司發下的命令，哲三司就不聽。同時，明年還要召開九大，所以我們無產階級革命派，有能力打碎舊的國家機器，有能力打倒走資本主義道路當權派，就有能力建立起新的國家機器。

建立權力機構是有鬥爭的。你要建立權力機構，階級敵人是不甘心的，他

是不會同意你建立的，我們在內蒙搞起幾個權力機構，他們總是反對的。這個鬥爭必須看足。

建立權力機構要發動群眾。哲盟地方建立籌備小組，還是建立革命委員會，這次和同志們商量一下。可不要以建立？是今年建立，還是明年建立？還是後年建立？還是不要建立？

我們想今年以內把各盟市各旗縣的革命委員會建立起來，迎接明年工農業生產大躍進。黨的九大在思想上，組織上做好準備。

第六個問題：關於擁軍愛民運動。

我們哲盟關於擁軍愛民運動要大倡特倡、擁軍愛民是毛主席偉大戰略號召，是粉碎敵人陰謀的。紅旗雜誌提出揪軍內一小撮，毛主席批的是：還我長城。階級敵人是害怕軍民團結的。團結就是力量。不管軍隊犯了什麼錯誤，相信他們自己能改正。前頭我講的阿古達木、肇那斯圖要批判，這叫他們軍隊內部搞，你們哲三司、一司不要管，不要插手。

三支兩軍是毛主席提出來的。現在有人挑撥軍民關係。在這個問題上，不要使敵人鑽空子。過去你們做了錯事！就過去了，我們不去追查，但以後要搞好。

第七個問題，要加強無產階級專政。

無產階級文化大革命進行一年了，但階級敵人不甘心於他們的失敗，他們人在，心不死。他們隨時隨地想恢復他們的統治。對待無產階級專政，他們利用我們四大的武器，牛鬼蛇神，叛徒、特務都紛紛跳了出來。我們要建立政權的時候，他們想方設法破壞。我們發現，內蒙有特務和外邊修正主義勾結。從臺灣跑進來的策反分子，對文化大革命、社會主義事業進行破壞。我們對這些人要實行專政。現在，階級敵人利用我們造反派的派性，有一種拉山頭，不管什麼人擁護我們，就拉進來。敵人利用我們造反派的派性，作為他們的市場，削尖腦袋鑽進到我們造反派內部。沒有敵情觀念，凡是造反的，都吸收進來。同志們，造反是有階級性的。資產階級牛鬼蛇神造反，是造無產階級的反。我們這裡有一個牛鬼蛇神，我們提出恢復黨組織，他說共產黨壓迫他十七年了，又要恢復起來壓迫他。共產黨，就是要專他的政！

我們造反派有些是山頭主義、風頭主義鬧分裂；有些是敵人削尖腦袋鑽

進來，使造反派分裂。現在找房子、偷盜、搶劫、投機倒把很多了。我們建立起新的國家機器，要對他們實行專政。在呼市有的地方，把過去黨派進去的幹部，都打成走資派，掌權的是小業主。同志們想一想，他們掌權意味著什麼？

造反派要克服派性，真正在思想上、組織上成為無產階級革命化的隊伍。造反派內部要整頓。過去出身不好的人，這次轉過來了，我們歡迎。但有些不是這樣，對出身不好的，對有殺父之仇的，同志們要警惕。烏蘭夫搞復辟，就是依靠這些東西。我們造反派要把他們清除出去。公安六條，要執行。群眾和人民解放軍結合起來，向敵人專政。專政要真正發動群眾。不然，不然我們就不能建立新的社會主義體制。特別東三盟武鬥現象不斷發生，這裡邊有壞人搞鬼。可能有的造反派被敵人利用了。階級鬥爭是長期的，複雜的，我們無產階級革命派就是要念念不忘階級鬥爭。忘了階級鬥爭。就忘了馬克思列寧主義、毛澤東思想。

搞好這七個問題，就是要大樹特樹毛澤東思想，大樹特樹毛主席的革命路線，按照毛主席戰略部署辦事。能不能按照毛主席戰略部署辦事，這是衡量無產階級革命派和小資產階級革命派的試金石。

你們什麼時候把問題解決了、就回去。沒把問題解決了，就暫時不回去。不對的地方，希望同志們批評指正。

（根據記錄整理，未經本人審閱）

《紅旗內參》37，內部刊物嚴禁外傳
內蒙古黨委紅旗聯合總部編印
1967年11月29日

15.滕海清、吳濤同志給各常委同志的一封信（1967.11.29）

各盟、市革省委員會（籌備小組），軍分區，各族縣革命委員會，武裝部：

現將滕海清、吳濤同志給自治區革命委員會常委的信印發你們。這封信是滕、吳同志到北京以後，根據我們偉大領袖毛主席的戰略部署，和自治區的形勢，提出的最近一個時期的工作重點。自治區革命委員會常委會做了認真討論。一致認為，這封信很重要，當前要特別抓緊抓好毛主席著作學習班和建立新政權兩個問題是正確的。請你們結合本地區本單位的情況具體研究落實，努力組織實現。

內蒙吉自治區革命委員會，一九六七年十二月五日

滕海清、吳濤同志給各常委同志的一封信

高、權、李常委諸同志：

一、春節前我們革命委員會的工作重點是否應該放在大抓毛主席著作學習班和解決各盟市促進革命三結合，建立新政權這兩個問題上。這兩個問題是互相聯繫的。不辦好學習班，大搞鬥私批修，就解決不了幹部問題，也解決不了群眾組織之間的分歧，當然也解決不了革命大聯合和革命三結合問題，而如果不大抓各盟市建立革命委員會的問題，就無法加強對學習班的領導，也必然影響到深入開展大批判、大聯合和鬥私批修，我們的革委會也不能擺脫盟市問題，以至旗縣問題的壓力，盟市問題解決不了，旗縣問題自然也難解決。

二、關於解決盟市和旗縣問題。

河北省準備在12月底前把各地委級的革命委員會建立起來，現已解決三個（石家莊、承德、天津專區）；12月底有50%的縣準備成立革命委員會。河北形勢發展很快，內蒙形勢不比河北形勢壞，而且還比河北好，因此要抓緊工

作，動作要快、步子要穩。具體地說：

1、原準備在12月底前解決各盟市問題，仍然要狠抓一下，不要放鬆。

巴盟問題不要再猶豫，要當機立斷地成立革命委員會，推動全區形勢。

東三盟問題年底也要解決，用建立革命委員會和籌備小組（最好不要這個過渡）這個辦法來解決矛盾，來推進革命形勢。反正成立革命委員會是一場鬥爭，遲鬥早鬥總要鬥，與其失之過晚不如失之過早。要相信建立新政權是符合廣大群眾心願的，不要被那些群眾組織中頭頭之間的問題和其它一些表面現象所糾纏。

伊盟問題也一樣。最近要解決，關鍵是做好軍隊同志的工作。要告訴陳維舟、劉維真等同志，只要認真改正錯誤，內蒙革命委員會和內蒙軍區支持他們。如果不抓大方向，就要犯極大的錯誤。

2、各旗縣問題，我們革委會沒有底，打招呼不夠。現在要抓緊，有條件的要盡快成立革命委員會，沒有條件的要創造條件去解決。年底前搞50%，春節前搞70-80%是否可以請考慮。

3、為了解決這個問題，請考慮有一兩主要領導幹部加上一部分常委和委員成立一小專門班子，計劃安排審查批准。檢查督促這項工作。要解決這小問題與各盟的談判結合起來。

三、大辦學習班的問題，全區如何？我們心中無底，許多經驗還沒有來得及總結，也沒有向中央做過一個全面的報告，革委會政治部要專門有一個像樣的班子管起來，掌握情況，指導學習，推動全區。

自治區辦的學習班領導力量較弱，需要立即加強。

各盟市、各旗縣都要辦幾結合的學習班，要仿效烏盟的辦法、杭後的辦法去辦。這樣可以迅速解放幹部為三結合創造條件。

自治區的學習班要與大批判結合起來，要有計劃的去搞，要集中力量、加強領導，不要分散力量，各搞一套。

四、文教口的階級鬥爭蓋子揭開以後，必然要波及到其它方面，這是又一次從文藝界開始的更加深入的革命。當前面不要搞寬，防止階級敵人擾亂我們的陣線，要與「**鬥私批修**」結合起來，進一步徹底搞清革命和反革命的陣線，把烏蘭夫的黑線徹底挖淨。

　　五、要把自治區革命委員會的機構迅速組織起來，健全起來，撐起門面，搭起架子，做好工作。

　　六、自治區領導機關要抽調一部分幹部到盟市旗縣去，去宣傳毛澤東思想，深入調查研究，以促進大聯合和革命三結合，抓好學習班（不要到公社以下去）。

　　革命委員會辦公室要加強請示報告，向中央很好的反映情況。

滕海清　吳濤

11月29日

內蒙古自治區革命委員會文件　蒙革（67）110號

內蒙古自治區革命委員會印發

16.滕海清司令員與師院部分師生座談會講話（摘要）（1968.01.03）

　　滕：「談一談對一九六八年取得全面勝利的看法、想法，你們怎麼搞，怎麼打算？」（同學們發言）

　　滕：教育革命的根本問題是四項改革，是世界觀、立場、觀點的改變。世界觀、立場、觀點不改變，愛憎不分明，對修正主義教育路線恨不起來，教育革命就沒法搞。哪門課要，哪門課不要，那好辦，世界觀的改變是最難的。烏蘭夫搞民族分裂，搞獨立王國，貪多、求大、求全，外語系肯定要學。學什麼，要多少，國家要規劃。將來蘇聯人民還要我們去夠助革命、文化革命、思想革命是不容易的！事情是不容易的。

　　你們當前抓什麼？

　　1、用社論找差距（各單位都如此）六七年文化大革命所取得的成績，存在問題，六八年社論要求多大距離，要發動群眾去找，要從思想、政治、經濟、組織，各方面去找。奪取文化大革命的全面勝利，為什麼把思想擺在前面？思想上的勝利就是用毛澤東思想佔領一切。各條戰線的陣地都要牢固地樹立毛澤東思想，排除資產階級思想，是不容易的。根本問題是改變世界觀；沒有這一條，其他的問題解決不了。解決的辦法，大辦學習班，通過學習班大立毛澤東思想，大破資產階級思想，今年一年全區1300萬人都要經過學習班，這個意思跟杭後談，他們認為保守，他們說半年即可。杭後旗20萬人口，現已辦了12萬人，這些人是中字，現已全面鋪開。你們師院條件、力量、比杭後旗強的多，起碼沒文盲。杭錦後旗老太太背老三篇背的呱呱叫，不但背而且條條用，大學生背容易，用困難，從思想上要找距離，到底用得怎樣，復課也好，教育革命也好，根本問題還是抓毛澤東思想。抓住了，人的世界觀改變了，一切都好辦了。抓這一個是根本之根本。抓住就不放。師院能不能要三個月輪訓一次。

　　2、政治上主要講階級鬥爭，一切政治鬥爭都是階級鬥爭。階級鬥爭取得勝利了，並不是不存在階級鬥爭了。兩條路線的鬥爭是階級鬥爭，是政治革

命。六七年徹底摧毀了資產階級司令部，揪出了一小撮，政治上把他們搞臭了，這就是我們在政治上最大的勝利。但階級鬥爭仍然存在，內蒙階級鬥爭問題並未徹底解決，很複雜，烏蘭夫線上的加上其他線上的。你們這兒有烏蘭夫的影響，你們要抓教育革命，不要放棄階級鬥爭，當然教育革命也是階級鬥爭。我們搞烏蘭夫這麼久，現在還有人給他翻案，烏蘭夫在內蒙統治了20年，影響很深。每個單位取得政治上的勝利，必須徹底肅清資產階級反動路線的流毒，烏蘭夫修正主義路線民族分裂主義路線的流毒，從思想上。理論上鞏固無產階級專政要政治上取得勝利，首先是思想上取得勝利，思想統帥一切。呼市很複雜，亂七八糟，什麼這個思潮，那個思潮，都是資產階級思潮，資產階級小資產階級派性，是資產階級小資產階級思想作怪。雖然是人民內部矛盾，但有它就容易被敵人利用。為什麼壞人找不出來，都是被派性保護起來了。在造反派內有資產階級小資產階級派性，要打倒。陳伯達同志講，派性是毒蛇，它纏人，要纏死人的，各方面工作搞不起來，一切都是因為派性作怪。有了資產階級小資產階級派性，就有了防空洞，敵人就可以利用，就混水摸魚，擾亂我們陣線。

　　3、經濟戰線上，很重要。農村大半是好的，工業有的地方好，有的地方不好，內蒙一些受了影響，主要是工業用煤。現在市場上搶購，投機倒把，搞反革命經濟主義黑風，利用我們3、4月份以及以後派性損失（工業用煤等只完成了70%）緊張一些，則壞人鑽空子，搞形勢搞暗，誣衊我們，給我們施加壓力，所以我們要提高警惕。政治上戰勝了資產階級司令部，一小撮最大走資派被打倒。但社會上地、富、反、壞、右、特務等尚未觸動其一根毛。將來走什麼路，要提高警惕。加強造反派隊伍建設。思想革命化了，組織上不革命化是不行的，隊伍不純不行，不能讓壞分子留在我們隊伍內長期潛伏下來，就隨時興風作浪。目前難解決的是派性問題，寧願保護壞人，為資產階級、小資產階級派性的利益。是作無產階級革命派還是作資產階級小資產階級派。包頭這方面較嚴重，呼市除了勝利後抓了幾個頭子以後，壞的都沒有動，都在那裡，有個的則已混進造反派隊伍內。大部分是認識問題，警惕性低。對造反派不看十七年，也不看三年、五年，只看幾個月，幾件事，無論老造反派新造反派，都要有全面的看法，不要只看六七年2——5月，要全面衡量十七年。摘了帽子的

右派，勞改釋放犯，一貫壞的在造反派內的，甚至為頭頭，一定要清楚，要提高警惕。東縱可能好一些，社會上很複雜。公開反動的好辦，但有的隱蔽的。

經濟上取得勝利，主要是工農戰線，今年若農村不搞好無產階級文化大革命，旗縣革命委員會不成立，再亂則不行。工業、甚至尖端工廠，有些人國家大事全甩在腦後，只顧小山頭，這樣下去怎麼行？有些人國家大事全甩在腦後，只顧小山頭，這樣下去怎麼行？有些人是否真關心國家大事，我看靠不住，只想一派吃掉另一派，資產階級小資產階級派性要害死人，是文化大革命的大敵，所以要打倒，從學校到工廠、到農村，破壞生產，破壞國家財產，都是派性，派性後面有階級敵人，沒有改造好的勞改釋放犯、壞分子，起作用。師院過去有兩派，現在消滅了，消滅了就好了嘛！

4、組織上，要整黨、整團，很重要的，是整群眾組織，社會渣子鑽入群眾組織內部帶著造反派的幌子，那不行。革命委員會成立以後，要狠抓群眾組織的整頓。保守派站錯了隊，大部分是思想落後，要教育爭取，如疏遠則是非常錯誤的。如包頭，關心生產，關心國家大事的是一時站錯了隊的老工人，而一些年輕人整天打內戰，元旦社論沒提受蒙蔽群眾，這個問題應是早解決了的，站錯了，改了，就好了。

你們學校有個《抗大》，不要犯了幾個月錯，一、二年翻不過來，要作思想工作，要教育，不要歧視。保守組織內有壞頭頭，並不等於造反派內就沒有壞人。

要特別注意，毛主席最新指示全面落實之日，便是無產階級文化大革命取得全面勝利之時。同志們要好好檢查毛主席最新指示落實了沒有，落實了多少，現在不看作什麼事，生產、大聯合、三結合、解放幹部、整頓隊伍，只要落實了就好了。你們這兒是否好一點，應該好一點。大批判是要持久地深入地開展下去，本身就是搞階級鬥爭。就要搞大批判，批判資產階級，大立毛澤東思想。整黨、建黨、共青團過去沒提，現在提了，你們如何搞，可以試驗。整黨、整頓組織可做調查試點，要辦黨員訓練班，團也和黨一起開，團員有的不好，是否保留，團組織是否取消，還是和紅衛兵合併，紅衛兵在文化大革命中貢獻很大，是否要永存？怎麼辦？學校紅衛兵，到社會上怎麼辦？社會上工廠、農村沒紅衛兵，這些問題要全面考慮，不能只考慮學校小圈子，沒經驗，

你們要敢想、敢幹，按毛澤東思想去創新，有所創造。

希望革命委員會是無產階革命派，是革命的，是毛澤東思想統帥的無產階級黨性很高的革命委員會，再有什麼派，×派，必定要垮臺。凡是有派性，總是自己創造垮臺條件。本來很好，又搞派性自搬石頭打自己的腳，有派性，無黨性，無毛澤東思想。有派性，則無是非，敵我不分。有派性則背離毛澤東思想，派性越大離毛澤東思想則越遠，包頭七條派十條派，一件事可以說成完全相反，有派性就好像沒有真理，按各自需要來說。沒成立革命委員會，作為群眾組織有派性是自然的，但不是天生的，而是資產階級反動路線造成的。成立了革命會就要大力克服派性，不然的話，那就損害了黨，損害了人民，也最後毀了自己。所以元旦社論要提高革命警惕打倒派性，提得這樣高，就要引起我們的警惕。楊成武同志講有派性的人即使是赫赫有名的人物，將來也是搬起石頭打自己的腳，有派性不管地位多高，權力多大，不按毛澤東思想辦事終究要垮臺的。

元旦社論，你們要學習一周，這很好，要狠抓暴露活思想，不要怕暴露活思想，人的思想總是要天天想問題的，有的想的正確，想毛澤東思想，想國家大事。有的想的不正確的，想自己，想私事。活思想暴露了，就好解決了。不暴露不等於不存在問題，就說明領導好。暴露出來了，解決了，證明領導好，領導更有戰鬥力。如群眾組織中揪出了特古斯，證明革命委員會有戰鬥力，而不是大污點，不是揪出就臭了，哪有此事。黨內揪出劉少奇，揪出劉少奇能說黨無戰鬥力，不偉大了嗎？軍內揪出羅，能說解放軍就不偉大，戰鬥力不偉大了嗎？不要怕說牛鬼蛇神很多，不要怕老保翻天，要從革命勝利想，想的要遠，不要老從資產階級小資產階級的名、利、地位去考慮。不要怕罵，敵人罵是好事，好人罵因為我們有錯誤。

《東方紅通訊》
1968年1月16日

17.滕海清司令員談當前形勢問題 （1968.01.04）

　　元月四日下午內蒙古自治區革命委員會主任滕海清同志接見了內蒙古革命委員會第一期毛澤東思想學習班全體學員，並作了重要講話，在接見快結束時，同志們要求滕海清同志講一下形勢，滕海清同志應大家要求，簡單地講了形勢問題：

　　你們看報紙，我也看報紙，形勢就是報紙上講的。形勢大好，這是毛主席講的。我們再講，還能有毛主席講得那麼徹底？

　　形勢好。中國無產階級文化大革命的形勢是好的，內蒙是好的，華北是好的。華北五個大省、區，成立了四個革命委員會，就是北京、天津、山西、內蒙。還有個河北，河北大概春節以前成立委員會，大部分專區、縣成立了革委會。這是華北的情況，整個是好的。

　　現行成立革委會的大概是河南、湖北、湖南、浙江、要成立革委會，我們來時，他們已經到了北京，還有個江西。現在情況差一點的，還沒完全解決的，遼寧、福建、雲南、新疆。這幾個省的問題，中央準備過了年，過了元旦以後，解決他們的問題，整個文化大革命形勢是非常好的，沒有解決的，也就是個別的幾個省，福建、遼寧，還有江蘇。上海是好的，可是江蘇是不大好的。不大好的。容易解決，不大好的原因是一個是走資派還在那裡操縱，把他們揪出來就好了，另一個是兩派的派性大一些，這個也是可以用毛澤東思想解決的，不是不可以解決的，可以解決的。

　　其他方面，今年的農業是大豐收了。工業同志們看到好像元旦社論沒有提。工業發展是不平衡的。整個華北說來，河北最好，河北省今年工業是超額完成。我們內蒙差，內蒙在四、五月間，保守組織挑動，搞得一塌糊塗，烏煙瘴氣，差一些。內蒙糧食增加了，一億五千萬斤了，整個形勢是大好的。

　　另一個是今年要開九大，現在中央正準備出毛主席五、六卷，中央正在編關於毛主席的革命路線，兩條路線的鬥爭史，準備三個月拿出來，現在成立了幾十人在那裡工作，從大革命，一九二一年一直到文化大革命，要在九大拿出

來。現在已在全體人民動員起來，修改黨章，從軍隊到地方，大家在九大以前把黨章修改好，把毛主席革命路線的鬥爭史拿出來，把毛主席五、六卷出版，現在正在修改五卷。內蒙也要修改一個新的，這一切都是好的形勢。

現在的問題，階級敵人在新的情況下，走資本主義道路的當權派在徹底崩潰，徹底垮臺時，他們最後要搞掙扎，要提高警惕。《人民日報》社論上講了，加強國防，加強備，促工作，促生產，促戰備，為什麼《人民日報》社論對加強無產階級專政比較強調，就是現在的情況是走資本主義道路當權派徹底垮臺，現在的紅色政權一個一個地建立起來，這就證明了，走資本主義道路當權派他們的徹底垮臺，現在他們勾結走資派，地富反壞右，沒有改造好的壞分子和國外的特務，破壞文化大革命。他們破壞文化大革命，主要的是一個矛頭指向人民解放軍。第二個矛頭指向無產階級司令部，挑撥無產階級司令部與群眾之間的關係，是毛主席為首的無產階級司令部。第三個矛頭指向革命委員會和籌備小組。第四個他們在內部搞分化破壞、瓦解毛主席的偉大戰略部署。毛主席的偉大戰略部署就是大批判、大聯合、三結合、鬥批改，他們就要破壞大聯合，三結合，這是階級敵人搞的破壞。

階級敵人用的辦法就是利用我們造反派內部的派性，造反派的派性就是他們的防空洞。所以在《人民日報》元旦社論提出要打倒派性，就是這個問題。派性就是文化大革命當前的大敵，當然走資派是我們的大敵，現在我們把他們打倒了，揪出來了，現在就是進一步肅清他們在政治上、思想上、理論上的影響，把他們與地方，社會上牛鬼蛇神結合起來的爪牙搞出來，這個東西不用吹灰之力，只要人民發動起來了，可以把他們搞出來的，問題現在是防止國外的敵人。修正主義、帝國主義，各國的反動派對中國的文化大革命怕得要死，恨得要死，國內的階級敵人，走資派現在也是造形勢緊張。所以我們頭腦裡要有敵情，文化大革命取得決定性勝利，並不是意味著階級鬥爭已經沒有事了，階級鬥爭還是尖銳複雜的，但是現在廣大的人民發動起來了，人民的眼睛是亮的，用毛澤東思想這個照妖鏡可以把一切牛鬼蛇神照得清清楚楚，不要害怕。

整個形勢就是這樣的好，中央現在就是抓大聯合，三結合。有了大聯合，才能夠三結合，有了三結合，才能建立臨時權力機構——紅色政權，只有把臨時權力機構建立起來，才能恢復黨的生活，建立支部發展黨員，這樣才能開九

大。如果沒有革命委員會，就不能恢復黨的生活，就不能發展黨員，這樣就不夠作九大的準備工作，這是聯繫的。

中央對內蒙抓得很緊，如果我們內蒙的革委會，旗縣的革委會都沒成立，支部就沒辦法成立，黨團生活沒辦法整頓，開九大誰去開？什麼人去開呀？開不成！全國都這樣，九大就不能開。

九大在文化大革命取得決定性全面勝利時開，這是國際共產主義運動一件非常大的事情，這不僅是中國革命的問題，這是世界共產主義革命運動的問題，這是毛澤東思想進入新時代的標誌。我們大家對這個問題要特別關心，這是全國人民政治生活中的一件大事。

我們的工作還要兢兢業業，按照毛主席的偉大戰略部署大批判、大聯合、三聯合，很快把紅色政權建立起來，把黨的生活恢復起來，迎接九大！

關於形勢問題，就講這麼一點。

《東方紅通訊》
1968年1月18日

18.滕海清同志在小組會上的一些插話（整理）（1968.01.）

（一九六八年一月革委二次全委（擴大）會議上）

一、關於形勢方面：

很多同志腦子裡敵情淡薄了，不像無產者上街遊行天天喊「打倒三司」時那樣警惕性高。實際現在敵人還要達到我們，就是方法不同了，敵人沒睡覺，也在開會研究。有些傢伙老奸巨猾。階級鬥爭越尖銳，敵人就想各種辦法，改變策略，改頭換面，與我們作鬥爭。

敵人不會引火燒身，引火燒身的是人民內部矛盾，敵人從來不會這樣做。

有的同志感到這段思想落後形勢，揪出了個特古斯就覺得跟不上了，感到很突然，其實不突然，康老早就講了。揪出特古斯有的人害怕，怕革委會垮臺，不會垮臺，這是更興旺了。揪特古斯是群眾自發的，證明群眾比我們進步。鮑蔭扎布進革委會是我提議的，那時沒發現他這麼壞。這沒什麼了不起，不要奇怪。

革命委員會既然建立起來，垮是不容易的。就看你有沒有毛澤東思想，沒有，就要垮，有，就垮不了。

內蒙的階級鬥爭很複雜，有日本的，有蘇修、蒙修的，現在是烏蘭夫一股，哈豐阿一股，兩股同流合污，實際上是一股。烏蘭夫、吉雅泰、奎璧，這些人是什麼傢伙，就是特務，搞情報的，加上哈豐阿都是特務，是高級特務。他們十七年是搞反革命的，哈豐阿是雙料特務，這種人還入了黨，這不是奇怪的事麼？光一個烏蘭夫，光一個王逸倫、王鐸沒什麼了不起，要看到他有一定的基礎，有一些人就是為他們效勞的，是他們的死黨。

機關是要亂一亂的，階級鬥爭蓋子還沒有完全揭開。烏、哈黑線主要的是在我們有些機關裡。紅旗總部有個認識就對了。內蒙機關有些單位是不是爛了？有的可能徹底爛了。

解放幹部，有些是烏蘭夫線上的人解放了，有些在逆流裡犯了錯誤的死不

解放。要正確對待五十天、兩個月、十七年的問題，要看五十天，最重要的是要看十七年。從我來說，對內蒙不大瞭解，經過這一段，看到了一些問題，有了些底細。不論是軍隊，還是地方，經常出些問題，這些事情是誰辦的，是好人，還是壞人？奇怪的很，呼市有什麼動靜，全區都知道了，他們的通訊聯絡搞的很好，口號一致，行動一致，目標一致。

現在我們要排除阻力，究竟是什麼人壓制群眾？要排除阻力，要發動群眾起來，不要怕亂。文藝戰線轟了一下，停下來了，為什麼？有人壓住了。教育戰線實際上沒勁起來，也可能有人壓住了。公檢法就搞不動。

公檢法的蓋子揭開沒有，公檢法是專政機關，專誰的政，是無產階級專政，還是保護資產階級？需要發動群眾搞一次。現在發生不少案件，破不了案，奇怪得很。公檢法的蓋子需要揭開，不揭開不行。

為什麼公檢法的群眾發動不起來？有什麼原因？我很早就講過這個問題，現在還沒有發動起來，是什麼人壓下去了，看起來這些人還很有本事的。群眾發動不起來，就是有人控制。現在鬥爭還未進入到最後，縱深發展僅僅是開始，要進一步發動群眾，如果有右傾，就是沒很好發動群眾。

我們發動群眾，敵人也會發動起來，從右的，從「左」的方面來搞我們，這是運動的規律，不要怕。敵人起來好，逼埋在地下好。我們心中有數就是了，只要我們頭腦清醒，沒有什麼了不起。

同志們檢查有右傾，現在不去做這個結論。是不是在，起碼是警惕性差了一點。黨委紅旗、工代會檢查覺得跟不上，可能我們沒交代清楚，這沒什麼奇怪。

這次開會，大家發言，有敵情了，問題就解決了，我就放心了。

文藝戰線，教育戰線，機關，現在形勢很好，群眾開始發動起來了，向縱深進攻了。

也不要把敵人估計過多，不要估計過大，好像沒有好人了。原內蒙黨委就有好同志，比如站出來的領導幹部。蒙族也有很多好同志，說蒙古人沒有好人，那是錯誤的。漢人沒壞人？許多漢族幹部不是也跟烏蘭夫走了嗎！不是看哪個民族，要從階級來看，是看你是資產階級思想，還是無產階級思想。

從總體上看還是毛澤東思想佔優勢，要堅定不移的相信這一點。有人說

真理永遠在少數人手裡，這是謬論。這種估計是錯誤的，是違背歷史發展規律的，講這話的人就是對毛澤東思想不信任。

也不要把敵人估計過高，把敵人看得那樣了不起。戰略上要藐視他，戰術上不能馬虎。掛洋刀的人，我倒看沒什麼了不起，也可以改造。現在的問題是改沒改過來。在烏蘭夫時期很難改過來，如果有正確的領導，我看有的人是可以改過來的。

現在發動群眾要做深入細緻的工作，用階級分析的方法，搞調查研究。

二、關於整頓組織方面：

要進行組織整頓。造反派絕大多數是好的，是不是百分之百都站在毛主席革命路線上來了，要用毛澤東思想衡量衡量，少數人還是有問題的。

有些人壞人鑽進了造反派，有些人還成了造反派的頭頭，破壞我們的隊伍，手伸的很長。派性把他們保護了起來。為什麼抓不出來，有派性就沒有是非觀點、階級觀點，就沒有毛澤東思想。階級敵人利用派性保護自己。

擁護毛主席緊跟毛主席的，就是革命的。到底跟毛主席戰略部署怎麼樣，這是立場、態度、世界觀問題，也是兩條路線鬥爭問題。

有些人不是派性，是反動的階級性。

不怕犯錯誤，犯錯誤改了就行。是思想方面、工作方面可以幫助教育，但不能拿原則做交易，不符合毛澤東思想的一定要鬥爭。

有些老造反派自以為了不起、吃老本，有什麼了不起，最老還不夠兩年麼。有些老造反派也有可能他走他的路，我們走我們的路。革命就是這樣，有些人開始是革命的，以後就不革命了，不革命就靠邊站嘛，這是階級鬥爭的規律。但是，我們還要忍耐，還要等待，希望他們改正錯誤。對他們要多做工作，廣大群眾覺悟以後，對他是有辦法的。

有些保守派的頭頭，非常頑固，半年多了仍然不回到毛主席的革命路線上來，非被歷史淘汰不可，這是個歷史潮流，是抗衡不了的。這是少數。我們是教育、等待，但是有限度的，總有些人是教育不過來的。如果老是轉不過來，那就不是認識問題了，那就沒辦法了。個別的不回來，他就自己走自己的路。

基本還是要做思想政治工作，真正死心塌地不轉變的是少數，要相信群眾的大多數。保守組織的群眾是好的。是要革命的。要把群眾和頭頭區別開來。

頭頭也要有區別。對參加保守組織的不要看成一成不變，只要轉過來就要一視同仁。

有的人提出要重新站隊，還搞什麼重新站隊？是整頓組織。現在是分革命、不革命，要取得文化大革命的全面勝利，要解決這個問題，就是支持革命，反對不革命的，當然不革命的是很少數。

有的人擔心被別人吃掉。如果你高舉毛澤東思想偉大紅旗怎麼能吃掉呢？如果不高舉毛澤東思想偉大紅旗，吃掉就吃掉麼。

革命群眾組織不一定一百年都存在，是個過渡形式，將來總是要取消的。

魯迅兵團的廣大群眾是好的。壓是壓不住的。魯迅兵團要是高舉毛澤東思想紅旗就不會垮。如果不高舉毛澤東思想紅旗，一定得垮，哪有什麼奇怪。

老造反派，如果十七年是好的，現在不那麼好，就要扶持，十七年不好，這次對了，那只是做了一件好事。

報社準備組織個專門辦報班子，三司、華建等組織要幫助，報社的其他人要集中搞鬥私批該，解決派性問題。報社不能由群眾組織領導。

聯絡總部要查一查，現在到底還有多少跨行業組織，是什麼在搞亂，到現在還不解散，要採取措施。

《東方紅通訊》

1968年1月9日

19.按照毛澤東思想建設無產階級革命大軍 （1968.01.15）

內蒙古自治區革命委員會主任　滕海清

　　偉大領袖毛主席教導我們：「**掌握思想教育，是團結全黨進行偉大政治鬥爭的中心環節。如果這個任務不解決，黨的一切政治任務是不能完成的。**」

　　去年六月，內蒙古自治區革命委員會籌備小組成立以後，立即在全區掀起了一個活學活用毛主席著作的新高潮，以毛澤東思想為武器，狠抓革命的大批判，堅定不移地把鬥爭的矛頭指向中國的赫魯曉夫及其在內蒙古的代理人，牢牢掌握著這個運動的大方向。但是，由於鬥爭取得決定性的勝利和革命派地位的變化，在人民內部，各種矛盾開始顯露出來了。例如，革命派和領導幹部之間的關係，革命派之間的關係，革命派和受蒙蔽群眾之間的關係，革命派和犯錯誤幹部之間的關係，等等，都存在著問題。根據毛主席關於要抓主要矛盾的教導，我們認為要正確處理這些矛盾，就必須狠抓革命派隊伍的思想建設，用毛澤東思想統帥這支革命大軍。

　　在我們剛剛取得勝利的時候，就提出了「學習中國人民解放軍突出政治的光榮傳統，加強無產階級革命派隊伍思想建設」的戰鬥口號。接著，循序組織了一系列的毛主席著作學習會，有針對性地解決鬥爭中出現的各種矛盾。毛主席發出「要鬥私、批修」的偉大號令以後，軍隊幹部、革命派和革命領導幹部結合，工農兵相結合，革命派和犯錯誤的幹部、受蒙蔽群眾結合等多種形式的毛澤東思想學習班，自上而下。從城鎮到廣大的農村、牧區普遍地開辦起來。

　　幾個月來，由於我們堅持不懈地抓住了加強革命派思想建設這個環節，在呼和浩特地區及其它地區沒有形成嚴重對立的兩大派，派出了極「左」思潮的干擾，大大克服了資產階級、小資產階級派性，發展和鞏固了革命的大聯合和革命的「三結合」。保證了毛主席的偉大戰略部署步步落實。

帶好革命隊伍是黨賦予我們的光榮任務

毛主席教導我們：「**為了保證我們的黨和國家不改變顏色，我們不僅需要正確的路線和政策，而且需要培養和造就千百萬無產階級革命事業的接班人。**」

在無產階級文化大革命的過程中，用毛澤東思想武裝革命派，狠抓革命派的思想建設，是實現毛主席關於培養和造就革命接班人的偉大戰略決策的最有效的措施，是關係到這支革命大軍在奪權以後舉什麼旗，走什麼路，用什麼思想掌握權的萬年大計。

根據我們的體會，要堅定不移地抓好革命隊伍裡的思想建設，必須牢固地樹立兩個「堅信」：堅信毛澤東思想能夠統帥一切、改造一切、推動一切；堅信廣大革命群眾最聽毛主席的話，能夠自己教育自己。只有這樣，才能千頭萬緒的工作中大力排除干擾，堅持不懈地用毛澤東思想帶好革命派隊伍。在實際工作中，我們曾遇到各種各樣的阻力。在奪權勝利之初，有些單位的革命派不能正確對待受蒙蔽的群眾。我們發現後立即嚴肅地指出，革命派決不能以感情代替政策，不能圖一時痛快而喪失政治上的主動，一言一行必須符合毛澤東思想。當時，有人思想不通，說我們「右傾」。我們沒有受到這些人的干擾。當革命派內部出現「內戰」苗頭時，我們及時幫助他們開展整風，猛鬥私心，克服派性，消除分歧，團結對敵。這時，又有人指責我們是「槍口對內不對外」，「轉移鬥爭大方向」，等等。我們也沒有受他們干擾。在這種情況下，領導者萬萬不可因為有人反對而產生畏縮情緒和懼怕心裡。怕什麼呢！無非是怕得罪革命派，怕丟掉自己的威信，怕抓辮子，怕別人造反。千怕萬怕，歸結成一句話，就是頭腦裡「私」字作怪。在這些阻力面前，我們的辦法就是一條：堅決按照毛澤東思想辦事，破私立公。我們深刻體會到，不斷克服各種阻力的過程，就是領導者本身破私立公的過程。敢於宣傳、貫徹、捍衛毛主席革命路線是最大的公，相反的就是最大的私。這種公和私的鬥爭，實質上是兩條路線鬥爭在我們頭腦裡的反映，在狠鬥自己「私」字的時候，要自覺的上綱上線。無私才能真愛，真愛才能無畏。愛，就是滿懷階級感情地關懷革命新一代

在政治上的成長。無畏就是敢於挺身而出，宣傳、貫徹和捍衛毛主席的指示和黨的政策，敢於引導和支持群眾克服和抵制各種錯誤言行。

要做好革命派的思想政治工作，單單有這個思想基礎還不行，領導同志一定要親自抓，而且要耐心地抓。我們自己一定要以普通一兵的身分到群眾中去，虛心向群眾學習，對革命派既要嚴格要求，又要誠懇耐心。當有些人無心坐下來學習的時候，我們就帶頭坐下來，帶著他們學習毛主席著作，親自給他們讀文件，談心得。當他們一時還認識不到錯誤思想的危害時，我們就用自己的切身經歷，特別是犯錯誤的教訓啟發他們，幫助他們認識和改正自己的錯誤。

緊跟毛主席的最高指示

在這場尖銳、激烈的階級鬥爭中，革命形勢發展異常迅猛，毛主席的每一項最新指示，都是我們的行動綱領和戰鬥號令。回顧我們走過來的這一段路程，更加深刻地體會到，每當我們遇到阻力，感到最棘手、最吃力、最難辦的時候，毛主席總是及時地發出新的指示，只要我們緊跟、照辦，一切困難和阻力都可以迎刃而解。所以，緊跟毛主席的最高指示，不僅可以保證革命隊伍沿著毛主席指引的航道勝利前進，又可以有效地防止和克服革命隊伍中資產階級、小資產階級派性，提高他們的政治思想水平和政策水平。

緊跟不緊跟毛主席的最高指示，是個立場問題、態度問題。緊跟毛主席最新指示的關鍵，在於一個「緊」字。對毛主席的每一項最新指示，一定要聞風而動，雷厲風行，不折不扣，堅決照辦，條條落實，全面落實。理解的堅決執行，暫時不理解的也要堅決執行，在執行過程中加深理解。

去年六月下旬，呼和浩特地區的革命內部，小資產階級傾向一度抬頭，「內戰」有一觸即發之勢。這時，毛主席發出了**「必須善於把我們隊伍中的小資產階級思想引導到無產階級革命的軌道」**的英明指示，我們理解照辦，迅速召開「呼三司」各大專院校革命派負責人的毛主席著作學習會，以毛主席最高指示為武器，向資產階級、小資產階級派性展開了一場攻堅戰，狠鬥了山頭主義、無政府主義，撲滅了「內戰」的火苗。九月中下旬，我們著手籌建呼和浩特地區的工、農、學、職等代表會，又遇到種種阻力，革命大聯合進展較慢。

這時，毛主席發出了關於大聯合的最新指示，我們立即深入地進行傳達、學習，讓毛主席的聲音直接和群眾見面，很快掀起了革命大聯合的新高潮，一周之內百分之九十以上的單位就實現了按系統、按行業、按班級的革命大聯合。

緊跟毛主席的最新指示，必須以最快的速度把最新指示字字句句傳達到群眾中去。廣大革命群眾，對偉大領袖毛主席具有深厚的階級感情。他們處在鬥爭第一線，對毛主席的最新指示領會得最快、最深，聽到毛主席的聲音就會行動起來。群眾一起來，一些組織的頭頭要向從派性出發，對毛主席的指示採取實用主義的態度，也就不可能了。所以在宣傳、貫徹、落實毛主席的最新指示時，既要依靠頭頭，又不能迷信頭頭，應該把工作重點放在廣大群眾身上。為了使廣大群眾能夠最快地聽到毛主席的聲音，最有效的辦法，就是一竿子插到底，由各級主要負責同志親自宣傳，狠抓落實。

要使毛主席的最新指示在群眾中落實，必須首先在領導想上落實。要革命派聽毛主席的話，我們自己必須首先聽毛主席的話。要革命派按黨的政策辦事，我們自己首先要按照黨的政策辦事。去年八月份，由於階級敵人在背後挑動，內蒙古地區的極「左」思潮開始露頭。革命隊伍內部有些人對當時的大好形勢認識不清，說什麼「資本主義在復辟，孕育著一場大亂」，說什麼革命委員會籌備小組是「執行新的反動路線」，等等。許多革命群眾組織對代表這種思潮的組織和個人表現了極大的憤慨。當時，如果領導上稍稍偏離毛澤東思想，以感情和派性代替政策，就會出亂子。我們根據毛主席**「在工人階級內部，沒有根本的利害衝突。在無產階級專政下的工人階級內部，更沒有理由一定要分裂成為勢不兩立的兩大組織」**的最高指示，認為受極「左」思潮影響的組織和群眾，是革命派內部的矛盾，一般是思想認識問題，對他們的錯誤思想，要進行嚴肅批評和幫助，但是政治上不應歧視他們，在組織上不應壓制他們。因此，對於受極「左」思潮影響的組織，儘管他們的組織很小，人數很少，大家始終堅持用民主的方法，討論的方法，擺事實、講道理的辦法，基本上統一了對大好形勢的認識，弄清了是非，團結教育了同志，排除了極「左」思潮的干擾，堅持了鬥爭的大方向，從這裡我們受到了一次深刻的教育，只有堅決按照毛主席的指示辦事，才能做到支左不支派，為革命派正確處理人民內部矛盾做出好樣子。

培養革命派富於自我批評的精神

毛主席教導我們：**無產階級文化大革命是觸及人們靈魂的大革命，是要解決人民的世界觀問題。**

革命派隊伍思想建設的整個過程，貫串著無產階級黨性和資產階級、小資產階級派性的鬥爭，貫串著無產階級世界觀和資產階級世界觀的鬥爭，也就是「公」和「私」的鬥爭。所以一定要以「鬥私、批修」為綱。

批修必須鬥私。只有鬥私徹底，批修才能刨根。這裡一定要嚴格區分兩類不同性質的矛盾。糾正革命派內部的各種錯誤思想，主要的方法是以毛澤東思想為武器，啟發誘導他們自覺地進行自我批評，自己教育自己。要使革命派同志樹立起這樣一個觀念：多一份自我批評，就多一分毛澤東思想；誰不肯作自我批評，誰就不是一個徹底的革命派。要使革命派在開始成長的時候，就培養起認真的自我批評的優良作風，像毛主席所教導的那樣：「他們必須謙虛謹慎，戒驕戒躁，富於自我批評精神，勇於改正自己工作中的缺點和錯誤。」

啟發革命派同志作自我批評，在自己靈魂深處爆發革命，領導上要做許多艱苦細緻的思想工作。特別是對立的兩派，如何使他們雙方少講對方的缺點錯誤，首先批評自己，更要下一番苦功夫。

根據我們的體會，首先要摸準怕作自我批評的活思想，有針對性地組織他們活學活用毛主席著作。從我們主辦的許多學習會和學習班來看，一般的思想狀況是亮私怕醜，鬥私怕痛。開始時有的人唯恐別人「打倒」自己，聽不進意見。蓋子揭開後，不少人雖作自我批評，卻不能狠觸靈魂，甚至有的乘機表功，或拐彎抹角地攻擊持有不同意見的戰友。自我批評開展以後，有些人生怕吃虧，總想和對方「等價交換」，等等。我們抓住這些活思想，幫助革命派選讀有關的毛主席著作和學習最新指示，活學活用，立竿見影，學一點，用一點，堅決照毛主席的指示辦事。

在啟發革命派同志鬥私的時候，要抓階級教育。在革命派隊伍中，工人和貧下中農的子女占大多數。他們的前輩都有一部血淚史。一抓階級教育、回憶對比，最能激發他們對毛主席無限熱愛的感情。不少工農出身的同志憶苦思甜

時，痛哭失聲。通過回憶對比，他們進一步認識到「私」字不倒，江山難保，大大提升了鬥私的自覺性。

在開展批評和自我批評時，要注意引導革命派同志抓大節，不要揪住小節不放。所謂抓大節，就是抓對毛主席最新指示的態度，抓對毛主席偉大戰略部署的態度，抓對掌握鬥爭大方向的態度。

在自我批評展開以後，領導上要鼓勵他們，不使他們有灰溜溜的感覺。當我們發現有的同志自我批評比較深刻的時候，立即抓住典型，加以表揚。有些人在作檢查時把自己說得一錢不值，就要幫助他們肯定成績，肯定主流，鼓勵他們前進。對於他們由於缺乏鬥爭經驗而產生的不可避免的缺點錯誤，我們沒有挑剔責難，而是主動承擔責任，保護他們的革命銳氣。

總之，領導上動員和組織革命派教育自己的時候，要注意抓住火候，因勢利導，步步深化，啟發大家從路線鬥爭中找問題，從靈魂深處找原因，從缺點錯誤中找教訓，從毛主席著作中找答案，打倒改造是思想、提高覺悟、增強鬥志的目的。

充分發揮工農主力軍的作用

毛主席教導我們：「**只有工人階級最有遠見，大公無私，最富於革命的徹底性。整個革命歷史證明，沒有工人階級的領導，革命就要失敗，有了工人階級的領導，革命就勝利了。**」

發揮工農主力軍的作用，首先要充分發揮他們牢牢掌握鬥爭大方向，緊跟毛主席偉大戰略部署的帶頭作用。在呼和浩特和包頭兩個工人比較集中的地區，我們比較注意了這一點。如在革命大聯合的問題上，我們著重抓工人革命組織，把中央的精神交給他們討論。當時有些頭頭被派性迷惑，留戀山頭，立即受到廣大工人群眾的批評。工人說：「對於我們來說，沒有什麼可爭的，也沒什麼風頭可出，更不需要壘什麼山頭，我們最關心的是聯合起來鬥走資派，抓革命、促生產，鞏固無產階級專政。誰要爭名、爭位，不搞聯合，我們就踢開他。」有的單位頭頭們還關在屋子裡講「價錢」，工人們已經自動聯合起來，敲鑼打鼓報喜去了。這充分顯示了工人階級最聽毛主席的話，最富有革命

性和大公無私的精神。

必須十分重視工農主力軍對知識青年思想改造的教育和影響作用。內蒙古地區大中學校的無產階級革命派，是一支很堅強的革命隊伍，他們的大方向是正確的。但是，在奪權勝利以後，種種非無產階級的思想開始抬頭。針對這種情況，我們在組織紅衛兵小將學習毛主席著作的時候，有意識地請工人、農民的代表參加，把工農群眾無限忠於毛主席、忠於毛澤東思想的強烈的階級感情帶到紅衛兵小將中間。紅衛兵紛紛表示：「比比工農，看看自己，明顯地分出了兩種世界觀，兩種階級感情，兩種政治責任感。如果知識分子不向工農學習，不同工農結合，就將一事無成。」

走解放軍政治建軍的道路

毛主席在一九六四年就發出了**「全國學習解放軍」**的偉大號召，這是存進全國人民思想革命化的及其偉大的戰略措施。但是，由於黨內最大的一小撮走資派的百般阻撓，毛主席的這一偉大號召，一直沒有得到認真切實的貫徹。在無產階級文化大革命運動中，毛主席把解放軍派到廣大革命群眾申辯，這就把**「全國學習解放軍」**的活動，推向了一個嶄新的階段。

毛主席親自締造和領導的，林彪同志直接指揮的中國人民解放軍，是一支非常無產階級化、非常戰鬥化的舉世無雙的人民軍隊。他們對偉大領袖毛主席無限忠誠，他們把毛澤東思想偉大紅旗舉得最高，他們活學活用毛主席著作最好，他們還有幾十年積累下來的突出無產階級政治的一整套經驗。特別是林彪副主席對活學活用毛主席著作發動了一系列的號召，提出了四個第一、三八作風、突出政治等一系列重大的方針原則以後，人民解放軍的革命化建設又有了很大的發展。因此，我們認定要想加強革命派的思想建設，實現思想革命化，一定要走解放軍政治建軍的道路。半年多來，我們有意識、有組織、有計劃地通過擁軍的活動，讓革命派有更多的機會和解放軍肩並肩、心連心地戰鬥在一起，工作在一起，學習在一起，面對面地學習解放軍，使他們的精神面貌發生了深刻的變化。

革命派通過擁軍活動，最重要、最根本的是學習了人民解放軍無限忠於毛

主席、無限忠於毛澤東革命路線的身後的階級感情和模範行動。解放軍始終把活學活用毛主席著作放在高於一切、先於一切、大於一切、重於一切的地位，堅持天天讀、天天用等學習制度，這些已開始被革命派學過來了。解放軍經常開講用會，給有缺點錯誤的同志抄送「指路明燈」——毛主席語錄等做法，也在革命派隊伍中蔚然成風。他們親切而激動地說：「解放軍是我們最優秀的榜樣，最耐心的教員，最親密的戰友。」

革命派通過擁軍活動，把解放軍突出政治的光榮傳統，特別是活學活用毛主席著作，堅持四個第一，抓好活思想的經驗開始學到手。像解放軍那樣，在一切工作中把政治思想工作擺在首位，用毛澤東思想回答和解決各種現實思想問題。在一個學校負責軍訓的支左部隊，為了幫助消除群眾組織中的派性，他們以毛主席最新指示為武器，堅持說服教育，運用解放軍抓階級教育的方法，進行「兩憶三查」：憶舊社會苦，憶文化大革命的鬥爭史；查對毛主席偉大戰略部署的態度，查自己的言行是否符合大方向，查把無產階級文化大革命進行到底的決心。經過耐心引導，終於使他們克服了派性，迅速把經歷轉到教育革命方面來了。在籌建本單位革命委員會的過程中，雙方都做自我批評，爭著把對方選入革命委員會。事後，他們深有體會地說：「解放軍抓活思想，抓階級教育的辦法就是好。」

實踐證明，革命派隊伍處處以解放軍為榜樣，就能更加自覺地以「公」字去戰勝「私」字，用無產階級黨性去克服資產階級、小資產階級派性，用「行動聽指揮」的高度組織紀律性，去抵制形形色色的山頭主義和無政府主義思潮，有效地加強了無產階級革命派的思想建設、組織建設和作風建設，使他們在非常無產階級化、非常戰鬥化的道路上大踏步前進。

「大海航行靠舵手，幹革命靠毛澤東思想」。這是偉大的真理，最高的真理，永恆的真理。半年來我們抓革命隊伍思想建設的實踐深刻地教育了我們：掌握思想教育，根本的根本，就是活學活用毛主席著作，學用結合，立竿見影。對於各級領導來說，千忙萬忙，不忙於活學活用毛澤東思想就是瞎忙；千抓萬抓，不抓革命派隊伍思想建設就是瞎抓。中國的革命、世界的革命是偉大的，我們面前的路程很長，任務很艱巨，鬥爭很複雜，我們一定要更高地舉起毛澤東思想偉大紅旗，一定要以最高的自覺、最大的努力、最有效的措施，繼

續大抓狠抓革命派隊伍的思想建設，進一步用偉大的毛澤東思想統帥革命派隊伍，一輩子緊跟毛主席幹革命，繞礁破浪，奮勇前進，使無產階級的江山永遠保持鮮紅的顏色！

載十五日《人民日報》
新華社北京電

20.在革命委員會擴大會議外的講話（草稿）（1968.01.）

內蒙古自治區革命委員會主任委員滕海清

同志們：

一九六八年已經來到了。

在這新的一年開始的時候，讓我們以無限崇敬的心情共同祝願我們偉大的導師、偉大的領袖、偉大的統帥、偉大的舵手，當代的列寧、我們心中最紅最紅的紅太陽毛主席萬壽無疆！萬壽無疆！萬壽無疆！

現在，讓我們共同複習幾段最高指示：毛主席教導我們說：「你們要關心國家大事，要把無產階級文化大革命進行到底！」

毛主席教導我們說：「你們要政治掛帥，到群眾裡面去，和群眾在一起，把無產階級文化大革命搞得更好。」

毛主席還教導我們：「在政治思想領域內，社會主義同資本主義之間誰勝誰負的鬥爭，需要一個很長的時間才能解決。幾十年內是不行的，需要一百年到幾百年的時間才能成功。在時間問題上，與其準備短些，寧可準備長些；在工作問題上，與其看得容易些寧可看得困難些。這樣想，這樣做，較為有益，而較少受害。」

當前，我們面臨著奪取無產階級文化大革命全面勝利的偉大鬥爭。《人民日報》、《紅旗》雜誌、《解放軍報》一九六八年元旦社論指出：「在新的一年中，全黨、全軍，全國無產階級革命派和全國人更民要更高地舉起毛澤東思想偉大紅旗，以毛主席的最新指示為綱，鼓足幹勁，力爭上游，再接再厲，從思想上、政治上、經濟上、組織上奪取無產階級文化大革命的全面勝利。」

為了突現這個偉大的戰略目標，一個很關鍵的問題，就是領導班子革命化。要動員全區人奪取無產階級文化大革命的全面勝利，我們革命委員會的全體委員、全體工作人員和各革命群眾組織的負責，首先就要有奪取無產階級文化大革命全面勝利的堅定的鬥爭信念，要動員全區人民把無產階級文化大革命

進行到底，首先我們革命委員會就要有把這場革命進行到底的決心。這就要求我們革命委員會的全體人員，必須高舉毛澤東思想偉大紅旗，發揚無產階級的徹底革命精神，團結一致，艱苦奮鬥，努力實現革命化。我們召開這次革命委員會擴大會議，就是為了解決這個問題。

下面講三個問題：第一，關於當前形勢問題；第二，緊跟毛主席的偉大戰略部署問題；第三，實現領導班子革命化和領導機關革命化問題。

形勢問題

當前，內蒙地區的形勢，正像毛主席所指出的那樣，「形勢大好，不是小好。整個形勢比以往任何時候都好。」全區一千三百萬各族人民群眾響應毛主席。「要鬥私，批修的偉大號召，工廠、農村、牧區、部隊、機關、學校、街道，上上下下，普遍舉辦毛澤東思想學習班，出現了一個群眾性的認真學習和堅決執行毛主席最新指示的熱潮，廣大革命幹部和革命群眾的思想覺悟大大提高，毛澤東思想從來沒有像今天這樣深入人心。過去到牧區，見面先問人好牲畜好？現在見面首先共同祝福毛主席萬壽無疆，問毛主席著作學得好，進了蒙古包先背誦三段毛主席語錄，這是牧區從來沒有過的根本變化。

毛澤東思想學習班推動了革命大批判一步深入開展，中國的赫魯曉夫及其在內蒙的代理人人烏蘭夫等一小撮走資派的反革命罪行，被廣大革命群眾進一步揭露出來，廣大革命群眾對他們破壞民族團結，分裂祖國統一復辟資本主義的狼子野心，認識得越來越清楚了。革命大聯合和革命三結合的步伐大大加快，有力地推動了各級革命的臨時權力機構的建立。全區九個盟、市，已有八盟、市建立了革命委員會和籌備小組。九十三個旗、縣（區），已有　個旗、縣（區）建立了革命委員會，預計在春節節前後百分之七十到八十的區建立革命委員會。

偉大領袖毛主席的一系列最新指示同廣大革命群眾見以後，進一步激發了革命和生產積極性，全區生產形勢也是一片大好。去年全區糧食總產量達八十六億五千萬斤，比前年增產一億二千萬斤。牲畜總頭數達到三千八百七十五萬頭，比前年純增百分之四點二。工業生產也迅速回升，其中煤炭生產已超額完

成生產計劃。建立革命委員會的廠礦企業，在工業生產上都出色地完成了生產任務，例如大磁煤礦在抓革命促生產方面，取得了顯著成績。成為全區煤炭戰線上的一面紅旗。呼市糖廠去年是生產任務量大的一年，一個生產期就為國家多增加收入一百一十多萬元。呼市機床廠建立革命委員會後，月月超額完成了生產計劃，出色地完成了全年生產任務。

去年十一月十二日江青同志講話傳達下來後，極大地推動了文藝界的革命。曾經是「一潭死水」的文藝界，又開始活躍起來了。十一月二十五日革命群眾揪出了「特古斯」這一革命行動好得很，它打響了繼續深入。徹底地揭露和批判烏蘭夫的第一炮。現在，廣大革命群眾正在開展一個挖烏蘭夫黑線。清烏蘭夫流毒的聲勢浩大的揭發。大批判運動、這是我區無產階級文化大革命向縱深發展的一個重要標誌。

當前，內蒙地區的主要矛盾是兩個階級，兩條道路，兩條路線的鬥爭，矛盾的焦點仍然是無產階級革命派、各族革命群眾同烏蘭夫及其代理人的鬥爭。忽視了這個問題，就會犯錯誤。從前一段文化大革命的情況看，內蒙揪出烏蘭夫以後，群眾還沒充分發動起來。原自治區黨委的領導同志就執行了資產階級反動路線。阻礙了對烏蘭夫的群眾性的批判鬥爭而當區黨委領導同志認識到重下決心糾正錯誤的時候，烏蘭夫的代理人王逸倫、王鐸之流，又掀起了一股資本主義反革命復辟逆流，實際上是沒有烏蘭夫的烏蘭夫復辟。包庇了烏蘭夫的黑線勢力，從「1.22」報社事件以後，直到六月初，自治區領導工作的重點是擊退反革命復辟的逆流。自治區革命委員會籌備小組建立後，雖然開展了群眾性的大批判運動，但由於領導還不夠得力，造反派內部無政府主義思潮的發展和受到極「左」思潮的干擾，從而在一定程度上影響了對烏蘭夫的深入，系統的揭發批判。這一切正如康老所指出的那樣，「以往內蒙古對烏蘭夫的批判還很不錯」，烏蘭夫黑線並沒有挖盡，烏蘭夫流毒還遠遠沒有肅清。因此。下決心從文藝界開始打一場挖烏蘭夫黑線、清烏蘭夫流毒的「人民戰爭」，是勢在必行，完全必要的。

烏蘭夫內蒙統治了二十多年，他不僅有很大的政治影響，而且有很深的黑線勢力，有他自己的嫡系，像奎璧、吉雅泰之流，還有他的旁系，像哈豐阿之流。他的嫡系還有完全揪出來，他的旁系首領哈豐阿雖然已被揪出，但他的

那些黑幹將還基本沒有觸動，而且有一些以烏蘭夫的受害者的面貌混進革命派隊伍，這是一個十分嚴重的問題。有些壞人，在運動初期群眾揪過他們，有的被罷了官，但在反革命逆流被粉碎以後，他們就大喊大叫，成了「資產階級反動路線的受害者」，公然跳出來「造反」，掀起了一股「翻案風」，並且偽裝出一副「革命」的面孔，蒙蔽了相當一部分群眾，一躍而成為「革命的領導幹部」，一時搞得烏煙瘴氣。他們混進革命隊伍以後，把鬥爭的矛頭指向與烏蘭夫做過鬥爭同志，同時保護他們自己。前一時期東三盟問題得不到解決，根源就在這裡。烏蘭夫黑線勢力，不但在地方上有，內蒙軍區也有。他們就是千方百計地保存烏蘭夫黑線勢力，伺機為烏蘭夫翻案。我們一定要堅決粉碎他們的陰謀詭計，決心從文藝界開始，把那些壞傢伙全部揪出來，徹底摧毀烏蘭夫司令部，把無產階級文化大革命進行到底。

這是一場非常嚴重的鬥爭。

毛主席說：「一切反動勢力在他們將滅亡的時候，總是要進垂死掙扎的。」烏蘭夫死黨決不甘心於自己的滅亡，他們勾結社會上的牛鬼蛇神和帝國主義，現代修正主義相呼應，煽陰風，點鬼火，造謠言，放暗箭，擾亂社會治安，大刮反革命經濟主義歪風，製造混亂。猖狂地破壞無產階級文化大革命，破壞社會主義建設。他們採取十分陰險毒辣的手段，挑撥離間，顛倒黑白，擾亂陣線，轉移鬥爭目標，別有用心地說什麼揪特古斯是「黑手揪紅人」，是「壞人揪好人」，是「揪革命領導幹部，炮打無產階級司令部」，不許革命群眾深入揭發批判。他們打起反動的民族主義的壞旗，挑起民族矛盾，煽動和利用有民族主義情緒的人，出來喊叫什麼「無產階級文化大革命盡打蒙古人，先打西部，後打東部，先打烏蘭夫，奎璧、吉亞泰，後打哈豐阿、特古斯」。還出現了「成吉思汗戰鬥隊」，「嘎達梅林第四野戰軍」，還有的按民族組織戰鬥隊。前些時候竟然有人在公共汽車上喊「祝烏蘭夫萬壽無疆」，真是反動透頂。還有的公開打起為烏蘭夫翻案的旗號，胡說「烏蘭夫很可能是內蒙罪大的受害者」，甚至組織地下黨，搞祕密活動，妄企死灰復燃，東山再起。

造反派內部存在著右傾情緒，也是當前這場鬥爭的阻力。有些同志今對烏蘭夫黑線、清烏蘭夫流毒的鬥爭仍然很不理解，很不認真，很不得力。有的同志滿足於已經取得的成績，敵情觀念淡薄，無所作為，不夠進取。還有的同志

「怕」字當頭，怕這怕那，怕捲進去，怕犯錯誤，不積極參加鬥爭，基至少數人成了不關心國家大事的造謠派。這些都是革命意志衰退的表現，如果不能迅速糾正過來，這場鬥爭就不能進行下去。

極「左」思潮在干擾著鬥爭的大方向。從去年六月以來，內蒙的極「左」思潮一天也沒有停止過。前一時期，在中央首長講話的對照下，受到了批判，曾經有所收斂。但是，最近又開始活躍起來。他們口頭上說決心把無產階級文化大革命進行到底，但在行動上不按照毛主席的偉大戰略部署去做，不搞革命的大批判。不實行按系統、部門、單位的大聯合抱住山頭不放，到處挑起派別鬥爭。挑起內戰，製造分裂。他們對形勢做出了錯誤的估計，說什麼「當前形勢大好，大好的標誌是呼市革命四分五裂，內蒙革委會意見不一」。主張大亂特亂，認為當前運動的特點就是大亂。說「不僅文藝界大亂，而且要亂到各基層各單位，運動的新階段就是各基層單位都要亂。他們以「反右傾」為名，「上揪下扭」把鬥爭矛頭對準革命委員會和革命群眾組織，轉移鬥爭目標，干擾鬥爭大方向。他們極端地狂妄自大，認為真理永遠少數人手裡在，唯我獨尊，唯我獨左，甚至把自己打扮得先知先覺，說他們的某些論點發表在中央首長指示裡《人民日報》之前，說對內蒙形勢的分析只有他們是唯一正確的，萬里塵埃經他們一棒就澄清了。這些論點是十分錯誤的，必須批判，過去的批判是對的，今後還要繼續批判。

但是，極「左」思潮仍然是一種人民內部矛盾。持有這種觀點的人一般地說是認識問題，思想方法問題，他們當中的絕大部分是造反，有的還是老造反派，在前一段文化大革命中有一定的貢獻。但是，必須指出他們當中的一些同志個人主義嚴重，讓「私」字蒙住了眼睛，迷失了前進的方向。

極「左」思潮很容易被階級敵人利用。在當地複雜的階級鬥爭形勢下階級敵人也會以極「左」面貌出現，鑽進造反派內部，挑撥離間，破壞革命。

毛主席指出：「左派不教育要成極左」，對於持極「左」觀點的同志我，要不折不扣地按照毛主席提出的「幫助、批評、聯合」的原則，以滿腔熱情來教育他，積極地把他們引導到正確方面來，對於鑽進極「左」派隊伍裡邊的壞人和幕後策劃者，要堅決地給予打擊。

資產階級、小資產階級的派性，也是當前運動中一個突出的問題。無產

階級的階級性就是黨性，資產階級、小資產階級的派性就是私性黨性的核心是一個「公」字，派性的核心是一個「私」字。黨性集中表現在革命的堅定性和革命的徹底性。派性集中的表現在革命的投機性和革命的搖擺性，派性是以利己主義為核心，以資產階級的實用主義為手段，是取消階級鬥爭，搞階級調和，搞階級投降主義的，表現在組織上，就是宗派主義，小團集主義，山頭主義和本位主義。陳伯達同志說，「派性是一條毒蛇」，它的危害可大了。有了派性，就會背離毛主席的偉大戰略部署，背離毛主席的革命路線，對毛主席的指示採取實用主義的態度；有了派性就失去是非標準，分不清敵我友，模糊階級降線，搞亂階級隊伍，有了派性就沒有真理，甚至歪曲真理，造謠惑眾，捏造事實，不惜損害別人，以發展自己，有了派性，必將上敵人的當，成為階級敵人的防空洞、避風港。總之，有了派性，就沒有是非，沒有真理，沒有階級性，沒有黨性，派性是執行毛主席革命路線的大敵。是執行毛主席偉大戰略部署的大敵，是革命的大敵，人民的大敵，誰要搞派性，誰就是搬起石頭砸自己的腳。終將把自己搞臭。我們必須打倒派性，搞臭派性，徹底肅清派性，把群眾從派性中解放出來。歸結起來，階級敵人的反撲，造反派內部的右傾情緒極「左」思潮的干擾和資產階級。小資產階級派性的作怪，這是當前運動中來自右的方面和來自極「左」方面的主要阻力。如果不能很好地排除這些阻力，革命就不可能順利地向前地展，鬥爭就不可能取得全面的勝利。因此，每一個真正的無產階級革命派都應該以毛主席的無產階級革命路線作為自己行動的指南，凡是違背毛澤東思想的一切議論行動，無論來自右的方面或者來自極「左」方面，都要堅決抵制，堅決反對。要按照毛主席關於「不同質的矛盾，只用不同質的方法才解決」的英明教導，正確處理和解決這些矛盾。

緊跟毛主席的偉大戰略部署問題

「大海航行靠舵手，幹革命靠毛澤東思想」

要奪取無產階級文化大革命的全面勝利，最基本的就是要高舉毛澤東思想偉大紅旗，緊跟毛主席的偉大戰略部署，不折不扣地按照毛主席的指示辦事，毛主席指向那裡就緊緊地跟向那裡。

在中央，中央文革小組，北京軍區的直接領導下，自治區革命委員會和籌備小組，幾個月的工作是有顯著成績的，是高舉毛澤東思想偉大紅旗緊跟毛主席偉大戰略部署的。在毛主席最新的指引下，我們大抓狠抓了無產階級革命派的思想建設。大量舉辦了毛澤東思想學習會，學習班，領導和推動了全區的革命大批判，革命大聯合，促進了革命的三結合，深入開展擁軍愛民運動。密切了軍民關係。建立和加強了各級生產領導班子。推動了全區生產建設。

《人民日報》、《紅旗》雜誌、《解放軍報》元旦社論提出了一九六八年五項戰鬥任務。這是毛主席司令部的聲音，是毛主席的偉大戰略部署我們要堅決照辦，項項落實。

第一，更加廣泛深入地開展活學活用毛主席著作的群眾運動，切實辦好各種類型的毛澤東思想學習班，把毛主席的一系列新指示條條落實，全面落實，奪取無產階級文化大革命的全面勝利。

我們要以毛主席的最新指示為綱，大辦辦好毛澤東思想學習班，要在半年之內使全區城鄉各族人民都進一次學習班，全面落實毛主席的最新指示，在全區範圍內掀起一個熱氣騰騰的活學活用毛主席著作群從運動的新高潮。

辦好毛澤東思想學習班，關鍵在於樹立一個革命的好學風。要狠抓根本態度。突出一個「忠」字，狠抓根本學風突出一個「用」字。毛主席教導我們：「學風問題是領導機關、全體幹部、全體黨員的思想方法問題，是我們對待馬克思列寧主義的態度問題，是全黨同志的工作態度問題。既然是這樣，學風問題就是一個非常重要的問題，就是第一個重要的問題。」要建立革命的好學風，就必須按照毛主席所教導的那樣，要理論聯繫實際，進行從認真的自我批評，幹部和群眾一起學習，一道鬥私批修。

有些同志違背了毛主席的教導，學了不用，說了不做，學的是一回事做是另一回事，會上講的是革命大聯合，全後搞的是小山頭，有的同志帶著派性參加學習班，對毛主席的最新指示，採取實用主義的態度，先鬥別人，不鬥自己，或者是對別人是傾盆大雨，無限上綱，對自己是輕描淡寫，文過飾非，還有的同志，口頭上也講要密切聯繫群眾，可就是不到群眾裡面去，不和群眾一起辦學習班，一道鬥私批修。學習毛主席著作，毛主席最新指示，用，還是不用，是對毛主席、毛澤東思想、毛主席革命路線的階級感情問題，忠與不

忠的問題。那些口頭上講得蠻好，但在行動上違背毛主席戰略部署，自做聰明，正路不走走歪路，或者斷章取義，各取所需，為自己派性服務的人，是語言上的巨人，行動上的矮子，是大節不忠的口頭革命派，十足的兩面派。我們在全區大辦毛澤東思想學習班，就是要抓「用」字，抓「忠」字。這方面杭錦後旗的經驗具有十分重大的意義，要在全區範圍內開展一個「學杭後，趕杭後，超杭後」的群眾運動，掀起一個更加波瀾壯闊的活學活用毛主席著作的新高潮。

第二，要繼續深入開展革命的大批判。促進和鞏固革命的大聯合和革命的三結合，深入展開各單位，各部門的鬥批改。

我們一定要把挖烏蘭夫黑線，肅烏蘭夫流毒這場革命鬥堅決搞到底。不僅在組織上徹底挖淨，而且在政治上、思想上、理論上揭深批透。要把革命的大批判，持久地開展下去。要緊緊掌握鬥爭大方向，把鬥爭矛盾始終對準一小撮反革命修正主義，民族分裂主義分子，以及叛徒、特務、頑固不化的走資派，要充分揭露和打擊階級敵人的各種陰謀詭計，肅清我們隊伍中軟弱無力的思想，克服右傾情緒，排除極「左」思潮，打倒資產階段、小資產階級派性，動員無產階級革命派和各族人民積極投入這場鬥爭。

我們一定要繼續深入開展文藝革命和教育革命。要把學術界、教育界、新聞界、出版界的階級鬥爭蓋子徹底揭開，在各條戰線上都要抓好清理階級隊伍的工作。大、中、小學都要全面復課鬧革命，堅決貫徹毛主席《論教育革命》的指示，打一場人民戰爭，在教學實戰中進行無產階級的教育革命。在已經成立革命委會的地方，要領導群眾進行本單位的鬥批改。我們要大膽而慎重地改革教育，改革文藝，改革機關工作和行政管理工作，改革一切不適應社會主義經濟基礎的上層建築。

我們一定要發展和鞏固革命大聯合和革命三結合，鞏固和加強無產階級專政，要正確的對待幹部，努力幫助更多的革命幹部勇敢地站出來革命，要大力促進各級革命委員會的建立和鞏固。已經建立革命委員會的，要抓鞏固工作，努力實現革命化，革命委員會有缺點錯誤可以批評幫助，有壞人可以揭發，這樣做的目的是為了鞏固和加強紅色政權。但，決不允許以革命委員會的某些缺點錯誤為藉口，把鬥爭矛頭對準年輕的紅色政權。無產階級革命派要維護它的

革命權威。幫助它的完善和發展，使它在帶領廣大革命群眾奪取無產階級文化大革命全面勝利的戰鬥中發揮強大的威力。

第三，整頓黨的組織，加強黨的建設。

我們要批判中國赫魯曉夫的修正主義建黨路線同本單位的整黨建黨的工作結合徹底。要按照毛主席最近提出的整黨建黨的大綱領，開展一個群眾性的整頓。恢復和重建黨組織的工作。共青團、紅衛兵、各革命群眾組織也都要從思想，組織上進行整頓。不要把我們自己看得那麼純，造反派隊伍內部也有壞人。他們利用造反派內存在的派性，製造分裂，挑起武鬥，破壞革命大聯合和革命三結合，企圖搞一場混戰。對於混進革命隊伍的這些壞人，一定要把他們一個一個地揪出來。

第四，進一步地貫徹執行毛主席關於「擁軍愛民」的偉大號召，大力加強軍民結團，鞏固國防，保衛偉大的祖國，保衛無產階級文化大革命。抓革命，促生產，促工作，促戰備。

第五，各級領導都要政治掛帥，從促進人的思想革命化入手，抓好生產工作，保證一九六八年工農牧業生產有更大的發展。

實現革命委員會領導班子革命化、機關革命化

一九四九年，在全國勝利的前夕，毛主席在七屆二中全會上教導我們「因為勝利，黨內的驕傲情緒，以功臣自居的情緒，停頓起來不求進步的情緒，貪圖享樂不願再過艱苦生活的情緒，可能生長。因為勝利，人民感謝我們，資產階級也會出來捧場。敵人的武力是不能征服我們的。這一已經得到證明。資產階級的捧場則可能征服我們隊伍中的意志薄弱者。可能有這樣一些共產黨員，他們是不會被拿槍的敵人征服過的。他們在這些敵人面前不愧英雄的稱號。但是經不起人們用糖衣裹著的炮彈的攻擊，他們在糖彈面前要打敗仗的。我們必須預防這種情況」。毛主席還教導我們：「奪取全國勝利」這只是萬里長征走完了第一步。……務必使同志們繼續地保持謙虛，謹慎、不驕、不躁的作風。務必使同志們繼續地保持艱苦奮鬥的作風。這是當毛度席問即將掌握全國政權的全黨全軍同志敲起的警鐘。現在看來，也是向我們今天已經當權的無產階級

革命派敲的警鐘。

「革命的根本問題是政權問題」林付主席指出：「政權就是領導班子問題。能不能建立一個革命化的領導班子，這是關係到能不能掌好權握好權，能不能鞏固和加強無產階級專政，能不能把無產階級文化大革命進行到底的問題。是關係到把內蒙古自治區一千三百萬各族人民引向什麼道路的問題。

領導班子是不是革命化的，拿什麼標準呢？這個標準就是毛主席教導的全心全意，完全徹底地為人民服務。就是毛主席指出的關於無產階級革命事業接班人的五個條件。就是林付主席所說的造拔幹部的三個條件。內蒙古自治區的革命委員會成立以來。已經兩個多月了，加上籌備小組那一段，就半年多了。在這一段時間裡。領導成員和工作人員中的大多數同志是高舉毛澤東思想偉大紅旗，突出無產階級政治，是密切聯絡人民群眾，有無產階級革命幹勁的。他們發揚了無產階級的革命作風，不怕苦，不怕累，做了大量的工作。但是，用毛主席和林副主席提出的標準來檢查，我們在領導班子革命化，機關革命化方面，還存在不少問題。還有很大的差距。主要的問題是。實際上跟的不是那樣緊，靠下靠的也不夠。行動遲緩，工作不夠扎實，主要領導沒有徹底擺脫事務，集中全力抓根本，抓關鍵，抓大方針，這就說明我們的思想還趕不上形勢，工作落後於實際。這種狀況必須迅速改變。

要迅速改變這種狀況，進一步實現領導班子和領導機關革命化，就必須遵照毛主席的教導，「要鬥私，批修」，鬥私要鬥大私，要上階級鬥爭和路線鬥爭的綱。革命委員會的全體委員要集中幾天，認真學習毛主席的最新指示，開展「鬥私，批修」，認真檢查精神狀態、思想作風和工作作風問題。

第一，要狠抓對毛主席、毛澤東思想、毛主席革命跟線的根本態度問題。態度問題就是跟不跟的問題。緊跟不緊跟的問題，也就是忠不忠的問題，這是最大的公與私的鬥爭。我們有些同志口頭上講要高舉毛澤東思想偉大的紅旗，心裡也想高舉毛澤東思想偉大紅旗，可就是跟得不緊，不快，不落實，他們在千頭萬緒的工作中，往往把具體工作放在第一位。他們日理萬機，千辛萬苦，就是沒有抓住用毛澤東思想之「矢」去射當前革命鬥爭實際上「的」，實際上是一種對毛主席、毛澤東思想、毛主席革命路線不忠的表現，是黨性不純的表現。千忙萬忙，不突出毛澤東思想，就是瞎，千錯萬錯，不突出毛澤東思想，

就是根本大錯。

第二，要樹立把無產階級文化大革命進行到底堅定信念。在這個問題上，我們不能對別人馬列主義，對自己自由主義。革命委員會的成員和工作人員，首先要檢查自己是不是真正樹立了這個信念。要認真檢查階級鬥爭觀念。革命鬥志問題，是不是時時，處處想到要把無產階級文化大革命進行到底，想得深不深，想得遠不遠，現在，我們有些同志開始走下坡路由革命性較強到革命性減退，甚至發展到嚴重的右傾。在他們的頭腦裡「公」字越來越少，「私」字越來越多，革命的銳氣日益喪失，造反的稜角逐漸磨損，怕擔風險，怕負責任，階級鬥爭觀念薄弱，工作疲踏，散漫鬆垮、拖拉。這些問題暴露了他們革命的不堅定性、不徹底性，如果不能迅速改正，只能是無產階級革命的同路人。我們的同志，都應當是堅韌不拔、徹底革命的戰士，做一個像毛主席所要求的「決心把無產階級文化大革命進到底的無產階級革命派」。

第三，要發揚密切聯繫群眾的光榮傳統。

毛主席教導我們：「全心全意為人民服務，一刻也不脫離群眾」，即當「官」又當老百姓。而我們的某些同志，卻沒有按照毛主席教導的那樣做。他們自以為的對革命有貢獻，被勝利沖昏頭腦。放鬆了毛主席著作的學習，忽視了思想改造，嚮往舒舒服服的生活，欣賞歌功頌德的捧場。聽不進群眾的批評意見，高高在上「自以為是」誇誇其談，出風頭，搞排場，講表面，圖虛名，不做認真細緻的艱苦工作。有的同志黨性不強，派性作祟，他的言論，行動，不是為了維護無產階級革命和利益，而是從個人或小集團的利益出發。有幾種對待群眾的錯誤態度，必須引起我們的警惕。一種是對群眾持實用主義的態度。這種人完全出於利己的目的，對自己利時依靠群眾，對自己不利時脫離群眾。再一種是，重新開始脫離群眾。他們在困難的時候，投入群眾的懷抱，與群眾同甘共苦，但是在勝利之後，卻又脫離群眾，依然如故。第三種是剛剛從群眾中來，就不能回到群眾中去，有的脫離了生產崗位，同群眾的關係越來越疏遠，開始脫離群眾。第四種是高唱相信群眾和依靠群眾，實際上是相信和依靠了一部分群眾，拋棄和打擊了另一部分群眾，把群眾觀點同整體觀點，全域觀點對立起來，陷入了派性的泥坑。這些脫離實際脫離群眾的傾向是非常危險的。十七年的歷史教訓告訴我們：如果不注意密切聯繫群眾，不虛心接受群眾

的監督，不認真改造自己的思想，當權以後。就有變成資產階級分子，變成走資派的危險，我們的每一個同志都應當用毛主席的教導來檢查自己的一言一行，看一看自己是向無產階級化發展，還是向資產階級化發展，及時防止重踏蛻化變質的走資派的覆車之轍。

第四，要提倡雷厲風行和扎扎實實的工作作風。

林副主席指出：「要快」快是機關工作中最重的問題。雷厲風行，快的作風，就是辦事不含糊，說幹就幹，不該過夜的不過夜，事情辦不完睡不著覺。要做好一件事，不經過艱苦的工作是不行的。要爭取時間，時間是做好工作的本錢。但是，我們現在有些同志卻習慣於疲疲踏踏，拖拖拉拉，鬆鬆垮垮，在我們革命委員會機關中，飽食終日，無所用心，只管抽煙，看報，畫圈的三閑幹部是不多的，可自由散漫，不負責任，工作上互相推諉，「踢皮球」的現象依然存在，這種壞作風，如果不徹底克服，不能緊跟毛主席，緊跟黨中央，緊跟中央文革。

同志們，一九六八年是無產階級文化大革命即將取得全面勝利的一年。讓我們更高地舉起毛澤東思想偉大紅旗，突出無產階級政治，緊跟毛主席的偉大戰略部署，以「鬥私，批修」為綱，破大私立大公，努力實現領導班子和領導機關革命化，以新的工作姿態迎接新的戰鬥任務。

21.以毛主席最新指示為綱奪取無產階級文化大革命的全面勝利

——滕海清同志在革命委員會第二次全體委員（擴大）會議上的講話（1968.01.17）

同志們！

首先，讓我們以無限崇敬的心情共同祝願我們偉大的導師、偉大的領袖、偉大的統帥、偉大的舵手、當代的列寧、我們心中最紅最紅的紅太陽毛主席萬壽無疆！萬壽無疆！萬壽無疆！

同志們，我們這次全體委員擴大會議已經開了十多天了，再有一兩天就要結束這次會議了。

自從第一次全體委員會議結束到現在的兩個多月當中，我們高舉毛澤東思想偉大紅旗，努力緊跟毛主席的偉大戰略部署，認真落實毛主席的最新指示，貫徹執行了第一次全體委員會議的兩個決議，狠抓了大辦毛澤東思想學習班和各級革命委員會的建立取得了顯著的成績。成績的取得，首先歸功於偉大領袖毛主席，歸功於中央、中央文革小組和北京軍區黨委的正確領導，歸功於全區各族革命人民。但是，用毛主席一系列最新指示和《人民日報》、《紅旗》雜誌、《解放軍報》一九六八年元旦社論來檢查衡量我們的工作，缺點、錯誤還是不少的。我們抓了毛主席最新指示的落實，但在某些方面、某些地方、某些單位落實的很差，這說明我們對毛主席的偉大戰略部署跟得還不夠緊，毛澤東思想偉大紅旗舉得還不夠高；我們的精力，還沒有能全部用在大政方針上，用在狠抓全面落實毛主席最新指示上。在思想作風和機構設置上，還存在一些問題、在這些方面。同志們的批評是正確的，是對自治區革命委員會的愛護，是對革命負責，對人民負責，我們誠懇接受，決心改正。

這次會議，就是為了一個目的：全面落實毛主席的最新指示，奪取無產階級文化大革命的全面勝利、為了這個目的我們認真地學習了毛主席的最新指示和兩報一刊一九六八年元旦社論。以此為武器對照檢查了工作，找了差距，開展了批評和自我批評。分析了當前的階級鬥爭形勢，制定了全面落實毛主席最

新指示的決定，明確了任務，鼓足了幹勁，增強了信心，這次會議完滿地達到了預期的目的，統一了思想，為奪取無產階級文化大革命的全面勝利打下了思想基礎。杭錦後旗和寧城縣活學活用毛主席著作，緊跟毛主席偉大戰略部署的經驗介紹，給會議增添了光彩。這次會議開得很好，是高舉毛澤東思想偉大紅旗的，是突出無產階級政治的，是一個學習毛主席最新指示的、全面落實毛主席最新指示奪取無產階級文化大革命全面勝利的誓師大會。

同志們，過去的一年多，內蒙古自治區的無產階級文化大革命，已經取得了決定性的勝利，現在，在毛主席一系列最新指示的指引下，奪取無產階級文化大革命全面勝利的偉大鬥爭已經開始了，為了實現這個偉大的戰略目標，我想就當前我自治區的形勢問題，必須緊跟毛主席的偉大戰略部署問題，實現領導班子革命化問題目談些意見。

第一部分：形勢問題

毛主席說：「**七、八、九三個月，形勢發展很快。全國的無產階級文化大革命形勢大好，不是小好。整個形勢比以往任何時候都好。**」又說，「**再有幾個月的時間，整個形勢會變得更好。**」毛主席的這一科學論斷完全符合我們內蒙古自治區的實際。

（一）形勢大好，不是小好

當前我區無產階級文化大革命的形勢，同全國一樣，一片大好，整個形勢比以往任何時候都好。

形勢大好的主要表現是：

1、人民群眾確實每充分發動起來了。從城市街道到農村牧區，從六、七十歲的老人到十幾歲的娃娃，三、五個人碰在一起，談話總是離不開文化大革命。不論是在什麼地方，凡是有利於文化大革命的事情就有人支持，有人讚揚，凡是不利於文化大革命的事情就有人出來干涉、反對。確實是到處都在討論無產階級文化大革命的問題，人人都在關心國家大事。

2、毛澤東思想從來沒有像今天這樣大普及、大傳播，從來沒有像今天這

樣深入人心，這是天大的事情。毛主席發出最新指示以後，全區上上下下，工廠、農村、牧區、部隊、機關、學校、街道，普遍地，大量地開辦毛澤東思想學習班，興起了一個群眾性的認真學習和堅決執行毛主席最新指示的熱潮，成千上萬的工農群眾進了學習班，直接掌握毛澤東思想，工農革命群眾渴望盡快學到毛澤東思想的可貴熱情之高是空前的，形成了又一次群眾的大發動。現在自覺地按照毛澤東思想改造自己靈魂的人越來越多了，按照毛主席的最新指示找差距，做自我批評的越來越多了。各族人民群眾的思想覺悟大大提高了。人們的精神面貌發生了翻天覆地的變化，天天讀毛主席的書，天天用毛主席著作檢查對照自己行動已逐步蔚成風氣，家家戶戶掛毛主席像，人人攜帶《毛主席語錄》，佩帶毛主席像章；出生的小孩子學的第一句話就是「毛主席萬歲！」唱的第一曲歌就是《東方紅》。牧民見面，首先共同祝福毛主席萬壽無疆，問毛主席著作學得好，進了蒙古包先背誦三段毛主席語錄，這是一幅多麼可喜的大好景象，這些根本的變化標誌著林副統帥讀毛主席的書，聽毛主席的話，照毛主席的指示辦事的偉大號召正在我自治區落實，標誌著我們偉大祖國的統一和興旺，標誌著全區一千三百萬各族人民在偉大的戰無不勝的毛澤東思想基礎上的鞏固的團結，這是天大的事情、是強盛的表現。讓一切帝國主義、修正主義、反動派在用毛澤東思想武裝起來的人民面前發抖吧！

3、群眾性學習毛澤東思想的熱鬧、進一步幫助了革命的大批判，隱藏在黨內的資產階級司令部已經全面崩潰。中國赫魯曉夫及其在內蒙的代理人烏蘭夫，以及烏蘭夫的代理人王逸倫、王鐸之流被廣大革命群眾揪出來以後，他們破壞民族團結，分裂祖國統一，復辟資本主義的滔天罪行受到進一步的揭露批判，各族廣大革命群眾同仇敵愾，湧躍地投入了徹底批判中國赫魯曉夫和烏蘭夫的偉大人民戰爭，口誅筆伐，越批越深，這些人民的敗類，民族叛徒的嘴臉越來越清楚了。郭老虎同志說得好，「過去覺得中國赫魯曉夫和烏蘭夫與本地區掛不起勾來，大批判開展，越批越覺得壞事都是他們領頭幹的，越批越覺得他們是我們本村走資派的總後台，非把他們批臭不可。」廣大貧苦牧民在毛澤東思想的指引下，自動起來劃階級、鬥牧主，這在牧區歷史上也是從來沒有過的。烏蘭夫過去說，牧區要是劃鬥，牲畜就要死光。現在劃了、鬥了，牲畜不但未死光，反而大發展了，前年這時候中國的赫魯曉夫和內蒙的當代王爺還在

橫行霸道。去年這個時侯，烏蘭夫的代理人王逸倫、王鐸還囂張一時；如今他們的威風掃地已盡。他們唯一的出路就是老老實實地接受人民的審判。

4、毛主席最新指示下達以後，我區無產階級革命派和廣大革命群眾按毛主席的指示辦事，接連掀起了大聯合和三結合的高潮。在杭錦後旗現場會議上，有三十八個旗縣實現了革命的大聯合，這次會議期間，包頭市實現了全市的大聯合，沒有實現革命大聯合的單位越來越少了。革命的大聯合，促進了革命的三結合，各地區、各單位的革命委員會一個接著一個地建立起來，全區九個盟市，已有八個盟市建立了革命委員會或籌備小組；九十六個旗縣級單位，已有　　個建立了革命委員會，預計在春節前後各級革命委員會的建立還會有一個較大的發展。各級革委員會是有無產階級權威的，是鞏固的，階級敵人妄圖顛覆年輕的紅色政權是不能得逞的，無產階級革命派和各族革命群眾，表示要「堅決維護新生的紅色政權」，「堅決支持革命委員會的一切革命行動。」目前，各級革命委員會正在帶領廣大革命群眾，信心百倍地為奪取無產階級文化大革命的全面勝利而戰鬥！

5、軍民關係比以往任何時候都好。軍隊和民眾打成一片，堅決執行了偉大領袖毛主席交給的「三支」、「兩軍」任務，並做出了偉大的成績。廣大革命群眾，根據自己切身的經歷深切地體會到「沒有一個人民的軍隊，便沒有人民的一切」真心誠意地擁護解放軍，堅定地相信和依靠解放軍。他們把解放軍當成親人，遇事和解放軍商量。毛主席著作學得不好找解放軍介紹經驗，工作上遇到了困難找解放軍幫助，兩派發生分歧解決不了找解放軍幫助解決。工廠、機關，學校要求派解放軍去幫助辦毛澤東思想學習班，幫助解決大聯合、三結合和建立革命委員會。總之解放軍在人民群眾的心目樹立了高度的威信，成了人民群眾的主心骨，他們把對待解放軍的態度看成是對毛主席的態度問題。不論什麼人，誰把矛頭對解放軍，廣大無產階級革命派和各族革命群眾是絕對不會答應的。階級敵人想要挑撥軍民之間的魚水關係，永遠也不會得逞的。

6、全區的經濟形勢越來越好。毛主席最新指示同廣大革命群眾見面以後，進一步激發了革命和生產的積極性。去年全區糧食總產量達八十六億五千萬斤。比前年增產一億二千萬斤。到目前，糧食徵購入庫已達二十一億斤，完成全年徵購任務的百分之八十以上，已有兩個盟（呼、昭），一個市（呼市）

超額完成了徵購任務。全區牲畜總頭數達到三千八百七十五萬頭，比上一個牧業年度純增百分之四點二。工業生產形勢也越來越好。全區煤礦生產逐月上升，平均日產量九月比八月提高百分之十四點二，十月比九月提高百分之六點七，十一月比十月又提高百分之一點九。煤炭現場經驗交流會議以後，日產量與日劇增，據七個重點煤礦統計，十二月比十一月提高百分之十三點一，而十二月中旬又比上旬提高百分之十八。下旬又比中旬提高了百分之三。鐵路運輸從五月底以來沒有停車，生產秩序一直良好、還有許多工業企業自建立革命委員會後，都月月超額完成生產計劃。其中突出的是呼市糖廠和機床廠。全區財政收支情況良好，市場供應正常，物價穩定。

（二）運動正向縱深發展

去年十二月九日、十二日江青同志講話下達以後，極大地推動了文藝界的大革命。曾經是「一潭死水」的文藝界，又開始活躍起來，而且已波及到其它各個領域。十一月二十五日革命群眾揪出特古斯，這一革命行動好得很，它打響了繼續深入、徹底地揭露和批判烏蘭夫黑線的第一炮，把全區的文化大革命推進到一個更加深入的新的階段。這場鬥爭是關係到毛主席偉大戰略部署能否全面落實的大問題，關係到內蒙一千三百萬人民命運的大問題，關係到年輕的各級紅色政權能否鞏固和發展的大問題，是內蒙無產階級文化大革奪取全面勝利的大決戰。

當前，內蒙地區的主要矛盾，仍然是兩個階級、兩條道路、兩條路線的鬥爭，鬥爭的焦點仍然是無產階級革命派、各族革命群眾同烏蘭夫及其代理人的鬥爭。忽視了這個問題，就會犯錯誤。從前一段文化大革命的情況看，正在內蒙揪出烏蘭夫，群眾還沒有充分發動起來的時候，原自治區黨委的領導同志就執行了資產階級反動路線，影響了對烏蘭夫的群眾性的批判鬥爭。而當區黨委的領導同志認識到並下決心糾正錯誤的時候，烏蘭夫的代理人玉逸倫、王鐸之流，又掀起了一股逆流，大搞沒有烏蘭夫的烏蘭夫資本主義反革命復辟，包庇了烏蘭夫的黑勢力，從去年「1.22」報社事件以後，直到六月，自治區領導工作的重點是擊退反革命復辟的逆流。自治區革命委員會籌備小組建立之後，雖然開展了群眾性的大批判運動，但由領導還不夠得力，造反派內部無政府主義思潮的發展和極

「左」思潮的干擾，所以對烏蘭夫深入、系統的揭發批判還很不夠，烏蘭夫黑線並沒有挖盡，烏蘭夫流毒還遠遠沒有肅清。因此，下決心從文藝界開始，打一場挖烏蘭夫黑淺、清烏蘭夫流毒的「人民戰爭」，是勢在必行，完全必要的。

烏蘭夫在內蒙統治了二十多年，他不僅有很大的政治影響，而且在組織上勢力很大。從我們已掌握的材料看，烏蘭夫集團是一個由多種反革命勢力組成的反黨叛國集團，一股是烏蘭夫的老班底，很早就形成了，包括奎璧、吉雅泰這些壞傢伙，還包括潮洛濛、布赫之流的一些「少壯派」。王逸倫、王鐸、劉景平實際上也是烏蘭夫的老搭當。第二股是以哈豐阿為代表的反革命勢力。主要成員多是蘇、蒙修特務，日本特務，蔣匪特務，叛徒，土匪，歷史反革命，老牌民族分裂主義分子和封建上層，第三股基本上是蒙綏合併以後形成的。主要成員是一些混進黨內的階級異己分子，蛻化變質分子，個人野心家，陰謀家，同時也網羅了一部分高崗餘孽和國民黨軍閥勢力。例如：張如崗，李貴，何躍、郝文廣等就屬這一類。這三股勢力，在中國赫魯曉夫的包庇縱容下同流合污，形成了以烏蘭夫為代表的一大股反革命勢力，長期以來，他們瘋狂地進行反黨反社會主義反毛澤東思想的罪惡活動，妄圖把無產階級的政黨變成修正主義的黨、資產階級民族主義的黨，把內蒙古各族人民引上資本主義的道路，把內蒙古自治區從祖國大家庭中分裂出去，

文化大革命開始以後，烏蘭夫推行反革命政變的骨幹力量大部分已被揪了出來，現在，一向活動比較隱瞞、偽裝比較巧妙的烏蘭夫殘黨餘孽也已經開始暴露了。他們當中，有的已經鑽進了革命隊伍，甚至被上了「左派」、「革命領導幹部」的外衣。還有一些人在運動初期群眾揪過他們，有的被罷官、靠邊站，趁著粉碎反革命逆流的時機，公然跳出來大喊大叫，把自己打扮成「資產階級反動路線的受害者」，蒙蔽了相當一部分群眾，大刮「翻案風」，一時搞的烏煙瘴氣，他們混進革命隊伍以後，把鬥爭的矛頭指向與烏蘭夫做過鬥爭的同志，目的是為烏蘭夫翻案，保護黑線勢力，伺機反撲；有些盟的問題得不到解決，根源就在這裡。烏蘭夫黑線勢力，不但文藝、教育、新聞、出版界及其他黨政機關有，公檢法也有，內蒙古軍區也有。這是一群民族的敗類，是蒙漢民族的反動派，儘管他們散佈於各個地區和部門，但他們仍是一小撮。我們一定要相信群眾，依靠群眾，放手發動群眾，堅決把這一小撮壞蛋全部揪出來，

徹底撕毀烏蘭夫司令部，把無產階級文化大革命進行到底！這裡我還想告訴那些與黑線有牽連的人們；歡迎你們勇敢地站出來革命，即使有某些罪惡的人，只要誠心誠意地檢查和揭發，也允許他們立功贖罪。

（三）這場鬥爭的阻力

毛主席親自主持制定的「十六條」中指出：「文化革命既然是革命，就不可避免地會有阻力，這種阻力主要來自那些混進黨內的走資本主義道路的當權派，同時也來自舊的社會勢力。」當前這場挖烏蘭夫黑線，清烏蘭夫流毒的鬥爭，是一場十分尖銳，十分複雜的鬥爭。這場鬥爭也不可能不遇到阻力。這種阻力主要來自階段敵人的掙扎、反撲，同時也來自我們隊伍中右的和極「左」方面的干擾。

1、階級敵人的掙扎，反撲、毛主席教導我們說「一切反動勢力在他們行將滅亡的時候，總是要進行垂死掙扎的。烏蘭夫死黨也是一樣，他們決不會甘心於自己的滅亡。內蒙革命委員會和各盟市旗縣革命委員會的建立，使敵人處於垂死階段，隨著階級鬥爭的深入，社會上各種反革命勢力更加集結，更加瘋狂了。他們同帝國主義、現代修正主義相呼應，煽陰風、點鬼火，放暗箭，擾亂社會治安，吹起反革命經濟主義歪風，千方百計地製造混亂，猖狂地破壞無產階級文化大革命。他們還採取各種陰險毒辣的手段，造謠誣衊。挑撥離間，把水攪渾，妄圖蒙混過關。

首先是妄圖撲滅革命烈火，當造反派揪出特古斯的時候、他們躲在陰暗的角落裡，從右的地方吹來一股陰風，說什麼這是「黑手揪紅人」，是「壞人揪好人」，是「揪革命領導幹部，炮打無產階級司令部」。同時，他們又設置重重障礙，組織消防隊、四處滅火、更惡毒地是他們造謠生事，挑撥離間，轉移鬥爭大方向。另一方面，又以極左的面貌出現，當那些曾經與烏蘭夫之流作過鬥爭、但在三月逆流站錯了隊的同志起來揭發他們時，他們就以「老保翻天」的帽子進行壓制，還有一些鑽到造反派內部來的壞人，他們以極左反極左，妄想攪亂領導和造反派的視線，轉移鬥爭大方向，甚至設下圈套，誘使我們犯錯誤，亂自己。希望同志們要提高警惕，保持清醒頭腦。切不可上當。

階級敵人另一個陰謀手段，就是利用民族問題大作文章，想要鑽我們的

空子。他們打起反動的民族主義破旗，煽動和利用民族情緒，惡毒地叫喊什麼「無產階級文化大革命盡打蒙古人，先打西部，後打東部，先打烏蘭夫、奎璧、吉雅泰，後打哈豐阿、特古斯」，企圖心這場嚴重的階級鬥爭引向反的反動的民族主義的歧途。不是已經出現了什麼「成吉思汗戰鬥隊」、「嘎達梅林第四野戰軍」了嗎？最近還有人積極串連，按民族組織戰鬥隊。還有公開打起為烏蘭夫翻案的旗號，甚至搞祕密活動，妄圖死灰復燃，東山再起，毛主席教導我們：「民族鬥爭，說到底，是一個階級鬥爭問題。」斯大林也曾經說過，「民族主義是資產階級的最後陣地」。我們要按照毛主席的教導，吃共產主義的飯，不要吃民族主義的飯。其實烏蘭夫死黨恰恰是蒙族人民的叛徒，是反動派，他們代表的是封建勢力和資本主義、修正主義的利益，絲毫不代表蒙族人民的利益。我們已經看到大批少數民族出身的共產主義新幹部正在茁壯地成長，這是我們徹底解決民族問題完全孤立民族反動派的保證。烏蘭夫反革命判集團妄想挑動民族鬥爭是徒勞的。同志們，敵人在挑撥離間千萬不要上階段敵人的當。

2、造反派內部存在著右的和「左」的搖擺性，右傾鬆勁，也是當前這場鬥爭的阻力，有些同志至今對揪烏蘭夫黑線、清烏蘭夫流毒的鬥爭仍然很不理解，很不認真，很不得力。有的同志在革命委員會成立以後，階級鬥爭觀念逐漸淡薄了、有的認為，大局已定，革命到頭，不求進取；有的認為，天下太平了，於是關起門來搞鬥批改；更嚴重的是有些造反派。不再關心國家大事，鬥志開始衰退，當了造謠派、還有的同志「怕」字當頭。怕這怕那，怕捲進去，怕犯錯誤，怕牽連到自己，不積極參加鬥爭，甚至少數人成了繼續深入進行階級鬥爭的阻力。如果這些右傾情緒不能迅速糾正過來，這場鬥爭就不能繼續進行下去。

在我們反右的同時也要防「左」、極「左」思潮也在干擾著鬥爭的大方向。從去年六月以來，內蒙的極「左」思潮總是時起時伏，一天也沒有停止過。前一時期，在中央首長講話的對照下，受到了批判，曾經有所收斂，但是，最近由於揪出了特古斯，他們又開始活躍起來。他們說：「內蒙革命委員會包庇了壞人」，「根子在內蒙革命委員會」……，「揪出特古斯證明我們對」等等，不一而是。很顯然，這是十分錯誤的。內蒙革命委員會揪出了混進來的個把壞人，絕不說明內蒙革命委員會是不好的，恰恰相反，這正說明內蒙革命委員會是有戰鬥力的，是興旺的表現。還有的同志，口頭上說決心把無產

階級文化大革命進行到底，但在行動上卻不按照毛主席的偉大戰略部署去做，不搞革命的大批判，不實行按系統、部門、單位的大聯合，抱住山頭不放，到處挑起派別鬥爭，挑起內戰，製造分裂。這種做法也是極端錯誤。當然，最近有了一些好轉，我們希望持有這種觀點的人能夠迅速糾正過來。

值得我們警惕的是，這種有右的和極左的傾向，都很容易被階級敵人利用。真正的無產階級革命派，應當勇於承認錯誤，改正錯誤，輕裝前進。

資產階級、小資產階級的派性，也是當前運動中的一個突出的問題，當前在革命隊伍內部，不論是右的情緒，或者是「左」的情緒，都同資產階級、小資產階級的派性有關係。無產階級的階段性就是黨性，資產階級、小資階級的派性就是私性；黨性的核心是一個「公」字，派性的核心是一個「私」字，黨性集中表現在革命的堅定性和革命的徹底性，派性集中的表現在革命的投機性和革命的搖擺性。派性是以利己主義為核心，以資產階級的實用主義為手段，以本團體、本派別的利害為處理問題的準則，這種派性表現在組織上，就是宗派主義、小團體主義、山頭主義和本位主義，表現在政治上是一種典型的機會主義，陳伯達同志說，「派性是一條毒蛇」，它的危害可大了。有了派性，就會背離毛主席的偉大戰略部署，背離毛主席的革命路線。對毛主席的指示採取實用主義的態度，有了派性，就失去是非標準，分不清敵我友，模糊階級陣線，搞亂階線隊伍；有了派性，就會有真理，甚至歪曲真理，造謠惑眾，捏造事實、不惜損害別人，以發展自己；有了派性，必將上敵人的當，成為階級敵人的防空洞、避風港。總之，有了派性，就沒有是非，沒有真理，沒有階級性，沒有黨性。派性是執行毛主席革路線的大敵，是執行毛主席偉大戰略部署的大敵，是革命的大敵，人民的大敵。誰要搞派性，誰就是搬起石頭砸自己的腳，終將把自己搞臭。我們必須打倒派性，搞臭派性，徹底肅清派性，把群眾從派性中解放出來，集中力量投入到這一場偉大的挖黑線、清流毒的鬥爭中去，奪取全面勝利，為人民立新功。

（四）放手發動群眾，緊緊掌握鬥爭大方向。

一年半來內蒙古自治區無產階級文化大革命的實踐經驗告訴我們：跟緊毛主席的偉大戰略部署，放手發動群眾，牢牢掌握抓鬥爭的大方向是我們戰勝烏

蘭夫反革命集團的根本保證。

應當指出，烏蘭夫集團，不管它是由幾股勢力組成，也只是一小撮。必須放手發動群眾，掌握鬥爭的大方向，始終把矛頭對準烏蘭夫集團這一小撮壞蛋，運動初期，把烏蘭夫揪出來，對烏蘭夫集團進行群眾性的揭發批判鬥爭，大方向和成績是應當肯定的，但是在有的地方，有的單位確有打寬打錯，打重的現象。無產階級革命派起來批判資產階級反動路線，大方向和成績也必須肯定。但是也確實有一些壞人乘機鑽進了造反派隊伍、這也是事實，去年三月粉碎資本主義反革命復辟逆流，大方向和成績也必須加以肯定、但要指出，在三月逆流中站錯隊的，有一些是好人犯了錯誤，應當允許他們改正錯誤，站出來革命，歡迎他們改正錯誤，站出來革命、在資本主義反革命復辟逆流中，也有少數鑽進來的壞人，應當發動群眾，通過清理隊伍把他們揪出來。現在從文藝界開始的挖烏蘭夫黑線，清烏蘭夫流毒的群眾運動，大方向還是正確的。好得很！一切真正的無產階級革命派都應當投入這一偉大鬥爭，從根本上來說，上述這些問題涉及到如何正確認識和處理「五十天」和「十七年」的關係問題。決不可用「五十天」的成績包庇「十七年」的錯誤。也不允許用「十七年」的成績否定「五十天」的錯誤。帳要一筆一筆地算。要嚴格區別是好人犯錯誤，還是壞人幹壞事。好人犯錯誤，改了就好。壞人幹壞事，老帳新帳一起算。只有這樣，我們才能充分調動切可以調動的積極因素，團結一切可以團結的力量，把自治區兩個階段、兩條道路、兩條路線的鬥爭進行到底。

第二部分：緊跟毛主席偉大戰略部署

《人民日報》、《紅旗》雜誌、《解放軍報》一九六八年元旦社論指出，「在新的一年中，全黨、全軍、全國產無階級革命派和全國人民，要更高地舉毛澤東想想偉大紅旗，以毛主席的最新指示為綱，鼓足幹勁，力爭上游。再接再厲，從思想上、政治上、經濟上、組織上奪取產無階級文化大革命的全面勝利。」這是遵照毛主席和黨中央的指示向我們提出的一九六八年的偉大戰略目標，為了實現這個偉大戰略目標，社論中還提出了五項戰鬥任務。

這是以毛主席為首的無產階級司令部向我們發出的新的偉大戰鬥號令，是

毛主席的偉大戰略部署。

元旦社論明確指出，「毛主席最新指示的全面落實，就是無產階級文化大革命的全面勝利。

偉大領袖毛主席關於無產階級文化大革命的一系列極為重要的最新指示，是對我國一年多無產階級文化大革命最科學、最完整、最精闢、最透徹的總結，是毛主席關於無產階級專政下繼續進行革命的理論、路線、方針和政策的最新發表，是保證我們奪取無產階級文化大革命全面勝利的最強大的思想武器。認真學習、堅決貫徹、全面落實毛主席的最新指示，這是實現一九六八年偉大戰略目標的根本，是奪取無產階級文化大革命全面勝利的最根本的保證。

怎樣才算全面落實？從面上來說，就是把毛主席的最新指示落實到每個地區，每一條戰線，每一個單位，每一個角落。從程度上說，就是要把毛主席的最新指示條條落實，每一條都要認真學習，深刻領會，堅決照辦，經常檢查，及時總結，堅持到底，達到要求、把毛主席的最新指示變成各族革命人民自覺自革命行動，化為無窮無盡的偉大的物質力量。

怎樣才能全面落實，這就要按照中共中央元月六日通知的精神統一思想，統一行動，全面規劃，做出安排。這次會議經過反覆討論。制定了《關於全面落實毛主席最新指示的決定》，革命委員會的常委和有關部門的負責人就各項工作任務做了專題發言，對具體的工作部署已經分別提出了安排意見，會後還要留下各盟市的負責人具體研究貫徹的問題，關於這些方面我就不再重複了，下面我想著重談一下我們在全面落實毛主席最新指示時在思想認識上，根本態度上必須認真解決的幾個問題。

（一）要經常檢查對毛主席最新指示跟了沒有，跟緊了沒有。

毛澤東思想是當代最高、最活的馬克思列寧主義，是反對帝國主義，現代修正主義的最強大的思想武器，是典型的集中了人類的最優秀的思想，對毛澤東思想，對毛主席的最新指示，我們就是要緊緊的跟，現在看，這個問題並沒有完全得到解決，我們對毛澤東思想、對毛主席最新指示還學得不深，用得不狠，落實不夠，還沒有在一切領域、一切單位、一切人員和一切工作中落實見效。要從根本上解決這個問題，就必須教育我們的所有革命幹部和革命群眾，

對毛主席、對毛澤東想思無限熱愛，無限信仰，無限崇拜，無限忠誠，胸懷一個「忠」字，突出一個「用」字，狠抓一個「緊」字，大立一「公」字。要「忠」，就要在自己頭腦裡樹立毛主席，毛澤東思想的最高權威，做到赤膽忠心，誓死捍衛。否則，緊跟就是一句空話。有些同志，在困難的時候，學習毛澤東思想抓得很緊，但在勝利的時候就放鬆了，這實際上就是對毛主席不忠的表現。要「用」就是要做到毛主席怎麼說，我們就怎麼做，老老實實按毛主席的指示辦事。對毛主席的指示，理解的要堅決執行，暫時不理解的也要堅決執行；同自己想法一致的要堅決執行，不一致的也要堅決執行。決不能做言行不一，表裡不一，當面一套背後一套的「兩面派」。要「緊」就是聞風而動，雷厲風行，寸步不離，步步緊跟，對執行毛主席的指示採取拖拖拉拉，疲疲沓沓的態度，就是一種犯罪自行為。要「公」就是要在大節上破私立公，就是要站穩無產階級的立場，頭腦裡要有國家大事，黨的大事，政權的大事，人民的大事。緊跟毛主席、毛澤東思想、毛主席革命路線、毛主席最新指示就是最大的「公」。反之就是最大的「私」。

各級領導，各革命群眾組織，要大抓狠抓毛澤東思想教育，以「鬥私、批修」為綱，切實辦好各種類型的毛澤東思想學習班。工廠、農村、牧區、部隊、機關、學校、街道都要繼續辦，根據有的地方的經驗，就是在一個家庭裡也可以辦。學習班要把學好用好毛主席最新指示做為頭等重要任務，要在毛主席親自倡導的革命好學風的指引下、學出新水平，用出新水平，要破私立公，在靈魂深處爆發革命，解決世界觀的問題，解決挖掉修正主義根子的問題、各級領導，各個地區都要做出規劃，長期地辦下去，並且不斷提高質量，提高水平，真正把全區辦成毛澤東思想大學校。

（二）要不斷提高階級鬥爭的觀念。

毛主席教導我們說：「一切反動勢力在他們行將滅亡的時候，總是要進行垂死掙扎的」。當我們在全面落實毛主席最新指示的時侯，千萬不要忘記階級敵人，在無產階級文化大革命取得決定性勝利以後，在我們的隊伍中滋長了和平麻痺、鬥志鬆懈的情緒，這主要是由於階級鬥爭的觀念薄弱了，腦子裡缺少敵情。看不到階級敵人越接近死亡就要做垂死的掙扎。特別是在革命委員會已

經建立的地方，這種和平麻痺、鬥志鬆懈的情緒表現得較為突出。比如，當前正在開展挖烏蘭夫黑線、清烏蘭夫「流毒」鬥爭的群眾運動，有人卻認為，革命委員會已經成立了，揪壞人可以由革命委員會立專案去搞，不必發動群眾。不然群眾起來了既會大亂、這是完全錯誤的。不依靠群眾，不放手發動群眾，壞人怎麼能揪得出來？怎麼能夠教育群眾？不要怕亂，亂是敵人，當然也要警惕敵人亂我們。我們不是主張全面大亂，但是局部的亂，暫時的亂是必要的。這是在紅色政權指導下。亂，並不是無政府主義亂，現在，這種右傾情結已經成為運動進一步向縱深發展的阻力。

必須指出，烏蘭夫的殘黨餘孽還沒有揪盡，烏蘭夫的流毒還沒有徹底肅清。他們在組織上還有一定的勢力，在政治上還有很大的影響，在一些要害部門還有陰暗的角落，階級敵人還在幕前幕後起作用。他們必然地要想盡一切辦法，妄圖破壞毛主席的偉大戰略部署，阻撓毛主席的最新指示的全國落實，如果看不到這一點，我們就要犯絕大的錯誤，我們必須時刻注意階段敵人的新動向，認真分析階級鬥爭的新形勢和新特點，繼續保持高度的革命警惕，鼓舞鬥志，不斷地增強階級鬥爭的觀念。只有這樣，才不致於在尖銳複雜的階級鬥爭中遭失方向，保證無產階級文化大革命的順利進行。

要搞好「**擁軍愛民**」工作，不斷地加強軍民團結，這是奪取無產階級文化大革命全面勝利的重要保證。元旦社論指出：「偉大的中國人民解放軍，是無產階級專政的主要支柱，是保衛社會主義祖國的鋼鐵長城，是無產階級文化大革命的堅強後盾。」無產階級革命派和各族革命人民，一定要堅決響應毛主席「**擁軍愛民**」的偉大號召，更加相信和依靠解放軍，擁護和熱愛解放軍，學習解放軍，幫助解放軍，警惕壞人挑撥軍民團結。內蒙古軍區和駐內蒙古部隊的全體指戰員，一定要堅決貫徹執行毛主席和林付主席的指示，認真執行。「支左不支派」的原則，進一步做好「三支」、「兩軍」工作，「高舉毛澤東思想偉大紅旗，在無產階級文化大革命運動中立新功。」同時必須百倍提高警惕，增強敵情觀念，加強戰備鞏固祖國邊防，隨時準備粉碎敵人的突然襲擊。

（三）要鼓足幹動，力爭上游。

鼓足幹勁，力爭上游，是從思想上、政治上、經濟上和組織上奪取無產

階級文化大革命全面勝利的一個非常重要的條件。是鼓足幹勁，力爭上游，還是疲沓鬆勁，甘居中游，這是無產階級同資產階級、小資產階級的兩種決然不同的世界觀的反映，是要不要把無產階級文化大革命進行到底的兩種思想的鬥爭。我們有些同志，私心雜念作怪，顧利的時候就鼓足幹勁、困難的時候就消極悲觀；同個人想法一致的時候就鼓足勁，同個人想法不一致的時候就停滯不前；有些同志願意當「官」當「頭頭」，不願意當「兵」，而當個人欲望得不到滿足時，就消極落後；還有些人，想幹就幹，不想幹就不幹，推也推不起，拉也拉不動，疲沓鬆懈，自由散漫，整日逍遙，就好像轟轟烈烈，無產階級文化大革命他們毫無關係。這種人實際上就是革命路上的逃兵，政治舞臺上曇花一現的匆匆過客，如果依靠這種人，是不能把無產階級文化大革命進行到底的。一個真正的無產階級革命派，必須具有革命的堅定性和徹底性，永遠鼓足幹勁，永遠力爭上游，永不自滿，永不停頓，不斷革命、永遠革命直到生命的最後一分鐘。因此，在革命的道路上，是不是鼓足幹勁，力爭上游，這是一個重大原則問題、立場問題，是檢驗我們是不是**「決心把無產階級文化大革命進行到底的無產階級革命派」**的一個重要標誌。

從當前我區革命鬥爭的實際看，鼓足幹勁，力爭上游，仍然是一個很大的問題。深入開展革命的大批判要鼓足幹勁，力爭上游；發展和鞏固革命的大聯合和革命的三結合，要鼓足幹勁，力爭上游，開展教育革命和文藝革命，要鼓足幹勁，力爭上游；搞好各個單位、各個部門的鬥批改，要鼓足幹勁，力爭上游；**「抓革命，促生產」**，還是要鼓足幹勁，力爭上游，總之一句話，沒有革命幹勁，不力爭上游，什麼事情也辦不成、辦不好。

這裡，我想著重提一提以下幾項工作：

1、要抓緊革命新政權的建立工作。凡是應該建立革命三結合權力機構的地方和單位，都要積極創造條件，在春耕大忙以前把革命委員會建立起來，革命形勢發展這樣迅速，不趕緊建立起來革命委員會怎麼能行呢？這是一個很關鍵的問題。

2、要鞏固和發展革命的大聯合。當前大聯合的阻力，除了敵人的破壞之外，最主要的是資產階級、小資產階級的派性。一定要打倒派性，搞臭派性，肅清派性。「支左不支派」不僅是人民解放軍執行。「三支」、「兩軍」工作

任務的原則，也同樣是各級革命委員會的領導成員和全體工作人員必須遵守的原則。誰要是從「私」字出發，支派不支左。堅持錯誤不改，不管你職位多高，只能是「**搬起石頭砸自己的腳**」，遲早要垮臺。

3、要抓緊農村牧區的文化大革命的工作。要抓緊在春耕大忙以前普遍地開展起來，要堅決貫徹執行依靠貧下中農、團結中農的階級路線、通過大辦毛澤東思想學習班，把毛主席的最新指示政真正落實下去，這是關係到全區一千萬農牧業人口前途和命運的大事，一定要解決好。

4、要抓緊搞好生產、搞好生產要素靠政治掛帥、以政治帶業務，以革命促生產，抓生產的同時絕不能觸發階級鬥爭，這當然不是說，只搞革命，放鬆生產，如果生產放鬆了，就會轉過來破壞革命，所以生產也一定要抓緊、我們要防止階級敵人利用我們工作中的薄弱環節和缺點錯誤，製造事端，挑起武鬥，破壞生產，破壞革命，政壞革命的新秩序。在各行各業，各個部門的工作中，必須以毛澤東思想為統帥，狠抓革命猛促生產，爭取今年工農業生產出現新的高潮。

（四）要建立一支非常無產階級化、非常戰鬥化的階圾隊伍。

建設一個什麼樣的黨的問題、是這場無產階級文化大革命的根本問題。毛主席最近教導我們，「**黨組織應是無產階級先進分子所組成，應能領導無產階和革命群眾對於階級敵人進行戰鬥的朝氣蓬勃的先鋒隊組織。**」這是我們整黨建黨的偉大綱領。我們一定要按照這個偉大的綱領，結合革命的大批判和單位的鬥批改，認真把整黨建黨工作抓起來。「**領導我們事業的核心力量是中國共產黨**」，我們的黨整頓好了，建設好了，各級黨組織都充分發揮了戰鬥堡壘作用，每一個共產黨員都發揮了先鋒作用和模範作用，我們的黨性一定能夠領導無產階級革命群眾向階級敵人發動強大的攻勢，奪取無產階段文化大革命的全面勝利，把無產階級革命進行到底！

要整頓共青團、紅衛兵和各革命群眾組織，當前干擾鬥爭大方向，阻礙文化大革命向縱深發展的一個重要原因，是群眾組織中鑽進了壞人。必須下定決心，放手發動群眾，人力進行整頓。在幹部隊伍中，雖然絕大多數是好的和比較好的。但是由於過去多年來沒有認真進行整頓，也混進了壞人。尤其是我們

地區的情況比較複雜，比如說，原綏遠是和平解放的地區，毛主席在中國共產黨七屆一中全會報告中就指出，「**綏遠方式，⋯⋯對於反革命的政治影響，較之北平方式將要保留得較多些，保留的時間也將較長些。**」因此，我們必須充分地認識和清醒估計我們幹部隊伍的現狀，要有計劃地大力進行整頓。

第三部分：實現革命委員會領導班子革命化、機關革命化

一九四九年，在全國勝利的前夕，毛主席在七屆二中全會上教導我們：「**因為勝利，黨內的驕傲情緒，以功臣自居的情緒，停頓起來不求進步的情緒，貪圖享樂不願再過艱苦生活的情緒，可能生長，因為勝利，人民感謝我們，資產階級也會出來捧場。敵人的武力是不能征服我們的，這一點已經得到證明了。資產階級的捧場則可能征服我們隊伍中的意志薄弱者，可能有這樣一些共產黨人，他們是不曾被拿槍的敵人征服過的。他們在這些敵人面前不愧英雄的稱號；但是經不起人們用糖裹著的炮彈的攻擊，他們在糖彈面前要打敗仗，我們必須預防這種情況。**」毛主席還教導我們：「**奪取全國勝利。這只是萬里長征走完了第一步，⋯⋯務必使同志們繼續保持謙虛、謹慎、不驕、不躁的作風，務必使同志們繼續保持艱苦奮鬥的作風。**」這是當時毛主席向即將掌握全國政權的全黨全軍同志敲起的警鐘。也是向我們今天已經當權的無產階級革命派敲起的警鐘。

「**革命的根本問題是政權問題。**」林付主席指出政權就是領導班子問題。能不能建立一個革命化的領導班子，這是關係到能不能掌好權用好權，能不能鞏固和加強無產階級專政，能不能把無產階級文化大革命進行到底的問題，是關係到把內蒙古自治區一千三百萬各族人民引向什麼道路的問題。

我們面臨的偉大戰略目標是全面落實毛主席的最新指示，奪取無產階級文化大革命的全面勝利。為了實現這個偉大的戰略目標，我們的領導班子必須革命化。領導班子是不是革命化的，拿什麼作標準呢？這個標準就是毛主席教導的全心全意，完全徹底地為人民服務，就是毛主席指出的關於無產階級革命事業接班人的五個條件。就是林付主席所說的選拔幹部的三個條件。內蒙古自治區革命委員會成立以來，已經兩個多月了，加上籌備小組那一段，就半年

多了，在這段時間裡，領導成員和工作人員中的大多數同志是高舉毛澤東思想偉大紅旗，突出無產階級政治的，是密切聯絡人民群眾，有無產階級革命幹勁的。他們發揚了無產階級革命作風，不怕苦、不怕累、做了大量的工作。但是，用毛主席和林付主席提出的標準來檢查，我們在領導班子革命化，機關革命化方面，還存在不少問題，還有很大的差距。主要的問題是，跟上跟的不是那樣緊，靠下靠的也不夠，行動遲緩，工作不夠扎實，主要領導同志沒有徹底擺脫事務，集中全力抓根本，抓關鍵抓大政方針。這說明我們的思想還趕不上形勢，工作落後於實際。這種狀況必須迅速改變。

要迅速改變這種人狀況，進一步實現領導班子和機關革命化，就必須遵照毛主席的教導**「要鬥私，批修」**鬥私要鬥大私，要上階級鬥爭和路線鬥爭的綱。

要動員全區人民奪取無產文化大革命的全面勝利，我們革命委員會的全體委員、全體工作人員和各革命群眾組織的負責人，首先就要有奪取無產階級文化大革命全面勝利的堅定的鬥爭信念，要動員全區人民把無產階級文化大革命進行到底，首先我們革命委員會就要有把這場革命進行到底的決心。要想使毛主席的一系列最新指示在全區條條落實，全面落實，首先要在我們領導班子，領導機關裡條條落實，全面落實。這就要求我們革命委員會的全體人員，必須高舉毛澤東思想偉大紅旗，發揚無產階級的徹底革命精神，團結一致，艱苦奮鬥，努力實現革命化。

如何實現督導班子和機關革命化：

第一，要狠抓對毛主席、毛澤東思想、毛主席的革命路線的根本態度問題。態度問題就是跟不跟的問題，緊跟不緊跟的問題，也就是忠不忠的問題。這是最大的公與私的鬥爭。我們有些同志口頭上講要高舉毛澤東思想偉大紅旗，心裡也想要高舉毛澤東思想偉大紅旗，可就是跟得不緊，不快，不落實。他們在千頭萬緒的工作中，往往把具體工作放在第一位。他們日理萬機。千辛萬苦，就是沒有抓住用毛澤東思想之「矢」去射當前革命鬥爭實際之「的」，實際上是一種對毛主席、毛澤東思想、毛主席革命路線不忠的表現，是黨性不純的表現。千忙萬忙，不突出毛澤東思想，就是瞎忙，千錯萬錯，不突出毛澤東思想，就是根本大錯。我們學習杭後的根本經驗，胸懷一個「忠」字，突出一個「用」字，狠抓一個「緊」字，大破一個「私」字，大立一個「公」字。

我們要真正做到，執行毛主席的最新指示不遲疑，緊跟毛主席的指示不掉隊，落實毛主席的最新指示不走樣。

第二，要樹立把無產階級文化大革命進行到底堅定信念。要做到這一點，最根本的就是要按照毛主席所教導的：**「千萬不要忘記階級鬥爭」**，只有在頭腦有高度的敵情觀念，才能有清醒的頭腦，正確的方向，旺盛的鬥志，才能不斷革命，徹底革命。在這個問題上我們不能對別人馬列主義。對自己自由主義。革命委員會的成員和工作人員，首先要檢查自己是不是真正樹立這個信念。要認真檢查階級鬥爭觀念、革命鬥志問題，是不是時時，處處想到要把無產階級文化大革命進行到底，想得深不深，想得遠不遠。現在，我們有些同志開始走下坡路，由革命性較強到革命性減退，甚至發展到嚴重的右傾。在他們的頭腦裡，「公」字越來越少，「私」字越來越多，革命的銳氣日益喪失，造反的稜角逐漸磨損，怕擔風險，怕負責任，階級鬥爭觀念薄弱，工作疲遝、散漫、鬆垮、拖拉。這些問題暴露了他們革命的不堅定性、不徹底性。如果不能迅速改正，只能是無產階級革命的同路人。我們的同志，都應當是堅韌不拔、徹底革命的戰士，做一個像毛主席所要求的**「不要吃老本，要立新功」**，**「決心把無產階級文化大革命進行到底的無產階級革命派」**。

第三，要發揚密切聯繫群眾的光榮偉統。

毛主席教導我們：**「全心全意為人服務，一刻也不脫離群眾」**，**「既當『官』，又當老百姓」**。我們革委會的多數同志是能夠按照毛主席教導的那樣做的；但是有些同志他們自以為對革命有貢獻，被勝利沖昏頭腦，放鬆了毛主席著作的學習，忽視了思想改造，欣賞歌功頌德的捧場，聽不進群眾的批評意見，高高在上，自以為是。誇誇其談、出風頭，搞排場，講表面，圖虛名，不做認真細緻的艱苦工作，有的同志黨性不強，派性作祟，他們的言論、行動，不是為了維護無產階級革命的利益，而是從個人或小集團的利益出發，有幾種對待群眾的錯誤態度，必須引起我們的警惕。一種是對群眾持實用主義的態度，這種人完全出於利己的目的，對自己有利時依靠群眾，對自己不利時脫離群眾。再一種是重新開始脫離群眾。他們在困難的時候，與群眾同甘共苦，但是在勝利之後，卻又脫離群眾，有的剛剛從群眾中來，就不能回到群眾中去，有的脫離了生產崗位，同群眾的關係越來越疏遠。第三種是高唱相信群眾和依

靠群眾，實際上是相信和依靠與自己意見相同的人，拋棄和壓制了廣大群眾，陷入了派性的泥坑。這些脫離實際脫離群眾的傾向是非常危險的，十七年的歷史教訓告訴我們，如果不注意密切聯繫群眾，不虛心接受群眾的監督，不認真改造自己的思想，當權以後，就有變成新的資產階級分子，變成走資派的危險。我們的每一個同志都應當用毛主席的教導來檢查自己的一言一行，看一看自己是向無產階級化發展，還是向資產階級化發展。及時防止重蹈蛻化變質的走資派的覆轍。

第四，提倡雷厲風行和扎扎實實的工作作風。

林副主席指出：「要快，快是機關工作中最重要的問題。雷厲風行，快的作風，就是辦事不含糊，說幹就幹，不該過夜的不過夜，事情辦不完睡不著覺。要做好一件事，不經過艱苦的工作是不行的。要爭取時間，時間是做好工作的本錢」。在我們革命委員會機關中，飽食終日，無所用心，只管抽煙、看報，畫圈的三閒幹部是不多的，可自由散漫，不負責任，工作上互相推諉，「踢皮球」的現象依然存在，據說，有一份報員告，在我們機關裡傳來傳去，足足有一個多月才找到有關的人劃了圈了事。這是典型的上推下壓，不關心群眾痛癢的的官僚主義工作作風。

要樹立雷厲風行的作風，必須提倡幹部大膽負責，當前工作不敢大膽負責，原因來自兩個方面，一是幹部本身缺乏堅強的革命事業心，一是領導使用不大膽，這兩種原因從領導上說後一種是主要的，革命是大家的事情，工作要大家來做，主意要大家出，辦法望大家想。這就要調動廣大幹部的負責精神和積極性、創造性，造成一個人人負責，互相幫助的良好局面。對於革命委員會各機關工作的同志來說，都應當有革命的氣概，敢於負責任，敢於擔擔子，不怕犯錯誤。要反對那種謹小慎微的君子。對於領導來說，要學會群眾路線的工作方法，放手讓幹部去做工作，只要他們是按照毛澤東思想辦事是從革命利益出發的，出現了某些缺點錯誤，領導上要主動的承擔責任，決不可諉過於下級。當前我們的中層環節幹部工作很不大膽，很不得力，他們有私心作怪，有困難，我們也要支持他們革命，大膽工作。當然對於個別的在工作中圖謀私利的人要嚴肅批評，但即便出現了一點類似情況也不因噎廢食、只有這樣，才能使新生的臨時權力機構，出現新的工作作風，新的更高的工作效率。

　　要樹立雷厲風行的作風，還必須克服長期以來烏蘭夫流傳下來的疲遝拖拉、鬆垮的作風，提倡緊張，強調緊跟，我們必須看到，沒有一個雷厲風行的好作風，就不能緊跟毛主席，緊跟黨中央，緊跟中央文革小組。緊跟就得雷厲風行，事不隔夜，對於毛主席的一系列指示聞風而動；緊跟就得扎扎實實，埋頭苦幹，特別是對於毛主席為首的無產階級司令部的聲音要以最快的速度，字字句句，原原本本，毫不走樣地傳達下去，直接和群眾見面，堅決貫徹，狠抓落實，真正做到上通下達。中間不梗塞。

　　第五‧，深入群眾，調查研究，狠抓典型。

　　能否經常深入群眾，掌握新動向，研究新問題，總結新經驗，抓出好典型：這是衡量一個領導機關能否更好、更快地落實毛主席最新指示，衡量機關思想革命化，衡量機關工作質的一個重要標誌。

　　毛主席教導我們：「**我們共產黨人，無論進行何項工作，有兩個方法是必須採用的，一是一般和個別相結合，二是領導和群眾相結合。**」前一階段，我們雖然也注意抓典型，但抓得還不緊不狠，總結的經驗也不過硬，典型還不夠典型，今後，希望各級革命委員會要按照最高指示去做，深入群眾，抓好典型。但必須注意，我們的典型，不管是個人或單位，都必須要能夠樹得起立得住，過得硬，推得開。就是說根子要正，準標要高。既要注意發現，善於培養，又不能故意製造，弄虛作假。

　　同志們！一九六八年是無產階級文化大革命即將取得全面勝利的一年。讓我們更高地舉起毛澤東思想偉大紅旗，突出無產階級政治，緊跟毛主席的偉大戰略部署，以「鬥私，批修」為綱，放手發動群眾，狠抓階級鬥爭，破大私立大公，以戰鬥的姿態，奪取無產階級文化大革命的全面勝利，把內蒙古自治區真正辦成紅彤彤的毛澤東思想大學校。

《內蒙古呼三司首屆活學活用毛澤東思想積極分子代表大會》

大會學習材料之十一

內蒙古大學井岡山翻印

一九六八年元月

22.大大增強敵情觀念、念念不忘階級鬥爭、打一場挖烏蘭夫黑線、肅烏蘭夫流毒的人民戰爭

——滕海清同志在呼市各大學負責人會議上的講話（1968.01.25）

一九六八年一月二十五日

今天找你們幾個單位談一談。

文化革命正向縱深發展，這個階段，我總感到，很多同志對運動怎麼發展，腦子裡想得不多。其實十六條早就講了，報上的社論也講得很多，特別是元旦社論都談了。不是上邊沒政策、沒方針，而是我們跟不跟上。我們要緊跟，我看幾個大學都存在著問題、特別是革命委員會成立以後，很平靜。大家的敵情少了。當然文化革命越來越向縱深發展了。解決什麼問題，元旦社論講，要在思想上、政治上、經濟上、組織上奪取全面勝利就是這幾個字，我們的同志沒有跟上，起碼很多同志沒有跟上。我們內蒙古文化革命經過許多反覆，實際上勝利以後就比較平靜了。當然我們做過許多思想工作，抓思想建設，以後基本上穩定下來了。下一步怎麼搞法？這個問題，比如十二月間揪特古斯，實際早有預料，到底哪一天揪，怎麼揪，沒下決心。以後群眾把他們揪了，燒了幾天。不到半個月後，火基本滅了。火不是先從文化戰燒起的嗎？但沒燒大，為什麼沒燒大？有兩個原因：一是有人在那裡坐鎮；一是外邊的力量沒有很好的支援，文藝戰線上的火燒起來後，出現許多轉移大方向的問題。幾個大學、內大、醫學院當然自顧不暇了，其他幾個大學，工學院還是比較敏感的。外面的力量支援不夠，支持不上去。大家的敵情少了。我對三司這一段總不滿意，你們跟不上，你們搞教育革命是對的，教育革命終究是搞階級鬥爭，搞思想革命，實際上，文藝革命是江青同志發動的。我們是支持這場革命的，我也表態了嘛！但火燒了以後就滅了。

公檢法也是如此，火就是燒不起來。揪特古斯那陣，它就揭不開，這次革命委員會不又是動員群眾燒了一把火嗎！機關學校燒得晚一點，也沒完全燒起來。很多事情，你們年輕人很敏感，不能一句一句教你們怎麼幹。意思講了，你們不敢上去。不像那時，我們不知道的事情你們知道。現在我們知道了、講了，你們還不動。《東聯》的後臺雲志厚，我講了，你們也不動。《東聯》是老造反派，有人操縱了，這些問題你們想一想。幾個大學腦子裡敵情太少。你們本單位就是那樣乾淨？我懷疑。內蒙師院，高樹華同志講了，我看比哪個學校都複雜，什麼人都有。東縱勝利以後，的確不太出名了。當然還有一條，你們是穩住了，沒打起內戰。這些不能怪敵人（指形勢跟得不緊），我們思想跟不上。

運動向縱深發展了。找你們談一談，要先把敵情談清楚。到底有什麼敵人，搞清楚才能打勝。烏蘭夫的問題不是這樣嗎？摸了一段，才有個輪廓。不管內蒙有三股勢力、四股勢力，合起來就是一股，就是以烏蘭夫為首的反革命修正主義勢力。一股是烏蘭夫，一股是哈豐阿，一股是瑪尼巴達拉，他們結合起來了。有的地方，這裡烏蘭夫的多，那裡哈豐阿的多，目的都是一個。現在，蒙修、蘇修都和他們結合在一塊，形成內外結合的反革命集團。蒙特也好，蘇特也好，他都可以利用，吸收他們入黨，保藏起來。這樣的材料可不少。當然全國都有，這裡是他的老窩子。工廠少一點，但也有，主要是在機關。機關的這些人，從黨委、人委到廳局級，沒有一個地方是乾淨的。有的少，有的簡直爛透了。語委共八十多個人，沒有問題的只有八個人，內人黨、內人團加在一起比共產黨多，牛鬼蛇神加在一起比造反派多。一部分人是打倒了，打倒了烏蘭夫以後，也打倒了這些人。但是，問題並沒有搞徹底。另外一些人，沒動，像王再天、特古斯這樣的。王再天到底是什麼人呢？實際上就是哈豐阿的人，和烏蘭夫有矛盾，就是哈豐阿一條線上的。哈豐阿是什麼人？是雙牌特務。朋斯克也是雙牌特務，一直到現在他還派特務聯繫。那末，王再天、特古斯還保藏著一批人哪！為什麼文藝戰線上燒不起火？公安廳燒不起火？是有人的，這種人，現在還沒搞出來，正在搞。特古斯的問題，大家就把他當做內人黨搞的，實際上不僅是內人黨。四六年「四三」會議以後，說解散了，又成立了。實際是反革命組織，以前也是反革命組織。寶音滿都、哈豐阿

這些人當政，能是革命的嗎？中央把他們解散以後，他們又成立了。不過名目不同而已，像保守組織，改了個名，叫什麼「東方紅」什麼的，其實目的還是一個。他們的勢力，不是揪了王再天就行了，王下面還有他們一股。王再天的主要力量是在公檢法、醫學院，其他地方也有。王再天與特古斯是什麼關係呢？實際是一個夥。一開始活動，王再天就找特古斯談了許多次話。這股勢力一直伸到各院校，內大是一個窩子。師院恐怕不是個別人的問題，起碼是一個反革命集團。那麼多人活動，難道沒個集團？內大沒有集團？我主觀想是有的。為什麼醫學院、內大就是聯合不起來？當然你們有派性，實際上派性就是被敵人利用的。師院聯合起來以後，由於造反派的力量強大，他們不大敢動，只是時機不到，時機一到就動了。

現在，整個說，群眾是基本發動起來了。幾個大學怎麼樣？文藝、公檢法，基本上發動起來了。各機關還有很大的阻力。現在看要奮戰一下。一方面敵人在那裡搞，他也搞。你說是革命行動，他說得更革命。另外一個就是在後面暗地搞。群眾打倒，他就要保。他還有一定力量。不大，總還有的，還是有阻力的。雖然朋斯克揪出來了，王再天鬥了，敵人的陣線還沒亂。我們進攻，他們搞防禦，他們的陣腳還沒亂。我們現在還有發動群眾，把要害集團搞出來。要害集團不一定是什麼大人物，大人物在上邊。下邊還沒有動。現在開始了，今天二十五號，才一個禮拜的時間。總的現在機關搞，學校要配合。學校本身要發動群眾，徹底把反革命的窩子搞出來。上邊有主要人搞。下邊，地富反壞右、牛鬼蛇神，凡是敵人他們都會結合，所有的敵人都會團結在一起。他們要滅亡了嘛！

總之，要把文化革命向縱深發展，把烏蘭夫的黑線從思想上，從組織上徹底挖淨。不從組織上挖淨，還有人在那裡保他們嘛！思想上不乾淨，他們的人還能鑽進來。現在發動群眾，首先在各個大學集中力量打殲滅戰，打開缺口，突開局面。開始可能打擊面寬一些，領導要看準。先打開缺口，以後再向縱深發展。我只講了一句話，說內蒙軍區有，他們就動了，燒起來了。抓了四十六個，確實都有問題。我們不是希望敵人越多越好。敵人就是有，在那裡嘛！有的單位比較乾淨，這是好事情。有，就搞出來。現在我們學校就是要團結對敵，現在不團結對敵，就不是革命派。那是什麼革命派？

　　文化革命要條條落實毛主席的最新指示。思想上就是革命化，政治上就挖盡壞人，組織上就是清理隊伍，只要把他們清楚來就好。學校當然有個教育革命，這是大事情，不是短時間的，現在要抓這個教育革命和辦單位鬥批改聯繫起來，和社會上聯繫起來。你教育革命，搞得不管怎麼樣好，包下一批壞人，學生走一批來一批，還是他們在。這怎麼能搞好教育革命？教育革命要搞個班子，放些人，教育革命也要發動群眾。這個問題，一方面是社會問題，三司不要關門搞自己的，不顧社會上的。各大學要跟上社會上鬥爭情況，自己坐井觀天不行。要支援社會上的文化革命，當然重點是本單位，本單位不搞好，就不能解決問題。這就聯想到造反派內部，首先一步，要揪叛徒、特務、烏蘭夫黑線上的人，主要是這些人。最後是把造反派內部的少數壞人清除出去。要把敵我矛盾和人民內部矛盾區分開來，站錯對的保守派裡的確有壞人。造反派裡確實有壞人，造反派裡少。現在有跳出來的，就抓起來。主要是對準烏蘭夫的人。造反派有錯誤，要教育。特別是對受蒙蔽的群眾，要教育他們。公安廳這次動的就是參加保守派的。他們過去有錯誤，教育他們，不是不許他們革命，讓他們將功補過，站錯隊的，大部分是好人，特別是群眾。公檢法的造反派也不都是壞，但確實有。王再天、滕和就是這樣的人，一切叛國投敵的，到他們那裡就包庇起來了，他怎麼能是革命的呢？我們的文件沒寫，講時說了「公檢法就是包庇壞人的合法機關。」就是這個意思。這一條說清，造反派絕大多數是好的，還是要依靠造反派，團結受蒙蔽的，進行這場鬥爭。幹部也是這樣，如果沒什麼亂七八糟的事兒，僅這段犯了錯誤，經過教育，要讓他們參加這場鬥爭。真正壞的當然不行。王再天就是包庇木倫、嘎日布僧嘎。他不保不行呵，叛國案子露了不得了呵！木倫這個情報員就是特古斯介紹的嘛！對於保的問題，一般群眾保了，和滕和保他們不一樣，群眾不瞭解情況，現在不是搞群眾專政嗎？主要是搞一般的投機倒把，打擊地富反壞右、牛鬼蛇神。大的案件，專委會怎麼去搞？你們自己去搞。成立了革命委員會的，革命委員會領導去搞，發動群眾，不能老是靠外邊的。在目前情況下，再不聯合，就要犯了大錯誤。我們的鬥爭是兩個階級、兩條道路、兩條路線的鬥爭，就是要落腳到專他們的政上。解決了一烏二王這幾個大頭頭，他們下邊還有群眾，大部分群眾是受蒙蔽的，但確有死黨，放下這些不搞，去搞名利、爭席位，放棄階

級鬥爭，就不是真正的革命派。有的人逃避鬥爭，一緊張就跑了。像內大，好人跑就教育，壞人跑也跑不了。各處總是搞朋友，搞同志，現在一搞起來，他那個「八五」可能沒材料，他前一階段搞郭以青，突然一轉，被動了。不怕嘛，你這麼一搞，搞了自己人嘛！要姿態高一點，和他們一齊搞。你跑了就不對，這個不好。總是認識問題，不是敵我問題，當然現在搞起來，敵人希望我們亂起來，希望我們大分裂。我們一亂，他們就能發動起來。能不能亂呢？我看不能。打敵人要團結起來。一些小分歧，沒什麼了不起了的，亂不亂，不怕亂，只要講清了，就是挖烏蘭夫黑線，一致的，就和我們一起搞，不革命的是少數。把道理說清楚，團結對敵。如果你們搞派性，趁這個機會，一派搞掉一派，就是幫敵人的忙。現在就是要團結起來，對付敵人。革命鬥爭幾十年，規律一樣，凡對敵鬥爭緊張，自己就團結得好。文化革命也一樣，沒有敵情的人，不搞對敵鬥爭，搞自己的小山頭，這是個派性。報紙上不是天天講打倒派性嘛！這個派性不改，矛盾就會轉化了，會陷到敵人那邊去了。敵人希望我們這批隊伍作為他們的護身符，防空洞。我看敵人的陰謀不會得逞。

總而言之，今天講的，就是我們頭腦裡要有敵情，發動群眾，把社會上的敵人挖盡，有多少肅多少。過去的鬥爭對準黨內走資派，現在可能不是黨員，是牛鬼蛇神，當然也有黨員。凡是敵人，就挖出來，就專政。是不是對準群眾？不要怕，他是烏蘭夫的群眾，是搞民族分裂、搞修正主義的基礎，他是敵人。我就怕你們利用派性，這一派打了那一派，打了好人，犯錯誤。當然你們自己的壞人，另一派要揪，你們不要保，好人終究是好人、在這個鬥爭中，不要以為我們這一派裡邊揪出了壞人，是給自己臉上抹黑，你真有戰鬥力，就搞出壞人。也可能人家造謠了：「你們那一派都是壞人，又揪出來一個。」不要怕，有一個揪一個。你要包庇壞人，自己就要陷進去。王再天不就包庇壞人嗎？二十二年了，他不是自己包庇壞人，最後自己也成了壞人了嗎？文化革命中好多人因為包庇壞人，自己也成了壞人。造反派包庇壞人，最後，帳就不好算了。搞革命不能從自己的利益出發，要從黨的利益出發，特別是跟上中央的思想。這段落後，就是沒跟上中央。一個社論接著一個社論，就是階級鬥爭，你們除了學毛著，就是學社論，不然就要掉隊！

你們三司領導班子不要散夥，要經常開會，研究各單位怎麼搞。革命委員

會只能定大的原則，具體還是靠你們自己搞。學代會完了以後，要狠狠抓抓這個，研究一下怎麼搞。

今天黨校沒來，中學沒來。革命委員會抓不了你們靠你們自己搞。三司搞個集體領導，郝廣德、高樹華顧不過來，你們自己搞嘛！大家出主意，想辦法，散夥的思想是不對的。

三司勝利後就是有散夥思想，這個東西不好，沒有整體觀念，《西遊記》上說豬八戒動不動就聞到高老莊了，沙和尚就老是跟著唐僧。散夥的思想是不對的。

今天和你們談談，就是這個。揪黑線要搞一兩個月的時間。搞得好，快些，搞不好，就慢些。你們把亂七八糟的人，什麼內人黨搞出來，大多數人要搞臭，在群眾中搞臭，交群眾監督，最後處理，特別是內人黨、叛徒、特務、蘇特、蒙特，現在要搞臭，將來的線索，等揪出王再天、特古斯再說。不搞出來，他還在那裡煽動。反革命不可能不組織集團，我們共產黨三個人就是個支部嘛！敵人有經驗，不能沒有組織。

最後，希望三司敏感些，跟上革命委員會。革命委員會的講話你們都不支持。這些問題沒講，你們不知道，講了，還不幹，怕什麼？希望火力足點。目前是目標集中點，火力足點，不要防禦，我們已經防禦很久了。開始我們揪最大的王八旦，就是防禦，現在防禦夠了，該大家進攻了，徹底消滅他！就是在群眾中講，大家都動了，就好辦了。過去大家為什麼團結不起來？就是對不準敵人。再不能這樣幹了。

（記錄稿，未經本人審閱）

《東方紅》第35期
內蒙師院《東縱》《東方紅》編輯部
1968，2，10

23.做決心把無產階級文化大革命進行到底的革命派
——滕海清同志在幾個學代會上的講話（摘要）
（1968.01.25）

首先，讓我們共同敬祝我們的偉大領袖、當代的列寧、世界革命人民的偉大導師、我們心中最紅最紅的紅太陽毛主席萬壽無疆！萬壽無疆！敬祝毛主席最親密的戰友、我們的副統帥林副主席身體健康！永遠健康！

呼市工代會、呼三司、農代會、教代會、呼市職代會以及河西公司、華建等單位，在新的一年之初，先後召開了學習毛主席著作的積極分子代表大會。這些會議，有的剛開始，有的正在進行，有的已經結束了。這些會議開得好，開得適時。這些會議的召開，必將有力地推動內蒙呼市地區活學活用毛澤東思想的群眾運動，也必將成為毛主席最新指示條條落實，全面落實，奪取無產階級文化大革命全面勝利的巨大推動力量。我代表內蒙古革命委員會、內蒙古軍區，向各個大會致以衷心的祝賀，祝大會勝利成功！

你們都是來自各條戰線，各個部門，各個單位的學習毛主席著作的積極分子，你們在兩條路線鬥爭中，無限忠於毛主席，緊跟毛主席的偉大戰略部署，創立了功勳，積累了豐富的經驗，我應當恭恭敬敬地向你們學習。

當我們的偉大領袖毛主席向我們發出繼續進軍的戰鬥號令的時侯，在內蒙古地區面臨一次徹底肅清以烏蘭夫為代表的一切反革命勢力的嚴重鬥爭面前，在我們革命派內部迫切需要加強思想、組織建設的情況下，對每一個無產階級戰士來說，你是做一個徹底革命者，還是做一個半截革命者，或者是革命同路人，這個問題十分尖銳地擺在我們面前，我們必須作出回答。今天我想對如何「做決心把無產階級文化大革命進行到底的革命派的問題」問題，談談我自己的一些看法。

一、在頭腦中牢固樹立毛澤東思想的統治地位，在靈魂深處爆發革命。

毛主席是當代最偉大的馬克思列寧主義者，是全國和全世界革命人民最偉大的導師、最傑出的領袖、最英明的統帥、最正確的舵手，是當代的列寧，是當代全世界人民革命的最高權威。毛主席天才地、創造性地、全面地繼承、捍衛和發展了馬克思列寧主義，把馬克思列寧主義提高到毛澤東思想的嶄新階段。在馬克思列寧主義的發展史上，樹立了光輝的偉大的里程碑，把世界推進到以毛澤東思想為偉大旗幟的新時代。毛澤東思想是當代馬列主義的頂峰，是最高、最活的馬列主義，是典型的集中了人類最先進的思想。

中國和世界革命鬥爭的實踐證明，中國和世界革命的航道，只有緊緊依靠偉大舵手毛主席和光焰無際的毛澤東思想的引導，才能衝破重重困難，取得勝利；

是偉大領袖毛主席，領導了千百萬工農的秋收起義，粉碎了敵人一次又一次的圍剿；

是偉大領袖毛主席，在革命最危急的時刻，扶正了革命的船頭，糾正了黨內「左」「右」傾機會主義的錯誤，創造了舉世聞名的二萬五千里長征的英雄奇跡，挽救了中國革命；

是偉大領袖毛主席，在民族存亡的關頭，領導全國人民，用小米加步槍打敗了日本帝國主義；

是偉大領袖毛主席，在兩種命運、兩種前途的決戰時刻，領導中國人民搗毀了蔣家王朝，成立了偉大的中華人民共和國；

是偉大領袖毛主席，當國際上帝修反聯合反華的時候，以無比的馬克思列寧主義的智慧和魄力，勝利地領導了這一場世界範圍內的反帝反修的偉大鬥爭；

是偉大領袖毛主席，當中國赫魯曉夫陰謀篡黨篡國，大搞資本主義復辟的時候，親自發動和領導了這一切史無前例的無產階級文化大革命，摧毀了以中國赫魯曉夫為首的資產階級司令部，給國內外一切敵人以沉重的打擊。當前，

毛主席領導著我們必奪取無產階級文化大革命的全面勝利而奮鬥。無產階級文化大革命，創造了在無產階級專政下繼續革命的理論、路線、方針、政策，為世界革命和國際共產主義運動作出偉大的貢獻。

這一切歷史事實有力地說明了：只有毛澤東思想，才能救中國，才能救世界。對於我們每一個革命者來說，只有老老實實，恭恭敬敬地學習毛主席著作和他老人家領導革命的偉大實踐，用毛澤東思想來統帥我們靈魂的每一秒鐘，才能心明眼亮，立場堅定，勝利地完成時代賦予我們的改造主觀世界和客觀世界的光榮任務。

要把毛澤東思想真正學到手，大樹特樹毛主席的最高權威，必須要樹立一個革命的好學風。這是當前最最迫切需要解決的大問題。

革命的學風，就是毛主席親自倡導的理論聯繫實際的作風。

毛主席教導我們：「**對於馬克思主義的理論，要能夠精通它、應用它，精通的目的全在於應用。**」

也就是林付主席指示我們的：「學習毛主席著作，要帶著問題學，活學活用，學用結合，急用先學，立竿見影，在『用』字上狠下功夫。」

學風問題，不單是個方法問題，從根本上講是一個對待毛主席、毛澤東思想的態度問題。正如毛主席指出的那樣：「**學風問題是領導機關、全體幹部、全體黨員的思想方法問題，是我們對待馬克思列寧主義的態度問題，是全黨同志的工作態度問題。既然是這樣，學風問題就是一個非常重要的問題，就是第一個重要的問題。**」

用毛主席、林副主席關於學風問題的指示作標準，來檢查我們的學風，我認為，有不少同志是能夠用毛澤東思想來指導自己的思想和行動的，是學用結合，言行一致的。根據各個學代會介紹的部分典型材料來看，在無產階級文化大革命中，的確湧現了大批學習毛主席著作的先進單位和個人。在這個先進的行列裡，有緊跟毛主席偉大戰略部署，步步落實最新指示，在復課鬧革命中創造優異成績的呼市第五中學；有抓革命、促生產很出色，堅決按毛主席最新指示辦事，在教育團結受蒙蔽群眾、解放幹部等方面成績突出的呼市機床廠和呼市糖廠；有堅持就地鬧革命，業餘鬧革命，堅決頂住經濟主義黑風，從去年四月份起就狠抓毛主席著作學習班的河西公司變電站；有堅決捍衛毛主席革命

路線，頂黑風、戰惡浪，堅持「**抓革命，促生產**」的呼市郊區廠漢板大隊《東方紅》革命造反派戰士；有用毛澤東思想哺育一代新人成績顯著的河西公司幼兒園；有敢於造反、頑強鬥爭的師院附小兒童團；有熱烈響應毛主席的偉大號召，堅決走與工農相結合道路的呼三司首批下鄉知識青年集體；還有敢於革命，無私無畏，捨身救火，搶護國家財產的赫燕同志；還有敢於革命、公而忘私、勇敢戰鬥，狠抓革命，猛促生產的華建工人張學東、陳寶樹同志；有堅決按毛主席指示辦事，敢於鬥爭的郊區桃花公社小學教師李玉林同志；有長期活學活用毛主席著作，敢於破私立公，捨己為人，關心群眾的模範，呼市郊區愉林公社民兵營長郭占魁同志等等。還可以舉出一大批。此外，還有那些為無產階級文化大革命而光榮獻出自己生命的韓桐、歐陽儒忱、許克燈、付祥、馬德山等烈士。所有這些同志，都是我們學習的榜樣，我們應該虛心地、一點一滴地認真學習他們活學活用毛主席著作的先進事蹟和經驗。但是在我們的隊伍中也確有不少同志學風不正。例如：

口頭上高喊學習毛主席著作要「雷打不動」，實際上一擠就垮，或者不擠也垮。這是第一種。

不是時時、事事向毛主席著作請教，自以為了不起，尾巴翹上天，自作聰明，正路不走走歪路。這是第二種。

用於改造自己思想時，光打防禦戰，不打進攻戰，不敢觸及靈魂，生怕刺刀見紅。這是第三種。

滿足於一知半解，不在「用」字上狠下功夫。這是第四種。

學習不是為了武裝頭腦，而是為了裝潢門面，武裝嘴巴。這是第五種。

馬列主義上刺刀，光刺別人，不刺自己。這是第六種。

不是帶著問題學，學習時也不想問題，盲目性很大。這是第七種。

拿起《語錄》是一套，放下《語錄》又是一套，當面一套，背後一套，口是心非，像個投機商。這是第八種。

推行反動的實用主義，斷章取義，各取所需，拿毛主席語錄攻擊對方，為小團體、小宗派的利益服務。這是第九種。

明知學風不正，就是不改，陽奉陰違，搞兩面派。這是第十種，等等。

以上種種，反映在每一個人身上程度雖有不同，但實質上，歸根到底，是

對毛主席、毛澤東思想不忠，黨性不強的表現。同樣，也是兩條路線、兩種世界觀在我們頭腦裡的反映。這是障礙把毛澤東思想學到手的大敵，是革命的大敵，必須徹底搞臭，堅決打倒。

為了樹立一個革命的好學風，我們必須以林副主席為光輝榜樣。林副主席一貫地最忠誠、最堅決、最勇敢地捍衛毛主席的最高領袖地位，捍衛毛澤東思想、毛主席的革命路線，他以最大的遠見和最大的魄力，領導和組織全黨全軍和全國人民的毛澤東思想大普及運動，開創了億萬工農兵直接掌握馬列主義、毛澤東思想的新紀元。林副主席把毛澤東思的偉大紅旗奉得最高最高，對毛澤東思想領會得最深最深，用得最好最好。林副主席是全黨學習、貫徹、宣傳和捍衛毛澤東思想的最高典範，永遠是我們學習的光輝榜樣。我們還要向共產主義戰士雷鋒、王傑、歐陽海、劉英俊、蔡永祥、年四旺、麥賢得、李文忠等英雄人物學習，他們共同的最根本的經驗和高貴的共同品德就是最聽毛主席的話，毛主席怎麼說、他們就怎麼做，學一點，用一點，說到做到，表裡一致，言行一致。我們一定要像32111的英雄們那樣，真正把毛澤東思想印在腦子裡，溶化在血液中，落實到行動上，絕不要做「兩面派」，絕不要陽奉陰違。只有用毛澤東思想統帥我們靈魂的每一秒鐘，使我們每日生活毛澤東思想化，大學大用光輝的「老五篇」，努力改造世界觀，促進思想革命化，真正做到「三個忠於」、「四個無限」，才能做一個徹底的革命派。

要樹立一個革命的好學風，在當前還必須特別強調在階級鬥爭中學，在階級鬥爭中用。活學活用毛主席著作，脫離了階級鬥爭的現實，就不可能學得進，用得上，更不可能學得好，用得活，只能是一個誇誇其談、不解決任何實際問題的所謂「理論家」、「幻想家」。你們都是在階級鬥爭實踐中活學活用毛主席著作的積極分子，你們在這方面的經驗比較多，感受也比較深刻，你們當中有些人有沒有上面列舉的學風不正的表現？希望你們按照毛主席、林副主席關於學風問題的指示，對照檢查，找出差距，下狠心去改，在新的一年裡，在階級鬥爭的風浪中，學出新水平，用出新水平，真正成為學習、宣傳、執行、捍衛毛澤東思想的堅強戰士。並通過你們，把紅色的種子灑遍全區，把全區學習毛主席著作的群眾運動推進到一個更新的階段。

二、沿著毛主席指引的航道，到階級鬥爭的大風大浪裡去衝鋒陷陣。

毛主席教導我們說：「**千萬不要忘記階級鬥爭**」。

當前，從文藝界開始的一場挖烏蘭夫黑線，清烏蘭夫流毒的偉大鬥爭正在向縱深迅猛發展。最近揪出了特古斯，使這一場鬥爭深入了一步，光焰無際的毛澤東思想，已經照射到那些陰暗角落，那裡的革命群眾正在向那些壓制和束縛他們的反動勢力進行反擊。廣大的無產階級革命派發動了一場群眾專政運動，進一步地橫掃一切牛鬼蛇神，大長了無產階級革命派的志氣，大滅了資產階級的威風，震動了整個內蒙古，這種革命行動好得很。

毛主席教導我們：「**一切反動勢力在他們行將滅亡的時候，總是要進行垂死掙扎的。**」當前階級鬥爭不是沒有了、緩和了，而仍然是十分尖銳、十分複雜、十分激烈的。帝修反從來也沒有放棄過顛覆我們無產階級政權的陰謀，他們採取各種卑鄙手段，如蘇修、蒙修在我邊境地區搞擴軍備戰，製造緊張局勢，派遣特務，刺探情報，搞策反活動，等等。

從我們內蒙地區來看，國內的階級敵人一天也沒有停止過他們的搗亂砍壞活動。例如：走資派和社會上的牛鬼蛇神相勾結，和帝修反相呼應，利用我們隊伍裡的資產階級、小資產階級的派性和一些人的狹隘民族情緒，挑撥離間，製造糾紛，搞武鬥，搶武器。造謠惑眾，無事生非，煽陰風，點鬼火，妄圖破壞領導幹部之間、領導與群眾之間、地方與軍隊之間、群眾組織之間和民族之間的團結。

把黑手伸進革命隊伍，以極「左」的面貌出現，製造分裂，妄圖瓦解造反派，轉移鬥爭大方向。

有些走資派和烏蘭夫的黑線勢力，打著「受資產階級反動路線迫害」的幌子，公然跳出來為自己翻案，為烏蘭夫翻案。

利用不明真相的群眾的錯誤情緒（如生活福利問題、工作問題等），挑起事端，破壞生產，停工停產，破壞國家資財，阻礙交通。

利用各種機會、各種形式，惡毒地攻擊我們偉大領袖加無產階級司令部。

大刮反革命經濟主義黑風，擾亂市場，破壞社會治安。

打黑電話，寫黑信，利用金錢女人，進行威脅利誘。等等。

這一切都說明了階級敵人愈接近死亡，愈要垂死掙扎，瘋狂反撲，千方百計地想把水攪混，把矛頭指向新生的紅色政權，指向人民解放軍，轉移鬥爭大方向，破壞毛主席的偉大戰略部署，破壞無產階級文化大革命的全面勝利。

從我們隊伍來看，有相當一部分同志階級鬥爭觀念也越來越淡薄了，特別是革命委員會成立的地方表現更明顯一些。此如：

有的人認為，大局已定，革命到頭，不求進取，鬥志開始消沉，滋長了厭戰情緒，說什麼「鬥批走，鬥批散」。

有的「兩耳不聞窗外事」，關起門來搞鬥批改。

有的有右傾情緒，怕字當頭，怕犯錯誤，怕捲進去，怕牽連到自己。

有的對階級鬥爭漠不關心，面對鑽研業務、技術興趣很濃。

有的害怕艱苦，貪圖安逸，鑽進了自己生活的小天地。甚至還有的飽食終日，不關心政治，當了「逍遙派」，玩撲克，打麻將，直到深夜。據說，有的學校這樣的「逍遙派」占本學校造反派的一半左右。最近，在一些學校裡又刮起了一股「回家風」，個別中學竟走掉十分之九。

這些現象都是階級鬥爭在我們革命派隊伍中的反映。這是一種腐蝕劑，它直接腐蝕和瓦解著我們的隊伍，渙散我們的鬥志，使我們背離鬥爭的大方向，它是敵人向我們進攻的最薄弱的缺口，在客觀上起著包庇和幫助敵人的作用。這種傾向如不立即克服，就不能成為一個真正的無產階級革命派，只能是小資產階級的革命戰，或者是革命的同路人。

無產階級革命派，要不斷革命，徹底革命，就要增強敵情現念，狠抓階級鬥爭，反右傾，鼓幹勁，這樣才能排除干擾，緊跟毛主席的偉大戰略部署，奪取一九六八年無產階級文化大革命的全面勝利。

當前，擺在無產階級革命派面前的主要戰鬥任務是，以毛主席的最新指示為綱，狠抓階級鬥爭，集中火力，集中目標，打一場徹底肅清以烏蘭夫為代表的一切反動勢力的人民戰爭，並以此來推動整頓無產階級的階級隊伍、教育革命、文藝革命、農村牧區的文化大革命以及生產建設等各項任務。這一切從文藝界興起的偉大鬥爭，是關係到毛主席偉大戰略部署能否全面落實的大問題，關係到內蒙古一千三百萬人民命運的大問題，關係到年輕的各級紅色政權能否

鞏固和發展的大問題。一句話，是關係到內蒙無產階級文化大革命奪取全面勝利的大決戰。這一次，是近戰，是硬戰，是惡戰，必須集中全力打好一場殲滅戰。

為了打好這一仗，奪取全勝，還必須認真解決以下幾小問題。

一、要建立一支堅強的、有戰鬥力的無產階級的階級隊伍。這個隊伍應該是，無限忠於毛主席，緊跟毛主席的偉大戰略部署，堅決按黨的政策辦事的革命隊伍，真正做到兵要精，隊伍要整齊。無論是工人農民隊伍、幹部隊伍、教員隊伍、學生隊伍，都要按照毛主席的最新指示和元旦社論的精神，從思想上、組織上整頓自己的隊伍。首先，在思想上要狠抓對毛主席的態度問題，也就是要狠抓一個「忠」字，這是建設這支隊伍的靈魂。要狠抓階級鬥爭牢固樹立階級鬥爭觀念，大破私字，大立公字，促進人物思想革命化。在組織上要把自己隊伍中的壞人揪出來，清除掉。在進行組織整頓時，要嚴格區別兩種不同性質的矛盾，正確認識和處理「五十天」、「三個月」和「十七年」的關係，決不可以用「五十天」、「三個月」的成績包庇「十七年」的錯誤，也不可以用「十七年」的成績，否定「五十天」、「三個月」的錯誤。既要一筆一筆地算。好人犯錯誤，改了就好；壞人幹壞事，老帳新帳一起算。

二、打倒派性，斬斷黑手。《文匯報》一月十二目的社論「論派性的反動性」，列舉了派性的十大罪狀，已經講得很透徹了，大家要很好的學習，加以檢查改正。派性之所以要打倒，從階級鬥爭的觀點來看，派性最容易被敵人利用，也最容易混淆階級界限，掩蓋階級矛盾，包庇階級敵人。可以這樣說，凡是派性嚴重，問題長期不能解決的地方，一定有敵人搞鬼。正像《文匯報》所指出的：「『同意』我的觀點，不管是特務、叛徒都是同志，『不同意』我的觀點，即便是同志，統統成了『敵人』。」敵人最善於使用「鑽心術」，堡壘又最容易從內部攻破，派性就是為敵人鑽進我們內部開綠燈的交通崗。有派性的人，怎麼能有敵情觀念，怎麼能忠於毛主席，怎麼能緊跟毛主席的偉大戰略部署呢！所以必須打倒派性。只有打倒派性，才能暴露敵人，才能斬斷黑手。目前為什麼有些單位，大聯合搞不起來，有的單位聯合起來了，又重新分裂，甚至搞武鬥？背後一定有黑手。應當警告那些派性嚴重的人，要立即猛醒，否則肯定要犯錯誤，要走向反面。

三、防止階級敵人用民族問題來掩蓋階級鬥爭。

在內蒙地區，正確認識和處理民族關係，不僅對當前無產階級文化大革命的深入開展有現實意義，而且對內蒙的社會主義建設有長遠意義。

毛主席說：「**民族鬥爭，說到底，是個階級鬥爭問題**」。這就是說民族之間的關係，是階級關係，政治關係。處理民族之間的是非和敵我的標準，只有一條，就是看是否符合毛澤東思想。誰擁護毛主席，我們就和誰親，誰反對毛主席，我們就和他拼。這是最簡單、最普通、也是顛撲不破的真理。

現在有人說：「無產階級文化大革命盡打蒙古人，先打西部，後打東部」，「難道四十歲以上的蒙古人沒有好的了嗎？」「這是漢人整蒙古人」等等。很明顯這是階級敵人的挑撥，企圖把這一場嚴肅的階級鬥爭，引向反動的民族主義的歧途。這是階級敵人破壞民族團結，破壞無產階級文化大革命的最惡毒、最愚蠢的一著。

從內蒙古的歷史情況來看，由於烏蘭夫搞民族分裂，搞獨立王國，從組織上培植了他的一些黑勢力，這樣，蒙族幹部倒下去的要多一些，這是事實。這是烏蘭夫推行反革命修正主義、民族分裂主義路線的惡果。這一筆帳要掛在烏蘭夫的頭上。倒下去的人多，要看都是些什麼人。現在看來，倒下去的盡是那些王公貴族、叛徒、特務、宗教上層、反動軍官以及混進黨內的走資派。難道這些人不應當打倒嗎？正因為這些壞傢伙打倒了，大批少數民族出身的共產主義新幹部才成長起來。這不是天大的好事嗎？烏蘭夫不是少數民族的領袖，而是民族的叛徒，民族的敗類，各族人民的罪人。我們要按照毛主席的教導，要吃共產主義的飯，不要吃民族主義的飯。不管是什麼民族，都應當按照這個最高指示辦事。特別是那些有狹隘民族情緒的同志，要提高警惕，不要上敵人的當，否則就會犯錯誤，如果堅持不改，最後就必將陷入資產階級民族主義的泥坑。

四、正確處理本單位的鬥批改和社會上階級鬥爭的關係。

文化大革命進到現階段，特別是在已經建立革命委員會的地區和單位，必須認真搞好本單位的鬥批改。但不能與社會的階級鬥爭隔離開來。本單位的地鬥批改，是社會階級鬥爭的組成部分，是有機聯繫地。脫離社會的階級鬥爭，關起門來搞本單位的鬥批改是不對的。特別內蒙地區，在烏蘭夫的黑線還沒有

挖盡，烏蘭夫的流毒還沒有肅清的情況下，不關心社會階級鬥爭，把本單位的鬥批改孤立起來，肯定是搞不好的。但也決不是說可以拋開本單位的鬥批改，都到社會上去大串連。必須抽出一定人力和時間參加社會的階級鬥爭。我們有些單位，在自治區革命委員會成立以後，對社會上的階級鬥爭視而不見，聽而不聞，過去社會上掉一片樹葉他們都能知道，現在社會上投下一顆重磅炸彈都不瞭解，這是失去階級警惕的表現，這是很危險的。只有認真搞好本單位的鬥批改，才能對整個社會的文化大革命做出貢獻，但也只有積極參加社會階級鬥爭，使兩者緊密聯繫起來，才能把本單位鬥改改搞深搞透。因此我們必須立足於本單位，放眼全區、全國，才能奪取無產階級文化大革命的全面勝利。

同志們，我們內蒙古的革命形勢一片大好，前途無限光明，但前進的道路仍然是曲折的，困難也是很多的。打天下難，坐天下更難。時代賦予我們無產階級革命派以重任，我們在以毛澤東思想為偉大旗幟的時代裡，應當有這個志氣，決心做一個無產階級的徹底的革命派推進中國革命和世界革命，為中國革命和世界革命做出應有的貢獻。我們要高舉毛澤東思想的偉大紅旗。緊跟毛主席的偉大戰略部署，鼓足幹勁，力爭上游，繼續發揚敢想、敢幹，敢於創造、敢於革命的大無畏精神，再接再厲，戒驕戒躁，昂首挺胸，闊步前進，為奪取新的、全面的偉大勝利而奮鬥。

內蒙古自治區革命委員會印

一九六八年一月二十五日

24.滕海清，李樹德兩同志傳達中央首長的 重要指示精神（1968.02.13）

　　內蒙古革命委員會主任委員滕海清同志，到昭盟參加昭盟革命委員會成立和慶祝大會之後，到北京向中央彙報內蒙工作。2月10日晚8點至12點，周總理、康生、江青、姚文元、謝富治、楊成武、吳法憲等中央首長接見了滕海清和李樹德同志。接見時滕海清同志彙報了內蒙的工作，著重地彙報了11月12日江青同志講話以後內蒙古地區無產階級文化大革命的情況，在彙報中間，中央首長對內蒙的工作做了重要指示。

　　2月13日下午2時至5時30分，滕海清同志和李樹德同志，在新城賓館傳達了中央首長的重要指示，傳達時，滕海清同志對當前內蒙的工作也作了指示。

　　滕海清同志說，中央首長接見了我和李樹德同志，這對我們內蒙古革命委員會是個很大的鼓舞。中央首長在我彙報中間，對內蒙的工作做了指示，中央首長講得不多，但問題都很重要。這些問題關係到當前內蒙古地區無產階級文化大革命向縱深發展的問題。也就是徹底肅清烏蘭夫黑線的流毒，把廣大革命群眾充分發動起來，與審幹、整黨結合起來等問題。

　　在彙報中間總理指示，搶劫和破壞國家財產的，已不是派性問題，要以反革命處理，把頭頭抓起來在群眾中鬥爭，教育群眾。我彙報東三盟情況時，江青同志說，現在還有破壞鐵路、炸橋樑的，這不是派性，是反革命操縱的。東三盟，特別是哲盟。呼盟的一個地方，從河南、長春等地逃去的，加上本地的保守派，五百多人，他們有槍，打死了人。現在是要搞鬥批改，他們還在搞這些，處理應當注意。總理說，這是有反革命指揮。兩派鬥爭不能擴大，要分清兩類不同性質的矛盾，造反派沒聯合的，不能當反革命處理。搶槍打游擊，不在當地鬧革命，這是少數的。不能把兩派鬥爭當反革命，現在有保守組織，也都是人民內部矛盾，要教育、團結。巴盟、錫盟不能把少數派當成反革命處理。搶槍的要包圍起來，堅決打擊。不能把兩派鬥爭都說成是反革命，也不能借這個機會把保守組織搞掉，這樣幹就錯了。

　　滕海清同志說，第二是幹部問題。內蒙地方和軍隊的幹部很複雜，有烏

蘭夫、哈豐阿黑線影響，和其他地區比較起來多些，但還是一小撮。總理指示說，幹部問題要作具體分析，去年二、三月間，還沒有外逃的，只跑了兩個，軍隊是好的，大部分幹部也是好的。個別單位大部分爛掉是有的或全部爛掉也是有的，請同志們注意，大多數幹部是好的。把整黨和審幹如何結合起來，如何廣泛地把群眾發動起來，把烏、哈黑線挖出來，肅清其流毒，這個問題就基本解決了。總理問「烏蘭夫鬥了沒有？」我說還沒回去，總理又問：「報上點名了沒有？」我說內蒙古日報點了，全國的報還沒有點。現在正肅清烏蘭夫流毒，背靠背地鬥爭。總理說適當時交給群眾鬥爭。楊成武同志問：「黃厚、王良太是否參加了學習班？」我說，我們還沒有考慮。我彙報階級鬥爭很複雜，要肅清烏蘭夫的流毒，他的黑線是很長的。一方面要挖烏蘭夫很長的黑線，一方面還有人保，把群眾發動起來了，元月17日抓了些人，好人抓壞人是主要的，也可能有壞人抓好人，不能沒有，有些人把壞人抓起來，保護起來了。總理問：「給烏蘭夫翻案的人多不多？」我說有但不多。總理指示，要把給烏蘭夫翻案的頭頭抓起來，教育受蒙蔽群眾。

滕海清同志說，彙報時講到東聯、決聯站。東聯本來是造反派，但是被烏蘭夫死黨雲志厚操縱了。決聯站是高度垮行業組織，元月17日講話中讓他們回單位去鬧革命。總理說，現在就是按行業、按系統實現革命大聯合。我沒有宣佈是反革命組織，是讓他們回去，不回去的要敲鑼打鼓歡迎他們回去。我們作的不好，有人鬥爭了他們，轉移了大方向。我講的不算話了。不能把「決聯站」、「東聯」當烏蘭夫黑線搞，轉移了大方向。要搞烏、哈黑線，搞王再天。群眾組織裡的壞頭頭，要靠群眾自己起來揪，不能採取那種辦法！

滕海清同志說，第三，講群眾專政指揮部問題。公檢法不在我們手裡，由各大總部組織了群眾專政指揮部，打擊牛鬼蛇神，投機倒把。搞了以後，群眾都很高興。江青同志說，上海是文攻武衛指揮部，這又是群眾專政指揮部。總理又說，毛主席說了，要群眾專政，我們軍隊要把任務擔當起來，要搞個領導小組，把公檢法拋開。要是大的案件，像特務案件，不要開大會拿到群眾中去討論，可以少些人研究。像特務有些是有聯繫的，有些群眾還有點派性。群眾專政要有領導，我們的群眾專政指揮部就是在革命委員會領導下搞的。群眾專政很好，威力很大，形式很好，體現了毛主席指示精神，要總結經驗。

　　滕海清同志說，革命委員會建立後，人選問題，可能不純，寶音扎布是我提名的，出了問題，怎麼處理？出了問題，要採取內部處理的辦法，不採取到街上貼大字報的方法，是個別現象，這個問題我給高錦明同志打了電話。總理說，革命委員會是新生事物，要愛護它，維護它，小孩頭上還會生幾塊瘡呢，有了問題，同意採取內部處理辦法。個別單位可能也這樣，階級敵人正希望革命委員會亂，大張旗鼓地搞，階級敵人高興，我們要維護革命委員會的威信，好像是處理一個壞人，革命委員會就垮臺了，垮不了，不過是把孟子拿掉了，是十個指頭和一個指頭或半個指頭的關係，要相信廣大群眾，革命委員會主要頭頭有缺點，也要保下來。政權在我們手裡，我們有能力處理這個問題，不要把大字報貼到街上，要顧全大局。新的東西不可能沒有缺點。王力有問題，中央文革還是好的，黑龍江有個常委也很壞。大家都要注意這個問題。鬧的不好，搬起石頭砸自己的腳。一個旗縣革命委員會，有三、四十個委員，一個盟有七、八十個，有幾個有問題沒什麼了不起的。特別是錫盟，軍分區來人了，不支持革命委員會是不行的，寫了很多大字報，軍區不表態是不對的，高萬寶扎布，我們是暸解的，有點問題不大，如果有問題，再處理，現在鬧的有些委員不信任他了。有些大學也是，沒有什麼了不起的嘛！下一級革命委員會有問題，要經過上一級革命委員會批准。要有個秩序，不能讓一個兩個人把革命委員會牽制住。

　　滕海清同志說，包頭問題和伊盟問題，包頭兩派組織上聯合了，但思想上還沒有聯合，伊盟問題好解決。總理指示說，包頭要抓一下那裡有國家重要工業和國防工業，關係重大，希望在抓革命促生產方面要有個起色，滕海清同志去一下較好。包頭最大的問題是生產，幾個機械廠停產，包鋼停產，下的力量不夠，呼市抓的早，包頭抓的晚，李質同志去搞包頭的工作，有很大成績，但整個生產不好。內蒙古革命委員會由七人組成的核心小組，報上了，總理同意，需要康老批一下。總理說，21個省市，農業大豐產，工業生產也跟上去了，河北省好，石家莊工業生產更好。江青同志說，「內蒙的運動搞的不錯，局勢很穩定。東三盟去年五月份中央提出劃到瀋陽軍區，指揮作戰方便，為了備戰的需要，劃出去。」

　　滕海清同志說，王再天的問題，主要在公檢法，王再天到底是什麼問題，

揪特古斯的時候，王再天有些恐慌，我在公檢法講了話，王再天不敢傳達，18號醫學院把王再天揪出來了。王再天的材料沒有掌握多少，但是有材料。康老說：「王再天很陰險，去年8月從一個材看到，他是蘇修的特務。」當時醫學院提出這個問題，那時不是不讓你們插手，是不到時候，你們沒掌握材料，我也沒掌握材料，那時打仗是打糊塗仗。王再天不僅是蘇修特務，也是張學良的走狗，也可能是日本特務。1945年至1949年從蘇聯帶到內蒙一部電臺，烏蘭夫、王再天和蘇修通電報，問總理和康老，總理和康老不知道。可以培養一批蒙族幹部，大多數蒙族幹部是好的。烏蘭夫、哈豐阿、王再天他們不是我們的幹部，是敵人，什麼先打本部地區蒙族，後打東部地區的，黃厚、王良太、劉昌、張德貴、王逸倫、王鐸都不是蒙族，注意這個問題。康老說：「蘇蒙修特務、日本特務不少，絕大多數幹部和群眾是好的，把壞人揪出來是好的，但不要太寬，建設社會主義要靠大多數幹部和群眾。」搞內人黨開始可能寬了些，現在群眾剛起來，不能限制。康老又指示說：「烏蘭夫影響很大，流毒很深，首先是幫助部隊裡幹部站出來。對烏蘭夫的批判要深入持久下去，只要部隊、牧區不出亂子，就不會出大亂子。」在搞烏蘭夫的同時，要批鬥王逸倫、王鐸。蒙族地區的壞人要靠蒙族自己揪出來。有些蒙族幹部有民族情緒，是烏蘭夫的流毒，是認識問題，要與烏蘭夫反革命民族分裂主義集團區別開來。擁護毛主席是革命的，反對毛主席是反革命，要吃共產主義的飯，不要吃民族主義的飯，有些情緒是認識問題，不能與政治問題相提並論。有些民族情緒要教育，不要亂扣帽子。康老說：「內蒙去年有1800人來北京，問他們你們為什麼到北京？他們說我們是要革命的，如果不革命就往北跑了，不往南跑。」造中央的反是錯誤的，但還沒有往北跑。康老指示說：「要搞階級鬥爭，要教育群眾，不要陷在民族主義的泥坑中。列寧有許多關於民族問題的論述。」

滕海清同志說，在彙報內蒙文藝界時，江青同志說：「我在北京文藝界的報告，北京沒動起來，沒挖出壞人，內蒙行動起來了，挖出了壞人，給壞頭頭狠狠打擊，壞人人數不多，但活動能量很大。」文藝界抓了四五十個人，江青同志說，有的根本不是什麼作家，是騙子。江青同志又說：「現在有些自稱是造反派的是造誰的反？我們要的是無產階級的造反派。」有些造反派造誰的反？造我們的反，直接違背毛澤東思。反動路線統治時期，造反動路線的反，

現在無產階級司令部取得了決定性勝利，是造無產階級司令部的反。造資產階級的反有理，造無產階級的反無理。江青同志說：「李維漢利用民族自治，人為地製造民族分裂，廣西僮族本來和漢人一樣，他搞僮族自治區，把幾世紀以前的衣服穿上，還搞僮族文字。」江青同志還說：「去年在政協小禮堂，肖華說打吳濤同志打得好。肖華支持打吳濤，當時我很氣憤。」去年五月，我說把王良太隔離反省，講了兩次，肖華沒表示意見。

江青同志說：「整個內蒙形勢穩定，群眾專政指揮部很好，體現了毛主席的思想，要加強領導，總結經驗。」

滕海清同志說，內人黨1925年成立，1927年解散，1929年哈豐阿、朋斯克又恢復了，1939年又解散了，以後又成立了，1946年4月3日在承德會議上中央下令解散，以後又出來亂七八糟的。揪叛聯絡站和揪黑手聯絡站有很多材料，但底還不太清。總理指示說：「1946年4月3日以後的是反動的。」江青同志說：「頭頭要處理。」民族統一黨頭頭多數是蒙修情報員，這中間要區別對待，現行活動、大頭頭、小頭頭要區別對待，一定要搞，陣線還不清。組織上雖然是反動的但不是每個黨員都是反革命，一些群眾不見得是反革命。江青同志說：「內蒙古革命委員會成立抓了階級鬥爭，工作比較扎實。」內人黨搞清了以後，再報中央決定。

謝付總理說：「內蒙有沒有北京人，全部趕回來。民族問題要提到階級鬥爭的高度上來，要培養一批優秀的蒙族幹部，反革命分子千方百計挑起民族糾紛，要提高警惕。」楊成武同志說：「王再天說迷失方向是騙人，63年王再天和滕和到邊界，一天一夜沒回來，王再天說迷失了方向。蘇蒙修可能在我們這裡按了情報員。」

在整個彙報中，中央對我們的鼓勵很大，特別是江青同志的講話。實際上我們有很多問題，工業生產很差，旗縣建立革命委員會方面也很差，有些單位工作不細。我們搞群眾專政，有的盟市也搞，可是專的是炮轟派的政，專保守組織的政。我們這裡專《東聯》、《決聯站》的政，大方向錯了。不要以感情代替政策，大家對《東聯》氣憤是可以理解的，那樣做法我不同意，我那天的講話算放屁了！以後要團結起來，我還要找《東聯》、《決聯站》的同志談談話，他們還是老造反派。機關、政法、文藝界鬥爭很激烈，可能有少數單位還

在鬥保守派頭頭和其他人，群眾專政整個方向是好的，但個別單位方向錯了。有一種動向，矛頭指向革命委員會，不要這樣搞，一搞後臺就是這裡，你有什麼根據？敵人挑撥是非，我們腦子要不清醒，就要上當。放敵人不鬥，抓另外的就不好了，革委會和各總部都要注意，階級鬥爭很複雜，你不鬥他，他就鬥你。同情烏蘭夫還是反對烏蘭夫，反對就應當有個行動，一些群眾有些保守思想是可以理解的。這時是個考驗。有些群眾思想保守點沒關係。資產階級革命派一定造無產階級的反，轉移鬥爭大方向，我們要把階級鬥爭上綱，但要實事求是地上綱，不是無限上綱。有些派性插到裡面，把派性搞臭。黑龍江有特務嫌疑的一千三百人，定了的121人，公安廳是包庇日特的。全內蒙過去包下來一萬多，蒙修特務幾千人，不能為一個人就組織一個聯絡站，這是派性在作怪。現在有的人故意在那裡轉移鬥爭大方向，好像自己高明。我曾多次講，哲盟、呼盟問題是在軍區，寶音扎布還那樣搞。有些大學要注意，一個人有問題，兩個人調查就可以了，用不著組織聯絡站。沒什麼了不起的，那是一小撮，什麼時候要抓就抓。有些人轉移方向，是搬起石頭砸自己的腳。出來沒什麼可怕的，多搞一點也好。成立革命委員會的多數是垮不了台的。內人團問題很複雜，數量很大。是什麼組織，還待研究，現在不能斷定，還要繼續調查。

滕海清同志傳達完了以後，李樹德同志作了補充。李樹德同志說，滕海清同志都談了，我補充兩件事，計劃旗縣在3月底以前把革命委員會搞起來，企事業單位在「五一」以前把革命委員會搞起來。周總理說：「這樣計劃很好，要做個規劃。」現在農村是太忙了，抓革命促生產得到了保證。

第二總理強調要把工業生產搞上去。去年農業生產全面豐收，完成徵購任務不錯，這是生產好的結果。工業要狠狠抓，主要是呼包二市，占全區的80%。北京軍區推廣石家莊的經驗，石家莊的根本經驗是實現思想革命化，他們全年提前一禮拜完成了生產任務，確實思想革命化了。在呼市商店，你說一句，他說三句，造反精神強，態度不好。

李樹德同志還說，總理很贊成把工業生產狠抓一下。要抓思想革命化，搞臭派性。石家莊造反派組織人到車站幫助旅館送東西，實際上檢查了投機倒把。中央對石家莊造反派的評價很高，石家莊旅店都組織旅客學習毛主席著

作。石家莊造反派對我們有些意見，我們對情況瞭解得不夠，不準確。張家口也是同樣問題。有些問題過去看不出來，現在中央說話了。

（根據回憶整理，未經本人審閱）

呼和浩特工代會政治組

1968年2月15日

25.內蒙古革命委員會主任滕海清接見文藝革命辦公室等代表時的講話（1968.02.15）

　　一九六八年二月十五日上午九點，內蒙古革命委員會主任滕海清接見：文藝革命辦公室、內蒙古歌舞團《紅旗》革命造反團、掃殘雲戰鬥隊、京劇團《東方紅》革命造反總部、《小人物》革命造反縱隊、電影發行公司《韶山》聯總、內蒙圖書館《井岡山》戰鬥隊等代表時的講話記錄。

滕海清同志：

　　二月四日在北京江青同志接見我和樹德同志時我說的講話：「我十一月十二日對比文藝界的講話，是對北京文藝界講的，在北京沒有動起來。但是內蒙文藝界側動起來了，揪出了一些壞人，對主要的壞頭頭狠狠地打擊，壞人是很少的，但能量很大。」我們對文藝界的敵情怎麼估計：大多數同志是好人，壞人是少數。但在某些單位來講不是少數，這也是實事求是的。從去年十一月十六日開始，文藝界動起來了，三個方面鬥爭裡，有成績的，搞出了不少壞人，揭示了不少問題。但是運動向縱深發展阻力是很大的。特古斯揪出來了。實際上特古斯不是文藝界揪出來的，揪特古斯時，文藝界是不是完全不瞭解，不是完全不瞭解是右傾思想。揪出特古斯文藝界起火了，一月中旬又動起來了，沒有多時又滅了，但少數單位的戰鬥隊勁頭很大，整個文藝界不是大的。是敵人強還是我們的力量大？總是好人多，壞人是少數。江青同志說：「能量很大」這是從敵人方面講的。反過來講，我們的戰鬥力是強的，基本是右傾，現在有好轉。那時候有人壓制起不來，現在有革命委員會支持，為什麼還起不來？造反派右傾是很重要的，文藝界革命要靠自己起來接，外面支持不了起來了也帶來派性。目前，右傾，活性是最大的阻力，根本一條群眾沒有充分發動起來。右傾不表現在群眾，表現在造反派頭頭，造反派頭頭大多數是好的，主要是對文藝革命向縱深發展跟不上。在文藝界有烏蘭夫、哈豐阿這麼兩條線，實際上是一條線，一個問題，是合在一起的。傅作義這條線起不了多大作用。造反派

頭頭不理解，不完全理解。2.有一種舊的旁觀勢力，在文藝界長期以來：「文人相輕」放走了敵人。3.由於造反派頭頭本身是壞人，或有些錯誤還怕群眾起來聯繫到自己，所以不敢放手發動群眾。烏蘭夫要想搞政變，必然有這麼一些人去執行。另一方面是走資派在後面操縱。一切問題歸根一點：文藝界的造反派是不是真正的造反派？是不是要把無產階級文化大革命進行到底。造反派頭頭有錯誤洗洗澡，轉過來就好嗎！但也不能否認站錯了隊的同志，他們犯錯誤是部隊的，犯了錯誤改正錯誤「要立新功」就好嗎！造反派要聯合、團結他們。革命有阻力是很自然的，你要革他們的命，他就要反抗，阻力就自然產生。就看你們能不能按毛主席指示辦事。內蒙圖書館人多，只要高舉毛澤東思想偉大紅旗就能勝利！現在不是派去了人，有人支持你們，問題就能解決，堅決革命是毫無意義的。文藝界戰線包括魯迅兵團右傾，右傾是認識問題，一個對敵情估計不足，另一個對革命形勢跟不上，再有就是階級鬥爭不上綱，產生了右傾，這是思想認識問題。革命鬥爭中有時左一點，有時右一點，大家認識就好了，文化大革命形勢發展很快，由於我們有時也跟不上，有時也左一點，有時右一點。如果問題明朗化，就要改正，在不能右傾了。把敵人估計過低，把自己的力量估計過高是右傾，左傾實際就是左傾，整個造反派是認識問題，不能說有意的去包庇壞人。造反派仍然是造反派，整個鬥爭中方向是對的，某些時期思想不得力。右傾表現不敢發動群眾。毛主席教導我們：「我們應當相信群眾，我們應當相信黨。」多麼複雜的問題只有把群眾發動起來，應當相信群眾、依靠群眾，任何問題都可以揭露出來。資產階級反動路線就是不敢於發動群眾，壓制群眾。造反派右傾也是壓制群眾，不好。文藝戰線，真心把群眾發動起來很快就劃清階級陣線，哪個造反派內沒有一個壞人，不可能，小人物也是如此，不要看你們那裡很純潔。共產黨組織最嚴密也混進了壞人，劉少奇不就是一個嗎？在文藝界，是毛主席思想占統治地位？還是烏蘭夫的思想占統治地位？到底是擁護毛主席的人多？還是擁護烏蘭夫的人多？通過我們一系列的階級鬥爭證明：毛主席的革命路線勝利，還是毛主席思想占統治地位。」

內蒙文藝戰線很複雜，烏蘭夫召集了叛徒、特務、烏蘭夫也可能是叛徒，特務及叛國分子，反動學術「權威」，你們團也有反動學術「權威」吧？（插話）不應當估計過大，也不應當估計過小。今後的搞法就是按著江青同志講話

精神，充分放手發動群眾是最根本的一條。為什麼發動不起來？有沒有人在操縱？群眾起來他們就害怕，人家要革命為什麼要壓制。有些老虎屁股摸不得，背後有人在操縱，不管是造反派還是什麼組織，要把他揪出來，要把壓制群眾的人把他們揭發出來，批臭；群眾起不來戰鬥力就不強，壞人就揪不出來，他不交群眾我們就把他拉下馬，「捨得一身剮，敢把皇帝拉下馬」。

二、文藝界戰線的壞人多，開始要抓重點，重點突破，其他壞人就可以暴露出來，從那些人身上開刀，要有充分估計，有計劃步驟。這也跟打仗一樣，毛主席說：什麼文化大革命，無非是共產黨和國民黨打仗。烏蘭夫，還有他的兒子布赫安插在文藝界的爪牙，替他掌握大權，忠實結成死黨，要抓住重點。也有些是認識問題，不要犯打擊面過寬，如果群眾起來了揪出了壞人，揪錯了以後賠禮道歉。但各個單位要心裡有數，很多問題只要和群眾研究商量，把群眾的積極性發動起來，辦法就有了。還有一條，就是要聯合起來，在大方向一致的前提下，統一思想，統一認識。聯合起來，團結起來。本來力量不強再不聯合，力量就更少了，有一些右傾錯誤改了就好，沒有根本利害衝突，大方向是一致的，在毛澤東思想學習班裡，把一些思想問題統一起來。我不同意這一股，那一股。雲志厚是壞人那個烽火戰鬥隊不一定都是壞人，把他們聯合起來，堅決把烏蘭夫黑線挖盡。打好文藝戰線這一仗就要刺刀見紅，要聯合起來打近戰，統一思想，統一部署，統一計劃，乾淨，徹底打這一仗。

凡是有造反派的地方都有派性，要消滅派性，派性掩蓋敵人，敵人利用派性。我們要加強黨性：階級性才能指導革命，大家都承認是無產階級革命派，就要聯合起來，應當用毛澤東思想統一起來，當然有些認識慢一點的就要跟上去，認識快一點的幫上去，互相學習。我們的目的不是搞小集團，是搞文化大革命，要徹底挖修正主義根子，挖資本主義根子，毛主席提倡革命大聯合半年了，要求大同存小異，小意見不同可以辯論，不要認為自己革命，人家不革命的，這不好。如果誰不革命要清除，要革命就有行動，用實際行動站到毛主席革命路線上。階級鬥爭不是抽象的問題，是有具體表現，有對象的，決不是空洞的，不能空喊口號，不能乾打雷不下雨。我們光喊打倒蔣介石不行，不行遼沈戰，淮海戰怎麼行？

一條抓的緊，一條抓的狠。對敵人抓得狠，對同志要抓得緊；敵人不臭，

自己不香怎麼行？對站錯了隊的同志他們起來革命，革資產階級，革走資派的命，好嗎？要團結他們。我是支持站錯了隊的同志起來革命，我是反對那些不承認錯誤還認為自己沒錯，如果不改就是「老保」。把能夠給團結起來的同志團結起來，但不能把那些烏哈死黨、雲志厚那些人團結，要求他們的改。包括那些犯有嚴重錯誤的同志也要團結他們，在文化大革命中考驗他們，給他們考驗的機會。

江青同志講話後，文藝界起來了很好，要反掉右傾，反對形「左」實右，極左思潮的人。希望轉過來，越來越整齊，步調越來越一致，大家警惕性很高，團結起來就不會亂了。如果不抓階級鬥爭，只抓造反派，群眾組織之間的缺點錯誤，就會亂群眾我們是反對的。有右傾情緒轉變過來就好，認識問題有快的，有慢的，有先有後，轉變過來就好。要大辦毛澤東思想學習班，毛主席最新指示「鬥私、批修」為綱，首先鬥私，消滅派性，把私鬥好，就會把壞人揪出來，沒有派性，敵人就會原形畢露。鬥私就要改造人的思想革命化；改造世界觀。毛主席說：「世界觀的改變，是根本的改變。」不改變就會把敵人看成同志，把同志看成敵人。那裡有阻力，你們就到那裡去點火，幫助他，支持一下力量就強了，就集中全力打這一仗！

（記錄稿整理，未經本人審閱）
說明：此稿恐有出入，供參考。以革命委員會印稿為準

內蒙古京劇團 毛澤東思想學習班 印
教育出版社　毛澤東思想學習班 印

26.滕海清同志在接見呼市學代會和呼市 鐵路局學代會時的講話（1968.02.21）

同志們，戰友們：

首先，讓我們共同祝願我們最偉大的領袖，當代的列寧、全世界革命人民心中最紅最紅的紅太陽毛主席，萬壽無疆！萬壽無疆！

呼市學代會就要結束了，鐵路局的學代會剛剛開始，借此機會，我代表自治區革命委員向兩個學代會致以最熱烈的祝賀，並祝大會勝利成功。今年以來，在呼市地區自下而上地、普遍地召開了各行業、各部門的學代會，這是呼市人民政治生活中的一件大事，它必將有力地推動活學活用毛主席著作的群眾運動進入一個嶄新階段，推動無產階級文化大革命更深入、更扎實、更健康、更迅速地向前發展。

下面，我想就呼市地區學習宣傳毛澤東思想和當前階級鬥爭的形勢，簡單地談談自己的意見。

一、學習宣傳貫徹和捍衛毛澤東思想是我們每一個無產階級革命派畢生的光榮任務。

毛主席是當代最偉大的馬克思列寧主義者，是全國和全世界革命人民最偉大的導師、最傑出的領袖、最英明的統帥、最正確的舵手，是當代的列寧，毛主席天才地、創造性地、全面地繼承、捍衛和發展了馬克思列寧主義，把馬克思列寧主義提高到毛澤東思想的嶄新階段。在馬克思列寧主義的發展史上，樹立了光輝的偉大的里程碑，把世界推進到以毛澤東思想為偉大旗幟的新時代。毛澤東思想是當代馬列主義的頂峰，是最高最活的馬列主義，是典型的集中了人類最先進的思想。

中國和世界革命鬥爭的實踐證明，中國和世界革命的航船，只有緊緊依靠偉大舵手毛主席和光焰無際的毛澤東思想的引導，才能衝破重重困難，取得勝利：

是偉大領袖毛主席，領導了千百萬工農的秋收起義，粉碎了一次又一次的圍剿；

是偉大領袖毛主席，在革命最危急的時刻，撥正了革命的船頭，糾正了黨內「左」右傾機會主義的錯誤，創造了舉世聞名的二萬五千里長征的英雄奇跡，挽救了中國革命；

是偉大領袖毛主席，在民族存亡的關頭，領導全國人民，用小米加步槍打敗了日本帝國主義；

是偉大領袖毛主席，在兩種命運、兩種前途的決戰時刻，領導中國人民搗毀蔣介石王朝，成立了偉大的中華人民共和國；

是偉大領袖毛主席，當國際上帝修反聯合反華的時候，以無比的馬克思列寧主義的智慧和魄力，勝利地領導了這一場世界範圍內的反帝反修的偉大鬥爭；

是偉大領袖毛主席，當中國赫魯曉夫陰謀篡黨篡國，大搞資本主義復辟的時候，親自發動和領導了這一場史無前例的無產階級文化大革命，摧毀了以中國赫魯曉夫為首的資產階級司令部，給國內外一切敵人以沉重的打擊。當前，毛主席領導著我們為奪取無產階級文化大革命的全面勝利而奮鬥。無產階級文化大革命，創造了在無產階級專政下繼續革命的理論、路線、方針、政策，為世界革命和國際共產主義運動作出偉大的貢獻。

這一切歷史事實有力地說明了：只有毛澤東思想，才能救中國，才能救世界。對於我們每一個革命者來說，只有老老實實，恭恭敬敬地學習毛主席著作和他一生的偉大實踐，用毛澤東思想來統帥我們靈魂的每一秒鐘，才能心明眼亮，立場堅定，勝利地完成時代賦予我們的改造主觀世界和客觀世界的光榮任務。

你們都是在階級鬥爭實踐中活學活用毛主席著作的積極分子，你們在這方面的經驗比較多，感受也比較深刻，希望你們按照毛主席、林付主席關於學風問題的指示，對照檢查，找出差距，下狠心去改，在新的一年裡，在階級鬥爭的風浪中，學出新水平，真正成為學習、宣傳、執行、捍衛毛澤東思想的堅強戰士，並通過你們，把紅色的種子撒遍全區，把全區學習毛主席著作的群眾運動推進到一個更新的階段。自治區學習毛主席著作積極分子代表大會，將在三

月召開，希望你們並通過你們把整個呼和浩特市學習毛主席著作的群眾運動掀起一個新高潮，並在當前的鬥爭中作出更大的貢獻，以迎接自治區學代會的勝利召開。

二、以鬥私批修為綱，把這場挖黑線、清流毒的人民戰爭進行到底。

（一）形勢大好，阻力不小。

去年十一月十二日江青同志對文藝界的講話後，內蒙地區從文藝界開始興起了一場轟轟烈烈的挖黑線、清流毒的偉大鬥爭，這場鬥爭使內蒙的無產階級文化大革命推進到一個更加深入的新階段，有力地促進和帶動了各條戰線的各項工作，取得了很大成績。當前，運動正向縱深發展。這些都充分證明了偉大領袖毛主席提出的「再有幾個月的時間，整個形勢將會變得更好。」「階級鬥爭，一抓就靈」的英明論斷。主要表現在：

1、目前廣大群眾進一步發動起來了。

在這場新的、更加尖銳複雜的階級鬥爭中，廣大的無產階級革命派發揚了不斷革命，敢於革命的情神，在這支隊伍湧現出了一批堅決與以烏蘭夫為代表的反革命勢力作鬥爭的革命闖將。呼市群眾充分發動起來了，全區各地群眾也基本上發動起來了，無產階級革命派緊跟毛主席的偉大戰略部署，沿著毛主席指引的方向前進。受蒙蔽的群眾、站錯隊的幹部站出來勇敢地革命。過去有很多受蒙蔽群眾，造反派把他們發動起來了，犯錯誤的幹部，承認了錯誤也投入了挖黑線鬥爭，這是群眾充分發動起來的標誌。

在毛主席關於「群眾專政」的偉大思想的指引下，調動了廣大革命群眾的積極性，橫掃一切牛鬼蛇神，顯示了群眾專政的巨大威力。

許多單位，許多部門把社會上的階級鬥爭與本單位的鬥批改緊密地銜接起來，並組織了力量向社會作扎扎實實的調查研究，以階級鬥爭為綱，促進和推動了本單位的文化大革命和各項工作。

有一些陰暗角落，現在開始活動起來了。過去文藝戰線是一潭死水，公檢法過去公開包庇壞人，現在動起來了。

2、揪鬥了一批烏蘭夫的殘黨餘孽，挖出許多叛徒、特務，以及重大政治案件的線索。揪出了王再天、特古斯之流，各個單位對本單位的壞人實行了群眾專政，有些群眾組織揪出了一些壞頭頭。問題越揭越深，線索越揭越多，情況越揭越明，使無產階級的階級隊伍比過去更加純潔，運動更加深入了。

3、有效地促進革命大聯合和「三結合」。隨著運動的深入發展，階級陣線更加分明，揪出了一批壞人，使革命的大聯合和「三結合」出現了新局面，一些已經實現大聯合的單位現在更加鞏固了，一些沒有聯合的單位現在積極地聯合起來了。有些單位已經實現了革命的「三結合」，如呼市地毯廠就是一個典型。內蒙醫學院最近也快要成立革命委員會了，到目前為止，全區已經建立臨時權力機構的旗縣以上的單位56個，占總數的53.3%。

4、用偉大的毛澤東思想統帥這場挖黑線、清流毒的鬥爭。活學活用毛主席著作與這場階級鬥爭更加緊密地結合起來，進一步增強了廣大群眾的階級鬥爭觀念，加深了對毛主席的階級鬥爭和無產階級專政的偉大學說的認識，在激烈的階級鬥爭中把毛澤東思想的學習運動提高到一個新的水平。

當我們在這場新的鬥爭中取得偉大勝利的時候，還必須看到鬥爭中存在的問題。特別是用毛主席最新指示和一九六八年元旦社論的精神來衡量，運動發展的速度還不夠快，有的單位運動有起伏，發展不夠平衡。在內蒙的文藝、衛生、宣傳、財貿等系統以及呼市的一些地方還有不少死角。有的剛剛打開缺口又被堵住了。群眾發動的也不夠充分，不夠深入，還有不少同志對這場繼續深入挖黑線、清流毒的鬥爭的重大意義認識不足，思想落後於形勢。有相當一部分過去曾經是衝鋒陷陣的革命闖將，在新的鬥爭面前，停滯不前，猶豫觀望。一批堅決與烏蘭夫的殘黨餘孽勇敢鬥爭的革命闖將和過去站錯了隊、受了蒙蔽、現在起來革命的同志，在鬥爭中設有得到廣泛的、足夠的支持，甚至遇到了各種阻力，說什麼這是「極左思潮」、「老保翻天」、「別有用心」、「搞分裂活動」等等。總之，這場鬥爭還沒有真正深入下去，有些地區，有些單位階級鬥爭的蓋子還沒有徹底揭開，

為什麼會有這樣和那樣的阻力？主要原因是：

1、思想右傾，領導不力。毛主席教導我們：「當著群眾要求前進的時候，我們不前進，那是右傾機會主義」。我們有不少同志有右傾情緒，但還不

成為「主義」，我們要警惕犯這樣錯誤。右傾，主要不是群眾，而是一些領導和一些群眾組織的頭頭。在這場鬥爭中，有些同志不敢積極大膽地去發動群眾，堅決支持群眾起來革命。有的對敵情估計不足，優柔寡斷，決心不大；有的站在群眾後面指手畫腳；有的站在群眾對面阻礙運動，甚至壓制群眾起來革命。這些人中，大部分是認識問題，有的人是有嚴重的個人主義和派性，有的人是與那些黑線人物、壞頭頭有千絲萬縷的聯繫，生怕革命革到自己的頭上。

2、派性作怪。派性嚴重的革命群眾組織和同志，他們不是把全部精力用於對敵鬥爭方面，而是把主要精力放在自己的戰友和兄弟組織的身上。他們仍疑神疑鬼，總懷疑別人揪壞人是為了整自己，不是互通敵情、協同作戰，而是挖空心思搞派性情報。要麼你打你的，我打我的，要麼互相攻擊，把敵人丟在一邊。還有的單位派性膨脹，在清理階級隊伍時，只把眼睛盯著對方，一手揪別人，一手捂自己，要麼你揪我一個，我揪你一個。更嚴重的是，借群眾專政之名，行派性報復之實。這些都干擾了鬥爭大方向，破壞了革命大聯合，成為運動深入發展的阻力。

3、階級敵人的破壞和搗亂，是這場運動阻力為總根子。毛主席教導我們：「一切反動勢力在他們行將滅亡的時候，總是要進行垂死掙扎的。他們必然採取軍事冒險和政治欺騙的種種手段，來挽救自己的滅亡。」在目前這場鬥爭的決戰時刻，階級敵人一定會採取各種手段進行垂死掙扎。他們會採用公開或隱蔽的，極「左」或右的，文的或武的。利用我們隊伍中的派性和右傾情緒等種種手段，進行破壞和搗亂。從呼市地區和呼市鐵路局系統的階級鬥爭情況來看，我們應當引起嚴重的注意。例如：

（1）利用群眾專政進行階級報復。

紅旗區通道街治安委員白吉武（貧農出身，軍屬）因平時對街道不法分子管制較嚴，這些壞人懷恨在心，利用其子女趁群眾專政之機，將白抓去毒打，幾乎致死，至今臥床不起，並說：「滕海清說了，對你們這些人就是要專政，只要不打死你就行了。」而參加這次抓人行兇的有：孫文（父親是勞改釋放犯，本人投機倒把）、朱彥臣（祖父被我鎮壓，父親是國民黨警官）、張士英（富農子弟）、葛修洪（父逃臺灣）、張善繼（父任過偽歸綏區長）、李萬林（資本家出身），就是這些人對我們貧農出身的工農幹部進行專政，誰專誰的

政不是顯而易見嗎？

又如呼市雜技團，長期以來在封建班主商家控制之下，而現在該團造反派頭頭又是他們的子弟。他們千方百計壓制群眾揭發問題，如十七年就受害這次又站錯隊的景運慶因揭發問題，被走資派栽贓陷害，誣為有人命案，結果實行了群眾專政，於是其他準備起來革命的人也不敢說話，願意革命的同志仍有很大精神壓力。

（2）利用宗教、民族情緒擾亂階級陣線，轉移鬥爭大方向，破壞文化大革命。

如：紅旗區的走資派和反動宗教上層人物勾結，利用封建迷信拉攏群眾，煽動民族情緒。該區回民反動頭目阿訇散佈「天下回民是一家」的反動言傳。同時又派人到新疆、寧夏、包頭與那裡的回民串聯，活動十分猖狂。把插在清真寺的紅旗拔下，五星塗掉。

再如：郊區桃花公社的一些莊頭蒙古族公開要地、要糧說：「我們要和土旗蒙族一樣，給一樣多的自留地，分一樣多的糧。」否則就是「搞民族分裂，破壞民族團結」。階級敵人接過我們的口號利用批判烏蘭夫流毒的旗號，又來煽動民族情緒，變相搞民族分裂，手段十分毒辣。

（3）大刮翻案風，搞階級報復。

目前有些被專政的四類分子、勞改釋放犯、右派、四清下臺幹部等借批判資產階級反動路線要算十七年的賬，進行翻案活動。有的人說：「十七年的賬要算，十七年的案要翻。」

財貿系統的糖業煙酒公司有個勞改釋放犯張萬榮公開說：「過去是你們改造我們，現在該我們改造你們了。」煤建公司的幾個勞改釋放犯、國民黨少校軍官、國民黨軍團長等數人把政治幹部拉去圍攻，逼問抄鬥趕他們的原因，要求平反。

又如製氈廠一個資本家領著他兩個參加了造反派的兒子半路攔截該廠黨委書記劉××說：「你他媽的還執行反動路線，還要整我。」要求平反。

還有些地富反壞牛鬼蛇神借整頓黨組織的機會大整站錯隊的黨團員。如財貿系統有個地主分子說：「共產黨員都是害人的人。」

（4）利用派性擾亂階級陣線，或採取造反派掌權他們利用的辦法和無產

階級奪權。

例如鑽在內蒙師範學院的壞傢伙、烏蘭夫的「三太子」力沙克，利用我們隊伍中的弱點，惡毒地挑撥是非，設下圈套，妄圖點鬼火，挑起派性鬥爭，轉移大方向，保護自己。

市文化體育用品社，造反派內有歷史問題的有九人，並當了頭頭；有一個是勞改釋放犯，一個是國民黨連長，偽電臺台長，這些人扶植出一兩「老造反派」當權，並有意結合一個無工作能力的幹部湊數，以此達到他們掌實權的目的。

五金公司一個脫黨、貪污分子，同國民黨報社記者及參加過四個反動組織的，有海外關係，有特務嫌疑的人聯合組織了一個「抓革命促生產領導小組」，抓公司的行政業務權，與該公司的革委會分庭抗禮，明顯的爭權、奪權。

（5）走資派人還在，心不死，總想伺機反撲。他們有的人對造反派恨得要命，記變天賬，妄圖反攻倒算。有的壞傢伙利用他母親在文化大革命中的死日，誣衊造反派，並在這一天燒香上供發洩反動階級的私憤。他們還利用他們的市場，施展影響，與社會上的牛鬼蛇神以及鑽進造反派隊伍裡的壞頭頭勾結在一起，散佈流言蜚語，造謠中傷，企圖把水攪渾，轉移視線。

以上三條，就是阻礙這場鬥爭向縱深發展的主要原因。屬內部原因，我們應當迅速克服糾正；屬來自敵人方面的，我們應當時刻提高警惕，徹底揭露，堅決打擊。

（二）克服右傾，圍剿派性，下定決心，排除干擾，奪取這場挖黑線、清流毒鬥爭的徹底勝利。

我們已經取得了很大的勝利，但是還很不夠，我們必須鞏固成績，乘勝前進。下一步怎麼辦，就是要繼續貫徹自治區革命委員會第二次全會的情神，要狠抓階級鬥爭，在一段時間內，集中火力，集中目標，開展一場挖黑線、清流毒的人民戰爭。同時，要大辦毛澤東思想學習班，進一步深入開展革命的大批判，推動、促進和鞏固革命的大聯合和三結合，搞好各單位地鬥批改，抓革命，促生產，促工作，促戰備。在成立革命委員會的地方要把挖黑線、清流毒與整黨、建黨，建立無產階級的階級隊伍等緊密結合起來。如何深入開展這一

場挖黑線、清流毒的鬥爭？

1、充分認識這場鬥爭的重大意義，進一步放手發動群眾，加強領導。正在進行的這一場挖黑線、清流毒的鬥爭，大方向是完全正確的。這對內蒙的社會主義革命和建設具有極其重大的戰略意義。下決心打好這一仗，這是革命的需要，是形勢的需要，是鞏固政權的需要，是對敵鬥爭的需要，是反修、防修的需要，是奪取無產階級文化大革命全面勝利的需要。這是關係到內蒙地區一千三百萬各族人民的前途和命運的大事，切切不可等閒視之，掉以輕心。當前，關鍵問題在於領導，包括革命群眾組織頭頭。毛主席教導我們：只有落後的領導，沒有落後的群眾。「如果只有廣大群眾的積極性，而無有力的領導骨幹去恰當地組織群眾的積極性，則群眾積極性既不可能持久，也不可能走向正確方向和提到高級的程度。」所以，我們必須加強領導，反覆宣傳這場運動的偉大意義，放手發動群眾，調動一切可以調動的積極因素，投入這場新的鬥爭，人人爭取在這場鬥爭中立新功。

2、牢牢掌握鬥爭大方向，實行重點突破。當前鬥爭的大方向，就是打一場挖黑線、清流毒的人民戰爭。烏蘭夫統治內蒙近20年，已經基本上完成了復辟資本主義的組織準備，以烏蘭夫為代表的各種反革命勢力，他們在政治上、思想上、組織上是相互聯繫的。有人認為：「揪烏哈黑線是為了保國民黨的殘餘勢力」，這個說法是錯誤的。國民黨的參與勢力在內蒙地區確實不小，但他們不是掌握大權的，是依附在烏蘭夫反革命勢力之下的，是烏蘭夫反動勢力的社會基礎的一部分，這必須揪，而烏蘭夫線上的人物，大部分鑽進了我們黨內，是掌握了大權的一批「定時炸彈」，他們還有比較龐大的為推行反革命修正主義、民族分裂主義服務的反動組織和叛徒、特務等反動勢力，所以，就內蒙整個社會來說揪烏哈黑線是這場鬥爭的重點，這個大方向我們必須緊緊抓住。在內蒙、呼市地區，公檢法、文藝界、衛生、教育界以及財貿系統等，是這場鬥爭的重點，必須徹底揭開階級鬥爭蓋子，搞深搞透。

有人提出：「我們單位沒有什麼烏哈黑線，因此也無毒可清」，這是十分危險的論調。烏蘭夫的黑線又深又長，流毒全區，因此，不是有沒有的問題，而是有多少的問題。即使有些地方烏蘭夫黑線少一點，難道那裡就沒有階級鬥爭了？比如，呼市鐵路局系統，烏哈黑線可能少一點，難道薄一波、呂正操、

武竟天的黑線就沒有伸進來，挖盡了？流毒肅清了？所以，對於某個具體單位來講，鬥爭重點可以有所側重，但必須狠抓階級鬥爭，牢牢掌握鬥爭大方向，實行重點突破。

3、持久深入地開展革命大批判，促進和鞏固革命的大聯合。革命的大批判在前一階段搞了一下，有很大成績。但目前又冷了下來成了薄弱環節。我們不僅要挖黑線，而且要清流毒。挖黑線固然不易，清流毒更難。只有深入、持久地開展大批判，把已經揪出來的敵人批倒批臭，才能更好地發動和教育群眾。批判烏蘭夫黑線，必須和批判中國的赫魯曉夫結合起來，使他們的醜惡面目和陰謀活動現形於光天化日之下，才能使他們一切復辟的妄想徹底破產。

在這場新的鬥爭中，只有深入持久地開展革命的大批判，才能有力地促進和鞏固革命兩大聯合。無產階級革命派在這場新的鬥爭中，必須進一步加強團結，一致對敵，這是取得徹底勝利的重要關鍵，是大方向。但是在有些單位、有些部門這階級鬥爭的深入，那裡的階級鬥爭蓋子沒有揭開，階級陣線還不清楚，在造反派內部出現暫時的分化現象，這是正常的。要防止有人用「這是搞分裂、拉山頭」來壓制對方起來革命。當然，也絕不允許一些別有用心的人，藉口所謂革命來製造分裂。

在這場新的鬥爭中，我們還必須誠懇幫助和堅決支持那些犯錯誤、站錯隊的同志起來革命。要防止有人用「老保翻天」來壓制別人革命。翻資產階級的天，我們堅決支持，翻無產階級的天，我們堅決反對。

我們不僅要加強無產階級革命派的大聯合，而且要加強與那些犯過錯誤、站錯隊現在起來革命的同志的團結。我們要在毛澤東思想的偉大旗幟下，團結一切可以團結的人，這就是毛主席的群眾路線，也是考驗我們對毛主席革命路線忠與不忠的一個試金石。

4、圍剿派性，團結對敵。目前，全國正在轟轟烈烈地開展一場圍剿派性的群眾性活動，人民日報和其它各地報紙都發表了大量文章，有力地批判了資產階級、小資產階級的派性，我也講過幾次。現在，派性已經像過街的老鼠，人人喊打了，大家都知道派性是不符合毛澤東思想的，是可恥的事。但是，還必須強調指出，在這場新的鬥爭中，有些單位由於派性重新膨脹，直接起著掩護階級敵人，捂階級鬥爭蓋子，破壞毛主席戰略部署的惡劣作用。希望存在這

個問題的單位和同志迅速猛省，否則，將會越陷越深，造成自己垮臺的條件，為革命事業造成損失，這是犯罪行為。只有打倒派性，才能團結大多數，孤立最少數多，調動一切積極因素，打好這場挖黑線、清流毒的人民戰爭。

5、大力加強群眾專政。

群眾專政指揮部自成立以來，做了大量的工作，取得了很大成績，大方向是正確的。雖然有這樣和那樣的缺點錯誤，但主流是好的。最近，我們在向中央首長彙報的時候，總理和江青同志都指出，群眾專政指揮部這種形式是好的，威力很大，獲得了群眾的擁護，體現了毛主席依靠群眾專政的思想，要加強領導，總結經驗。

必須看到，群眾專政已經成為當前階級鬥爭的焦點之一。階級敵人一定會千方百計地採用打進來、拉出去等各種方法來利用它、破壞它。一方面，我們要提高階級警惕性，防止敵人的破壞和利用。另一方面，我們必須正確對待這一新生事物，要愛護它、加強它，使它邁步地走向完善。作為群眾專政指揮部本身，必須不斷地總結經驗，整頓組織、整頓思想、整頓作風，充分發揮作用，適應階級鬥爭的需要。

群眾專政指揮部必須相信群眾，依靠群眾，緊密地聯繫群眾。群眾專政的基礎是群眾，絕不是少數人專政，更不是派性專政，如果那樣就會犯錯誤。在實行群眾專政的過程中，不僅要揪出壞人，而且要把壞人在本單位徹底搞臭，達到孤立敵人、教育群眾的目的。

群眾專政必須執行穩、準、狠的方針，嚴格區分兩類性質的矛盾，分清敵我，專敵人的政，在專政中要把好人與壞人區別開來，壞人中主謀和協從區別開來，頭頭和受騙的群眾區別開來，頭頭中主要的和一般的、悔改好的和抗拒的區別開來，

以上五條，都是屬教育措施和組織措施。要想把這場鬥爭更好地深入開展下去，最主要、最根本的一條就是要高舉毛澤東思想偉大紅旗，活學活用毛主席著作。你們都是學習毛主席著作的積極分子，希望你們要更加努力學習毛主席關於階級鬥爭的學說，在鬥爭中學，在鬥爭中用。在你們每天學習毛主席著作的時候，都要檢查一下，你對毛主席、毛澤東思想、毛主席的革命路線，態度忠不忠，跟得緊不緊，進一步提高無產階級政治覺悟，增強階級鬥爭觀念，

人人在這場鬥爭中成為出色的革命闖將。

（三）、抓革命，促生產，促工作，促戰備。

一九六七年，由於受到資本主義復辟逆流的衝擊，上半年的生產遭到了嚴重的破壞。勝利以後，生產逐步回升，全年取得了較好的成績，呼市機床廠、糖廠、製藥廠等單位都超額完成了全年的生產任務。呼市鐵路局生產任務完成得更好一些。在全國鐵路系統中，是較早實現全線革命大聯合和三結合的先進單位之一，不僅較好的完成了去年全年的交通運輸任務，同時，還有呼和、賽漢塔拉、集寧和阿吉拉等機務段聯會組成的特備機車隊支援外區。在大辦毛澤東思想學習班的高潮中，有45%的職工參加了學習班，這是取得成績的根本保證。

一九六八年的生產建設任務是光榮而又繁重的。總理指示，一九六八年的工業生產水平不能低於一九六六年，農業生產水平不低於一九六七年。總理還講：今年是第二個五年計劃的第三年，今後幾年肯定是大躍進。去年抓了一年，今年一開門又抓了鐵路，鐵路搞的好壞，關係到文化大革命後半期的問題。我們一定要鼓足幹勁，力爭上游，堅決完成並力爭提前、超額完成工農牧業和鐵路運輸等各項生產建設任務。尤其是呼市鐵路局必須看到本身階級鬥爭的複雜性，和所處地區的戰略地位對鐵路運輸的要求，絕不能滿足現狀，一定要狠抓革命，猛促生產。

擺在今年生產建設任務面前的困難和阻力是很多的，我們必須引起嚴重注意和做好充分的思想準備。從我們內部的思想上說，派性和無政府主義是當前影響和破壞生產的主要障礙。在呼市有些工廠停工、停產，有的停產長達四、五個月。還有不少單位無政府主義嚴重：革命，願抓就抓，不願抓就不抓；生產，願促就促，不願促就不促；復課，願復就復，不願復就不復。有一些單位還有一些人，無故曠工缺勤、擅離工作和生產崗位，遲到早退，敷衍了事。呼市鐵路局從去年九月份以來，月月都有重大事故、大事故發生。更為嚴重的是，有的單位有的人，鬥志衰退，大養熱帶魚，不關心國家大事，不努力生產，這是一種低級趣味，是資產階級的腐朽作風，與工人階級的本色是不相稱的，必須堅決反對。

　　派性和無政府主義是一對難兄難弟。必須堅決、徹底地圍剿派性，打倒無政府主義，加強社會主義勞動紀律。能不能自覺地遵守社會主義的勞動紀律，是衡量我們每個同志是不是堅決貫徹毛主席「抓革命、促生產」偉大方針的重要標誌，是衡量每個同志對社會主義建設事業具有高度政治責任感和國家主人翁的重要標誌，也是衡量我們是不是忠於毛主席、忠於毛澤東思想，忠於毛主席革命路線的一個重要標誌。對於那些煽動群眾、破壞社會主義勞動紀律，破壞生產建設的一小撮壞人，必須深入揭發，依法制裁。對那些由於不負責任造成嚴重事故，損害國家資財的人，一定要嚴肅處理。革命幹部要積極領導生產，和廣大革命職工一起，維護社會主義的勞動紀律，該說的就說，該做的就做，該管的就管。這是對人民利益的最大負責。

　　今天就談到這裡，供大家參考。

　　希望在坐的同志，要更高地舉起毛澤東思想偉大紅旗，刻苦地活學活用毛主席著作，緊跟毛主席的偉大戰略部署，在條條落實、全面落實毛主席最新指示的過程中，既做革命的闖將，又做生產的模範。為奪取一九六八年無產階級文化大革命的全面勝利貢獻出自己的力量。

　　最後，讓我們高呼：毛主席的革命路線勝利萬歲！

　　無產階級專政萬歲！無產階級文化大革命勝利萬歲！

　　戰無不勝的毛澤東思想勝利萬歲！偉大的中國共產黨萬歲！

　　我們心中最紅最紅的紅太陽偉大領袖毛主席萬歲！萬歲！萬萬歲！

27.滕海清同志二月二十二日晚在內蒙古 教育界毛澤東思想學習會上的重要講話 （1968.02.22）

　　不算什麼報告，王金保同志開會要我講講，沒準備，叫我講，講不出什麼名堂來。全區教育革命，全師生在各級革命委員會的領導下，文化大革命，教育革命取得了很大成績。教育革命和其他戰線一樣，形勢很好。全區自從第二次常委擴大會議後，在這一個多有的時間內，廣泛的發動群眾，挖烏蘭夫黑線，肅烏蘭夫流毒，廣大的、普遍的群眾運動向縱深發展得很快，形勢很好，對形勢同志們比我瞭解的多一些，我沒到下面去，接觸的不多，你們瞭解得比我多。這個形勢，即挖烏蘭夫黑線，肅烏蘭夫流毒的群眾運動，標誌著內蒙文化大革命向縱深發展的開始。當然了，對烏蘭夫修正主義民族分裂主義的鬥爭，不是現在開始的，從文化大革命開始就鬥爭，把他揪出來了。開始就把烏蘭夫反黨叛國集團揪出來了。揪出來後，劉鄧拋出了資產階級反動路線，資產階級反動路線一出來，就干擾、衝擊了對烏蘭夫的鬥爭。這種鬥爭，特別是從六六年十二月以後，特別是六七年一月到五月底這段時間，進行了幾十個回合。第一個回合是與烏蘭夫反革命修正主義民族分裂集團的鬥爭，第二個回合是與王逸倫王鐸加上軍隊內地下黑司令部的鬥爭，這個鬥爭搞得很長，將近半年，五月底把他們打下去了。在把資本主義反革命復辟逆流打下去以後，籌備小組成立到革委會成立，是各級群眾組織，籌備小組集中地抓了貫徹毛主席偉大戰略部署，在這段時間裡，在我們整頓革命造反派思想和作政治工作的時候，有一股反革命實力還沒有揪出來，有王再天、特古斯，實際上這是一個反革命司令部和我們對抗，那時整頓無產階級革命派的時候王再天、特古斯成了烏蘭夫、王逸倫的接班人了。這我們有所察覺，那時顧不上搞，加上中央康老的指示，對王再天初步有些了解，但在革委會成立前後，我們觀察他們的行動，摸摸他們底細。在揪特古斯的前後……（不清），特古斯是個壞人，早有察覺那時三司同志，其他一些同志也是有察覺的，就是在這個前後，王再天活動更加囂張，進一步證明王再天是他們的司令部。最後看清了，在元月十七

日以前大會上郝廣德同志還有一些同志發了言，十七日最後我講了一次話，火點起來了，點起火以後加上群眾專政總指揮部經一段時間的準備，配合了這一行動從而轟轟烈烈的運動起來了，群眾基本起來了，現在有些盟市按這一決定辦了，但發展不平衡，好的是呼市，其他盟市動了，但動得不大，準備得不夠好。一方面群眾發動起來了，要打一場挖烏蘭夫黑線肅清烏蘭夫流毒的人民戰爭，這個當中，廣大無產階級革命派幹勁很大，旗幟鮮明；另一方面，一個組織思想跟不上，有些右傾情緒，懷疑這樣搞是否對；第三方面，真正的階級敵人、特務、叛徒、烏蘭夫死黨，哈豐阿死黨，過去隱藏很深，現在他們採取以攻為守的辦法，這些壞人大部分跳出來了。這些敵人利用我們正確的口號：將文化大革命進行到底，「揪線肅毒」等，把矛頭指向真正的革命同志，保護特務叛徒，自治區黨委機關、人委機關、呼市黨委機關，人委機關表現很突出。他們以極「左」的面貌，不把矛頭指向烏蘭夫死黨，而是把矛頭指向真正的革命同志，指向革命群眾組織的領導是或其他人。這種情況不難看清敵人的動態。這一作法是早已料到，我們必須打一場打倒烏蘭夫反黨集團的人民戰爭。他們進行反撲是預料到的。在這段時間裡很多單位有這樣的情況。如黨委紅旗這個組織還是不錯的，這幾天很熱鬧，壞人過去沒出來，現在跳出來了，現在工學院、林學院進了黨委大院，紅衛兵衝一下就很好，人委機關這一方面領導人右傾，一方面有壞人操縱，很多人受壓制。幾個大學、工學院、林學院、農牧學院發展較正常，師範學院有進展，醫學院長期不能聯合現在形勢大好，因把壞人揪出來問題好解決了，最近成立革命委員會。內蒙古大學問題也不好解決，最近有好轉了，無論階級敵人怎樣抵抗，革命群眾組織是要把揪線肅毒進行到底的，是要把無產階級文化大革命進行到底的，這是主流。階級敵人無論怎麼瘋狂，但它是一小撮。有壞人群眾組織看出來了，是很好的，有些組織自己就把壞人揪出來了。另一些組織跟不上形勢，右傾，敵情觀念少，更主要的有派性「敵人利用派性，派性保護敵人。」魯迅兵團思想很右又有壞人，所以進展落後，但我們相信群眾，依靠群眾，他們會在大風大浪中辨明方向，用毛澤東思想作指導，把本單位文化大革命搞好的。這一點我們有信心。

　　教育戰線也有這一問題，階級鬥爭，各單位、各部門輕重不同，那個單位那個部門階級鬥爭都是存在的。教育革命離不開階級鬥爭，離開階級鬥爭，搞

教育搞不好。教育革命從去年開始，有些學校復課鬧革命，有些單位搞的早，五中就搞得早，農牧學院是搞得最早的，五中是好的。內大雖然沒有聯合，沒成立革委會，但有些班、系搞的很好，整個看當前形勢很好，但鬥爭很尖銳。我們向敵人進攻，敵人一是防，一是反撲，階級敵人是不甘心滅亡的，越是要滅亡，越是要掙扎，有些單位鬥爭很劇烈，這是好現象，這是文化大革命向縱深發展的表現。教育革命沒經驗，革委會有……劉文研，還有教育革命辦公室抓，力量不強。但做了很多工作，一些中學，大學也有一些經驗，整個教育革命形勢也是好的。

教育革命的主要任務：以階級鬥爭為綱，徹底揭開教育戰線階級鬥爭的蓋子，建立教育戰線上的階級隊伍，把教育革命和清黑線、肅流毒的鬥爭結合起來，你那個單位如不把烏蘭夫死黨清出去，只進行教育革命，學生來一批、走一批，這種改革不是好的，首先要從思想上、組織上改。思想上用毛澤東思想統帥一切。內大、師院壞人最多，很複雜，十五中就是由壞人，開始和三司對立的很厲害，你們要揪壞人。有壞人就聯合不起來，把壞人揪出來了，問題就好辦。二中可能就有壞人，可能就在教員裡，一個紅旗、一個井岡山，對立很厲害，聯合不起來，學生年輕娃娃，沒有多少壞人，這個問題說明，不把教育革命和挖線肅毒聯繫起來，就不能把教育革命進行到底，只改革教學內容和辦法，不從思想上解決問題，是治標，不是治本，過一時期還是不行。我們的學校是封建主義、資本主義、修正主義都有，當然主要的是毛澤東思想，但是封、資、修的殘餘，在一些學校占統治地位，毛澤東思想不佔優勢。有些學校毛澤東思想佔優勢。不抓階級鬥爭教育革命是搞不好的，教育要為無產階級政治服務，我們搞的是什麼？內大校長是烏蘭夫，裡邊有特務、叛徒、烏蘭夫死黨，這樣培養出來的學生是什麼人？是無產階級接班人嘛？我看不是，只能為烏蘭夫服務，為封、資、修服務。敵人總是在青年一代身上做文章，培養他們的接班人，一個學校的領導班子是否忠於毛主席，忠於毛主席的革命路線的班子，如果是忠於毛主席，忠於毛主席的革命路線，堅決走社會主義道路的，培養出來的人就是無產階階級的接班人，否則就是修正主義的苗子，民族分裂主義的苗子。過去外國人為什麼在中國辦學，是關心、培養中國青年一代嗎？實際是培養他們的人。教育界的鬥爭從歷史上看就是複雜的鬥爭，如蔣介石時代

大學校長都是他們的嫡系，是他的可靠的人，過去一切統治者，都是派忠於他的人辦教育，我們國家建國十八年了，這是八年教育界陣地到底掌握在什麼人手裡？實際上掌握在劉、鄧手裡，掌握在劉、鄧、周、陸手裡，當然他們不會貫徹毛主席教育路線，不可能用毛澤東思想培養教育青年一代，還是把封、資、修的一套繼承下來。內蒙烏蘭夫要搞修正主義、民族分裂主義，也要抓教育。過去有中學教員講，我們的首都在烏蘭巴托，中國的首都在南京。是不是把外蒙的課本拿來了，這是烏蘭夫故意搞的……特別是蒙文課本，這些東西更多。這不是搞民族分裂嘛？我們內蒙有劉、陸、周的，也有烏蘭夫的，總之不把教育革命和揪線肅毒結合起來，教育革命是無法進行的，要挖黑線肅流毒鬥爭是劇烈的，現在就有為烏蘭夫翻案的，保烏蘭夫的，最近幾天有人公開講，保烏蘭夫是保定了，一定要保住，還有人講，內蒙二十幾年成績是主要的，如成績是主要的，功勞是烏蘭夫的……，公檢法是包庇壞人的合法機關，許多壞人，王再天一手把他包庇起來，大事化小，小事化無，而很多真正革命同志受迫害，受打擊，他們搞的很堅定。這些問題和我們各個學校有沒有關係，我看有關係，這並不是政府機關，黨委機關有，學校不能沒有，不可能沒有，內蒙黨校你們有什麼問題解決不了，其實教育界要把肅清劉少奇、鄧小平、周揚反革命修正主義教育路線與清烏蘭夫反革命修正主義民族分裂主義路線結合起來。如離開這個東西搞教育革命，那只能搞一些現象，不能從根本上解決問題，教育革命要解決根本問題，就是用毛澤東思想佔領陣地，如果毛澤東思想不在教育界完全佔領陣地，我們的教育革命是搞不好的。要用毛澤東思想佔領陣地，就必須肅清劉鄧陸周烏的流毒，肅清他們的流毒就要揭開教育階級鬥爭的蓋子。階級鬥爭是一個具體的東西，不是抽象的，就是有一些具體的人，具體的對象，兩個階級，兩條道路，兩條路線，這不是一個抽象的問題，兩個階級是無產階級和資產階級，這是個具體的東西，有兩個階級他就要走兩條道路，資產階級走資本主義道路，無產階級走社會主義道路，既有兩條道路就必然有兩條路線的鬥爭，兩條路線的鬥爭具體說就是將要走什麼樣的道路，是無產階級革命路線還是修正主義民族分裂主義路線，這些路線又涉及到具體的一些人。從領導到下面，也涉及到一些具體人的身上，要有資產階級修正主義民族分裂主義的代表人物，階級鬥爭要揭蓋子，就揭到具體人的頭上去，為什麼

我們造反派裡面有一些人在過去反對資產階級反動路線的時候，在三月反革命復辟逆流中，很多造反派那時不好說他是壞人，那時他是革人家的命，他還是革命的一部分動力，現在革命向縱深發展了，實際是要搞到這些人頭上了，它就成了革命的對象，所以他就要反抗，這是革命向縱深發展的必然趨勢。我們有些造反派頭頭的確在開始時鬥爭很堅決，特古斯在東縱守了大樓，王再天在那個時候他也是革命領導幹部嗎？那時醫學院、工學院有些人搞了他一些材料我們看了。實際上他在那個時候並不是非常堅定的，他還派祕書，派什麼人和王逸倫聯繫，他並不是完全站過來的，有些人呢，的確那個時候還說他是革命的，但有些人說他是壞人投了機。當然這些人總是少數，雖少數是有一定能量的。我們教員的隊伍是比較複雜的，呼市的教員連小學有一萬多，一萬兩千多人，絕大多數是站到毛主席革命路線一邊的，絕大多數是擁護毛主席，是要走社會主義道路的，是要革命到底的，但是這裡邊有部分壞人，也是難免的，教育革命就是要把教員隊伍很好整理一下，要把教育界領導權真正掌握在無產階級革命派手裡，掌握在忠於毛主席忠於毛澤東思想忠於毛主席革命路線的人的手裡，凡是特務、叛徒、階級異己分子，一切反革命地、富、反、壞、右沒有改造好的這些分子，要從教師隊伍裡邊清除出去，他們不能掌握各種教育權，如果權掌在他手上，那麼毛澤東思想就不能真正在那裡佔領陣地了，這項工作是比較艱巨的工作，當然這裡面還要靠我們教師隊伍自己，教代會主要搞教育革命，清理教師隊伍，另一個要靠學校的學生，真正站在無產階級革命路線上的教員、老實團結起來，把教師隊伍中的壞人清出去，我想這種鬥爭，特別是小學，中學學生水平高一點，小學生最大的十幾歲，是一群孩子，對階級鬥爭知道的較少，主要靠教師隊伍本身，我相信群眾、絕大多數是好的，壞人是少數，如果不下這個決心，階級鬥爭蓋子揭不開，壞人清不出去，我說的是政治問題，一般問題如資本家出身、地主出身能夠改造嘛！能夠接受毛澤東思想改造嘛！改造好就不是資產階級知識分子嘛！成分不好，可以改造嘛！成分個人不能決定，他媽要生他嘛！以後革命可以自己做主，走什麼道路，為誰服務，可以自己選擇嘛！要講成分，不唯成分，要重在政治表現。教師隊伍裡有地富出身的，只要他們真正高舉毛澤東思想紅旗，接受改造那他本人不是資產階級知識分子，他已叛變了原來的階級。清除的是特務、叛徒、歷史反革命及沒有

改造好的分子，而且有政治問題。對有些問題要區別對待，學校裡有舊軍官、起義軍官，這些人真正勤勤懇懇為人民服務，接受改造，改造過來了，我們可以用，要相信毛澤東思想能改造他們的，但是特務，叛徒是政治問題，那是不容易也不可能改造的。在最近三、四月間我們教師隊伍要整理一下，五月以前完成。那麼七月一日開九大建立黨組織，恢復黨的生活，整頓黨的隊伍。整理階級隊伍，如果這項工作不搞好，首先我們思想革命化，革命化，起碼我們是兩條：思想、組織上革命化，光有思想革命化，沒有組織革命化不行，沒有組織革命化我們的隊伍還是不純的，這不行。

教育革命如何搞，還是大辦毛澤東思想學習班，鬥私批修，促進大聯合鞏固三結合，改造每個人的主觀世界，用毛澤東思想佔領思想陣地，全國各地方抓革命促生產，大辦毛澤東思想學習班，加強團結，一致對敵。第二方面認真搞好復課鬧革命，以革命為主堅持復課，有的百分之十的學生在家，有的百分之五十在家就不錯，百分之七十、百分之八十在家就不錯，五中達到百分之九十九，呼市不是第一家，就是第二家，大學較好特別是中學小學，如果復課家裡沒人，那還鬧什麼革命呀，有些學校把桌子玻璃打的一空，冬天上課有困難，可是天氣暖和了，應把學生全部動員回來，學生一年不到學校了，心都野了，根本不想上學，我家的幾個小孩子就是這樣，對這些同學要叫到學校進行教育，不好的文化大革命後期清出去。搞好師生關係，師生關係不好，老師一上課就造反，加上我們教師犯過錯誤的更是這樣。強調搞好師生關係，遵守學校紀律，反對無政府主義、自由主義。教育學生真正聽毛主席的話，讀毛主席的書，按毛主席的指示辦事，特別是中學大學作模範，這樣才能幫助解決這個問題，如果不解決這些問題，學生不來上課，要使文化大革命取得最後勝利，必須糾正學校的這種情況，特別是軍隊去學校搞，毛澤東思想宣傳隊去促進聯合外，還要強調這問題，今年「三、七」前掀起學習毛主席指示運動，很好的學習貫徹毛主席「三七」對延安中學指示，進一步聯合兩派，形成新的秩序，反對無政府主義及自由主義，鞏固復課鬧革命，復毛澤東思想課，沒有課本學習主席語錄，北京小學上算術課是上政治課。第三，已建立革命委員會單位，現在的大專院校用一部分力量到社會上調查，掌握材料，促進揪線肅毒運動，另一方面建立革委會的單位把清理階級隊伍與整黨建黨，整團建團結合起來。

整黨要恢復黨的生活，如果不整理的話，怎樣召開九大呢？把整黨建黨教育革命，清理隊伍結合起來，不是孤立的，把黨內叛徒、特務、不夠黨員條件的那些人清理出去，最近發現有些單位那個權不是掌握在無產階級手裡，掌握在壞頭頭手裡，他們有意把共產黨團打下去，呼市就發現了，要注意。這是階級敵人的報復。當然有的共產黨團站錯了隊，在幫助下進行自我批評，回到毛主席革命路線上來就行了，我們清理的不是這些人，是階級異己分子，歷史反革命，地富反壞右混進黨內的那些人，要把他們清理趕出去，還有一些人沒有什麼大的錯誤，但不起黨員作用，對這些人最好勸他們出黨，不開除，這樣就不是處分了。建立革委會的單位，把這幾項工作結合起來搞。

再一個問題，有些學校搞的比較好的，教育內容，教學制度、方法方面應當總結經驗，一個地區兩個地區有了經驗，那麼推廣其他地方的經驗就可以弄出一個可行的經驗嘛！在這方面接受其他地方的經驗，內蒙形勢好，穩定，要創造經驗。包頭派性很大，行政區建立革委會的是雞蛋。呼市百分之百的建立了革委會，包頭應該趕上去。包頭人口多幾十萬，工人占一半，但沒走在前面，學校不少，包頭派性大，主要原因是包頭壞人多。呼市的叛徒特務揪出一百多，包頭揪出幾個現在沒聽說，抓了幾個投機倒把，真正的叛徒特務一個也沒有揪，這就是七條派，十條派造成的，敵人都在兩大派裡面，呼市一大派，一搞敵人沒處藏，就抓出來了，有的單位是有派性，有的保，保不住，他自己不，揪將來群眾專政指揮部揪。[1]包頭不好辦，包頭群眾專政總指揮部不能建立，因為派性大，成立就是派性指揮部。我們要總結一下先進經驗，教育辦公室樹立幾個典型，大學抓一個，中學抓一個，小學抓一個，真正搞點經驗，各盟市也抓一兩個，包頭也抓一兩個，這樣綜合起來，教育革命就有點門路。有的學校搞的不好，但有的班系搞的好，要總結他們的經驗。教育革命除抓階級鬥爭外，思想要解放，大破過去不適合社會主義教育的舊框框，把束縛人們思想的東西打破，有的單位那種以業務壓革命的辦法要不得。醫學院就是這樣，他們復課不批資產階級教育路線，而搞業務，要以革命帶業務，應進行思想革命，不應從課本的多少去搞改刪，這樣刪來刪去還是劉少奇的，應改那種資產

---

[1] 編按：疑似逗點位置錯誤。原文如此，編輯保留。

階級思想，樹立毛澤東思想，我反對那種以業務壓革命，革命搞的好，生產搞得就好，呼市機床廠，抓革命抓得好，所以超額完成生產任務，學校也是這樣，大聯合搞的好，階級隊伍清理的好，業務也搞得好，用毛澤東思想推動一切，知道一切。我相信廣大教員隊伍，紅衛兵隊伍有敢闖精神，能用主席教育革命思想，把教育革命搞好的。

今天，你們不是參觀五中了嗎？這是初步的了。比五中搞得更好的大學和中學，一個地區有這樣一個或兩個，開大型會議。

現在農村在杭錦後旗，寧城開了現場會議，今天我看了在牧區——錫盟阿巴嘎旗開了牧區無產階級革命派聯合的現場會議。工廠的開了，就是學校，希望多創造典型，用典型帶動全盤。希望各盟各地比賽，那個地方典型多。今年挖烏蘭夫黑線、清烏蘭夫流毒，整頓階級隊伍，整黨建黨，在五一以前要搞一個眉目，五一以後再開會，請同志們來獻寶。我今天要說的這麼多，供同學們參考。

《紅旗內參》第82期

一九六八年二月二十二日

28.滕司令員談目前形勢和教育革命
——滕海清同志在二月二十二日晚接見全區毛主席教育革命思想學習會代表時的講話（1968.02.22）

在光焰無際的毛澤東思想照耀下，由於廣大革命師生的共同努力，我區的教育革命已經取得了很大成績。特別是一月間二次全委擴大會議之後，一場挖烏蘭夫黑線、肅烏蘭夫流毒的轟轟烈烈的人民戰爭開展起來了，這是我區文化大革命向縱深發展的開始。教育戰線和其他各條戰線一樣，形勢大好。

我們與烏蘭夫反黨集團的鬥爭不自今日開始。文化大革命一開始，我們就把烏蘭夫揪出來了。把他們的首領揪出來了，這是第一回合。後來，劉、鄧拋出了資產階級反動路線，干擾和衝擊了對烏蘭夫的鬥爭。從一九六六年十二月以後，到一九六七年五月底，我們又和他們進行了較量。這就是與王鐸、王逸倫地下黑司令部的鬥爭；到五月底把反革命復辟逆流打下去，這是第二個回合。籌備小組、革命委員會成立以後，主要抓了緊跟毛主席的偉大戰略部屬、整頓造反派隊伍的思想工作。在這期間，還有一股反革命力量。王再天、特古斯這部分人，他們實際也是一個反革命的黑司令部，是烏蘭夫的接班人。這段時間我們已有所察覺，康老也有所指示，對王再天我們初步有所了解。當時顧不得搞他們，同時也要看看他們搞些什麼，摸摸底。去年十一月間，揪特古斯前，許多群眾組織也有所察覺了，有輿論要揪特古斯。特古斯揪出前後，王再天活動更加囂張，進一步證明王再天就是他們的司令員。

二次全委擴大會議上，郝廣德同志講了無產階級專政問題，一月十七日，我又講了話，這個火就點起來了，加上群眾專政指揮部的成立，就推動了運動向縱深發展。各盟、市也按革委會的決定去辦了，但發展是不平衡的，有的動勁不大，看樣子沒有準備好。

這段時間，一方面群眾發動了，廣大革命群眾旗幟鮮明，立場堅定，要打一場挖黑線肅流毒的人民戰爭。但是，有些革命群眾組織的負責人思想跟不上去，有右傾思想，懷疑這樣搞對不對。另一方面，階級敵人如特務、叛徒、烏蘭夫死黨，他們採取以攻為守的方法進行反撲。現在，敵人大部分已跳出來

了，他們利用我們挖黑線、肅流毒的正確口號，把矛頭指向真正的革命同志，保護叛徒、特務、烏蘭夫死黨等壞傢伙。特別是直屬機關、黨委人委比較多，他們以極「左」的面目出現，矛頭指向真正的革命同志，革命組織的領導人，這就不難看出敵人是要反撲的，對於這些，我們是早有預料早有準備的。很多單位有這種狀況，如黨委《紅旗》這個組織是不錯的，最近很熱鬧，壞人跳出來了。今天《三司》的工學院、林學院進駐黨委大院，這很好。人委機關中也有這種情況，一方面有的領導右傾，一方面有壞人操縱。

大、專院校情況比較好。師院有進展。醫學院長期不能聯合，揪出了壞人，現在要建立革委會了，形勢大好。內大問題複雜，最近形勢也有好轉。階級力量分化的情況是，真正的無產階級革命派，是要把這場挖黑線、肅流毒的鬥爭進行到底，也就是把無產階級文化大革命進行到底。敵人不管多瘋狂也是一小撮。在群眾組織中也有少數壞人，現在能看出來了就是好事。有的組織很好，能把鑽進來的壞人揪出來，有的組織敵情觀念少，用派性掩護敵人。《魯迅兵團》廣大革命群眾是好的，但有壞人，加上有的領導思想右傾，所以比較落後些。我們要相信群眾，依靠群眾，群眾是能辨明方向的，是能把無產階級文化大革命搞好的。這場鬥爭涉及各條戰線，各單位階級敵人有多有少，但階級鬥爭是普遍存在的。

教育革命也離不開階級鬥爭，離開階級鬥爭是搞不好的。從去年開始復課鬧革命，有的單位搞得很好，先進單位是有的，如呼市五中、農牧學院。內大雖然沒有實現大聯合，沒有建立革委會，但有的班系搞得很好。當前形勢很好，鬥爭還很尖銳，我們向敵人進攻，敵人總要反撲，總要垂死掙扎。有些地方、有些單位現在鬥爭很激烈，這是好現象。

目前教育革命的主要任務是以階級鬥爭為綱，徹底揭開教育界階級鬥爭的蓋子，徹底清理教育界的階級隊伍，把教育革命和挖烏蘭夫黑線、清烏蘭夫流毒的鬥爭結合起來。如果不把學校中的各種壞人清出來，學生一批批走了，剩下的壞人繼續統治，學校還是原來的老樣子。教育革命首先從思想上跟上毛澤東思想，以毛主席思想統帥一切。再就是要從組織上整頓，清理隊伍。內大、師院看起來壞人較多、較複雜。其他學校不是沒有，如十五中，過去與三司對立得那麼厲害，我看有壞人。有了壞人，就不可能坐下來辦毛澤東思想學習

班，用毛澤東思想改造世界觀。而是天天忙著打內戰。二中也打得很厲害，搞軍訓都聯合不起來，我看有壞人，學生是青年娃娃，壞人主要在教員中間。教育革命不和挖烏蘭夫黑線、清烏蘭夫流毒的鬥爭結合起來，就進行不徹底。只是教育內容、制度、方法的批判，不是從思想上解決問題，那只是治標，不是治本，過個時期還會恢復原樣。過去學校裡有封、資、修一套，當然主要還是毛澤東思想。但封、資、修的殘餘在某些單位、學校還是有很大勢力。如果不搞階級鬥爭，教育革命就搞不好。

教育為無產階級政治服務，大權掌在誰的手里是個大問題。過去內大校長是烏蘭夫，教師有叛徒、特務、烏哈死黨，他們培養出的接班人是什麼人？可能是為烏蘭夫搞資本主義復辟、民族分裂服務的。道理很簡單，年青人的腦子是一張白紙，就看怎樣教育，用毛澤東思想就能培養出無產階級的接班人，用封、資、修一套只能培養出修正主義接班人。階級敵人總是想在青年一代身上做文章，培養他們自己的接班人。一個學校的領導班子是否忠於毛主席，這是個關鍵，從黨委、校長到教員，如果都是忠於毛主席、忠於毛澤東思想、忠於毛主席的革命路線的，那就能培養出無產階級事業的接班人，否則就會培養出修正主義的苗子。過去外國人在中國辦學校，好像是特別關心中國人，實際上是為了培養他們的接班人。

從教育界階級鬥爭的歷史看，鬥爭就是很複雜的。蔣介石時代，大學校長都要派他的嫡系去當。十八年來，教育界的大權實際上掌握在劉、鄧、陸、周等反革命修正主義份子手裡。當然，他們就不會貫徹毛主席的教育路線，不可能宣傳毛澤東思想，而是用封、資、修的一套來毒害廣大青少年。內蒙也是這樣，烏蘭夫搞民族分裂、復辟資本主義的活動，一定要抓住教育這塊陣地。我聽說：過去中學語文課本，第一課就講「我們的首都在烏蘭巴托」、「中國的首都在南京」這一類課文，可能是從蒙修抄來的，也可能是烏蘭夫集團故意搞的。他們通過課文在青年中煽動民族分裂情緒。類似的例子很多，特別是蒙文課本，烏七八糟的東西更多一些。教育界有劉、鄧、陸、周的修正主義，有烏蘭夫的民族分裂主義，還保存了過去的封建主義、資本主義，所以不把挖烏蘭夫黑線、清烏蘭夫流毒的鬥爭和教育革命結合起來，教育革命就搞不好。要挖盡烏蘭夫殘黨餘孽，肅清他們的流毒，這鬥爭是比較激烈的。現在有人為烏

蘭夫翻案，有人公開講他保烏蘭夫保定了，有的提出二十年來內蒙的成績是主要的還是缺點是主要的？意思就是要把成績歸功於烏蘭夫，而不是歸功於毛主席。現在有些年輕學生為烏蘭夫翻案，肯定他們後面有人在策劃。這是激烈的階級鬥爭。根據現在掌握的材料烏蘭夫這個傢伙百分之八、九十是叛徒。這傢伙一九二九年從蘇聯回來後，與黨脫離關係，給傅作義當祕書、記者，介紹人是個叛徒。那時，他每月拿三十元大洋，以後加到四十五元。傅作義為什麼對他這個從蘇聯回來的人毫不懷疑，反而賞識重用？好多材料證明，烏蘭夫不僅是個反革命修正主義分子，民族分裂主義分子，而且是個地地道道的叛徒。

為什麼內蒙叛徒、特務特別多？這是有原因的，因為烏蘭夫不僅是個叛徒，而且是個特務，是蒙修特務，蘇修特務。哈豐阿、朋斯克、特古斯都是特務，烏蘭夫為什麼不加懷疑反而把他們拉入黨內？這正如毛主席所說的，「物以類聚，人以群分」。就這樣，他們把壞人都包下來了，公檢法有幾百個重大案件，都被他們包庇下來。相反，他們對真正的革命同志進行打擊陷害。這些問題與學校有沒有關係？大有關係。他們的勢力，不僅黨、政機關有，學校也有。內蒙黨校到現在為什麼好些問題解決不了，肯定有問題。教育界要把肅清劉、鄧、陸、彭修正主義烏蘭夫民族分裂主義路線的鬥爭結合起來，離開這些，教育革命就不能從根本上解決問題。如果毛澤東思想不在教育界占領陣地，就搞不好。要使毛澤東思想占領教育陣地，就要肅清他們的流毒；要清流毒，就要徹底揭開階級鬥爭的蓋子。揭蓋子有具體的人，具體的對象，不是抽象的。有兩個階級就有兩條道路、兩條路線的鬥爭，走什麼道路，推行什麼路線，這就要涉及具體的人。領導班子裡有資產階級民族分裂主義的代表人物，揭蓋子就是揭到他們頭上去。那些混入造反派隊伍中的壞人，他們在二月資本主義復辟逆流中好像是動力，隨著革命的深入發展，現在他們成了革命的對象。如特古斯，守過東縱大樓，王再天也表現出很革命的樣子，實際上，他們根本不是什麼革命領導幹部，而是投了機，是反革命兩面派。當然，這些人是少數，但有一定能量。我們的教師隊伍是比較複雜的，呼市教工隊伍有一萬二千多人，絕大多數是站在毛主席革命路線一邊的，擁護黨，擁護毛主席的，但其中也有一部分壞人。有壞人這是難免的。教育革命的重要一環是要很好地整頓和清理教師隊伍，把大權掌握在忠於毛主席革命路線的無產階級革

命造反派手中，凡是特務、叛徒，沒有改造好的地、富、反、壞、右分子，都要從教師隊伍中清除出去。這項工作是艱鉅的，當然要靠教師隊伍自己，不是有個教代會搞教育革命和清理教師隊伍嗎？另外要靠學生。革命的教師和學生團結起來，把壞人清除出去。大學、中學學生水平還高些；小學小孩子多，對階級鬥爭了解少，主要靠絕大多數教師，不下這個決心，階級鬥爭蓋子是不能揭好的。清理教師隊伍，指的是政治問題，不是一般出身問題，改造好了就不是資產階級分子，不是指成份不好，成份自己無法選擇，但是走哪條道路，自己能選擇。要講成份，不唯成份論，重在表現。教員中有地、富出身的，只要個人進步，高舉毛澤東思想偉大紅旗，背叛原來的階級就好。清除的是叛徒、特務、歷史反革命分子，沒改造好的地、富、反、壞、右。這些問題也要區別對待，如果舊軍官起義的，只要勤勤懇懇為人民服務，還要用。要相信毛澤東思想能改造人的威力。特務、叛徒都屬於政治問題，不可能改造。應當在三、四月把教師隊伍整頓一下，「五・一」前要整好，「七・一」前後要開「九大」，要作好準備，思想革命化，沒有組織革命化，就會使隊伍中有壞人，那怎麼能行。

　　教育革命如何搞？（一）大辦毛澤東思想學習班，以鬥私批修為綱，加強促進各學校、各單位的大聯合、三結合，改造每個人的主觀世界，實現思想革命化，使毛澤東思想在每個人的頭腦中占領陣地。目前，各學校、各地區、各機關都需要由這裡開始，才能加強聯合，一致對敵。（二）真正搞好復課鬧革命，以革命為主，堅持復課。目前復課，一般學生到校是百分之四十到百分之五十，五中能到百分之九十多，不數一也數二。不復課，家裡沒人，怎麼鬧革命呢？要把學生動員回來，學生一年多不回校上課，心都野了。要搞好師生關係，否則一上課就造反，也不好搞。有的教師還挨過鬥、打，因而要強調搞好師生關係，反對無政府主義和自由主義傾向。中學、大學要做模範，否則復課就復不成。特別是搞軍訓的，除做大聯合工作外，也要強調師生關係好。「三・七」前，要掀起學習毛主席「三・七」指示的高潮。對毛主席的指示，理解的要執行，不理解的也要執行。要進一步建立學校良好的新秩序，反對無政府主義和自由主義。復課鬧革命要認真復下去，主要復毛澤東思想課。沒有課本就講主席語錄、著作，主要復政治課。算術課要上。（三）已建立起革命

委員會的大專院校，要有人作社會調查，投入肅清烏蘭夫殘黨餘孽的階級鬥爭大風浪中去。另外要把清理階級隊伍，整黨建黨、整團建團結合起來。學校還有紅衛兵組織，將來是要紅衛兵還是要共青團，現在未定。學校要恢復黨的生活，整黨和建黨要和階級鬥爭結合起來，叛徒、特務要清除。有的單位權不在真正的革命派手中，而是在壞人手中，有意把革命黨員打下去，這是階級敵人的階級報復。當然有的站錯了隊，只要認真檢討了就行了。要清除的是特務、叛徒，那些不起作用的黨員要勸他們退黨，可以不用開除的辦法。

有些學校搞得比較好的，蓋子揭了，隊伍清了，革委會建立了，就應在教學制度、內容、方法方面下工夫，總結經驗。經驗是實踐創造出來的，不是在屋子裡想出來的。一個地區，有一兩個好的，有經驗的帶動幾十個，經過大家實踐就可以搞出名堂來。

我區是落後於先進地區的，但是我區比較穩定，特別是呼市。包頭是派性最大的地方，幾個行政區連一個革委會也沒有建立起來，呼市正是百分之百，希望包頭很快趕上來。包頭人口七十九萬，工人占一半以上，但沒有走在前面，很遺憾。包頭派性大的原因是壞人多。有派性，敵人就利用，在包頭現在真正的特務、叛徒一個也沒有抓住，抓了幾個投機倒把分子，而呼市抓了一百多個叛徒、特務。包頭「七條」派和「十條」派要取消，做無產階級革命派就好了。搞派性就是包庇了敵人。包頭現在無法實行群眾專政，否則會形成你抓我、我抓你，搞成派性專政。

現在教育革命辦公室要總結一些典型經驗。要抓幾個典型，抓大、中、小學各一個就好了。當然，光靠教育革命辦公室是不行的，各盟市也要抓一兩個，這樣就有了經驗。現在群眾有很好的經驗，應當總結，除抓毛澤東思想學習班外，要大破舊框框，把束縛人思想的東西打破。有的單位用業務壓革命這是不行的。如醫學院就是這樣。有些老師害怕革命，就帶動去搞業務。應當從思想上解決這個問題。過去也有教改，只是從內容多少上改，改來改去還是劉、鄧的，不是毛主席的。這次主要從思想上改，用毛澤東思想占領一切陣地。有了毛澤東思想，一切都好辦了。哪裡革命搞得好，生產也就好；革命搞不好的地方，生產就有問題，要減產。要相信毛澤東思想改造一切，推動一切。學校革命搞好了，清理了階級隊伍，工作就會好起來。單從業務上是解決

不了問題的。

　　總之，抓革命要從階級鬥爭做起，相信廣大群眾，相信紅衛兵小將，一定能夠搞好這場鬥爭。希望廣大革命師生按毛主席革命路線一定把它搞好。建議五月份再開一次會，請大家來介紹經驗，同時希望各盟市能創造出較好的典型，將來開一個大型現場會議。生產上也開現場會議，工廠也有了典型，用典型推動全盤，希望各地來比賽。挖烏蘭夫黑線、肅流毒，要在「五一」前搞出個眉目來，「五一」後開個大會，大家來獻寶。

　　　　　　　　　　　　　　　　　（報據記錄整理、未經本人審閱）

　　　　　　　　　　　　　　　　　《教育戰鼓》第十期
　　　　　　　　　　　　　呼和浩特教代會《教育戰鼓》編輯部
　　　　　　　　　　　　　　　　　　1968年3月1日

29.高舉毛澤東思想偉大紅旗，大抓特抓階級 鬥爭、奪取無產階級文化大革命的全面勝利
——三月四日滕海清同志在包頭市各革命群眾組織 負責人會議上的講話（1968.03.04）

同志們：

　　首先讓我們共同敬祝我們的偉大領袖、當代列寧、我們心中最紅最紅的紅太陽毛主席萬壽無疆！萬壽無疆！！

　　我第一次到包頭，和同志們初次見面，向同志們學習，向同志們問候！

　　包頭市革命委員會的成立，標誌著包頭市無產階級文化大革命取得了決定性的勝利，為奪取無產階級文化大革命的全面勝利奠定了堅實的基礎。

　　今天我想就包頭市當前階級鬥爭的形勢和今後的工作問題，談點個人意見，我來的時間短，情況瞭解的少，提出的問題，僅供同志們參考。

一、 形勢大好，階級鬥爭政治向縱深發展

　　我們的偉大領袖毛主席在最新指示中教導我們：「全國的無產階級文化大革命形勢大好，不是小好。整個形勢比以往任何時候都好。」「再有幾個月的時間，整個形勢將會變得更好。」包頭地區像全國和內蒙其他地區一樣，形勢也是大好的。無產階級文化大革命的發展完全證明了毛主席這一英明的科學論斷。

　　包頭市無產階級革命派和廣大革命群眾，在一年多的無產階級文化大革命運動中，經歷了光輝的戰鬥歷程。打破了資產階級反動路線的枷鎖，粉碎了反革命復辟逆流的衝擊，揪出了劉少奇、烏蘭夫在包頭市的代理人寒峯、墨志清、吳步淵等一小撮走資本主義道路的當權派，摧毀了中國赫魯曉夫和「當代王爺」烏蘭夫設置在包頭市的反動堡壘，從而使毛主席的革命路線在包頭地區取得了決定性的勝利。

　　在艱苦曲折的鬥爭過程中，一支以工人階級為主體的堅強的無產階級革命

派隊伍已經發展壯大。這支隊伍在同階級敵人的搏鬥中，在同自己頭腦中的派性的鬥爭中，得到了很大的鍛鍊，政治覺悟，思想水平，鬥爭藝術都有了很大的提高。這支隊伍在毛澤東思想的指引下，發展了革命的大聯合，促進了革命的三結合，在圍剿派性的鬥爭，取得了很大成績，進一步暴露了敵人，泛起了社會沉渣，擦亮了群眾的眼睛，為進一步深入鬥爭創造了良好的條件。

群眾的動向，決定革命形勢的本質。包頭市的廣大人民群眾真正發動起來了。從來沒有像今天這樣積極參加階級鬥爭和關心鞏固無產階級專政。廣大人民群眾從親身實踐中基本上認清了什麼是毛主席的革命路線，什麼是劉、鄧的資產階級反動路線，什麼是資本主義道路，什麼是社會主義道路，路線鬥爭的覺悟大大提高了。人們的精神面貌從來沒有像今天這樣意氣風發，鬥志昂揚。朝氣蓬勃的新事物不斷湧現，生產水平逐步得到恢復和提高。

無產階級文化大革命，是毛澤東思想同廣大人民群眾相結合的運動。形勢空前大好的最根本的標誌，就是光焰無際的毛澤東思想的大普及、大傳播。包頭市人民響應了黨中央關於大辦毛澤東思想學習班的偉大號召，據不完全統計，約有十六萬人參加了學習。這樣就使全市活學活用毛主席著作的群眾運動前進了一步，它必將推動無產階級文化大革命運動迅速發展。

總之，包頭市無產階級文化大革命已經取得了決定性的勝利，特別是包頭市革命委員會籌備小組成立後，做了大量的工作。在促進革命的大聯合和革命的三結合，領導無產階級革命派圍剿派性，以及抓革命促生產等方面，做出了顯著的成績。人民解放軍駐包頭市的部隊在「三支」「兩軍」工作中，為人民立了新功。當前形勢一片大好，越來越好，這是當前形勢的本質和主流。廣大無產階級革命派必須看到這個基本方面，從而信心百倍地沿著毛主席親手開闢的革命航道乘勝前進，去奪取更大的勝利，迎接更加光輝燦爛的明天。

但是，我們也必須看到另外一面。任何時候，不管形勢多麼好，總有陰暗的角落，看不到或不重視這一點，就不是辯證唯物主義者，就不能取得更大的勝利。

自從去年十一月江青同志對文藝界講話後，內蒙古自治區文藝界開始興起了一場「挖烏蘭夫黑線，清烏蘭夫流毒」的群眾運動。這個聲勢浩大的運動從呼市開始，推動全區，促使包頭市無產階級革命派和廣大群眾進一步注意到敵

人的動向，開始思考當前存在的問題。有人說：包頭市的文化大革命落後呼市
幾個月。還有人提出了一系列發人深思的問題：包頭市為什麼在勝利以後長期
處於分裂和「內戰」狀態？為什麼對一個范易問題爭論不休。這是問題的本質
嗎？為什麼幾個大型國防工廠和重要工礦企業鬧得那樣凶？為什麼有的單位已
經聯合了又分裂？為什麼包頭市反革命經濟主義妖風刮得那麼大？……好，這
一連串為什麼問得好！提出了問題的本質。這說明包頭市的無產階級革命派是
有水平的。一個想把無產階級文化大革命進行到底的革命派，應當這樣思考問
題，決不能在尖銳複雜的階級鬥爭中，麻木不仁，掉以輕心。

　　毛主席在視察三大區時所作的最新指示中教導我們：「一個工廠，分成
兩派，主要是走資本主義道路的當權派為了保自己，蒙蔽群眾，挑動群眾鬥群
眾。群眾組織裡頭，混進了壞人，這是極少數。有些群眾組織受無政府主義的
影響，也是這個原因。」毛主席這一英明的科學論述，完全符合包頭市的實際
情況。

　　我認為包頭問題的要好，就在於階級鬥爭的蓋子還沒有徹底揭開。主要表
現在：

　　1、不少單位的走資派不倒不臭。有的單位把走資派揪出來了，但沒有認
真的批鬥像寒、墨、吳等一小撮走資派批倒批臭了嗎？他們的黑爪牙都揪出來
了嗎？我看沒有！有的單位的走資派，不但沒有揪出來，據說在造反派內部還
有嚴重分歧。不如二機廠廠長杜石生、副廠長王俊、副總工程師張政壽等一小
撮走資派，勾結牛鬼蛇神，利用混進群眾組織中的壞頭頭和群眾組織之間的派
性，蒙蔽群眾，挑動群眾鬥群眾。在那裡，老工人、復員軍人、工農幹部、基
層政治工作人員受到壓制、排擠和打擊，而那些走資派以支持某派為名，得到
保護。這些走資派還利用工人中間在經濟上的要求，大搞反革命經濟主義，一
度把這個廠搞得烏煙瘴氣。這樣明目張膽的敵人卻沒有揪出來。去年十一月五
日我們的副統帥林副主席親自發了關於二機廠抓革命促生產的電報，內蒙古革
命委員會、內蒙古軍區、包頭市革命委員會籌備小組、包頭市駐軍聯合總指揮
部都特別重視，要堅決貫徹毛主席、林副主席的偉大指示。之後情況雖然有所
好轉，但未根本改變。請問二機廠的造反派對毛主席、林副主席，對毛主席的
革命路線抱什麼態度？這樣下去是很危險的。二機廠的走資派正在那裡搞資本

主義復辟，正在那裡造社會主義的反，造無產階級的反，造勞動人民的反，這是很明顯。對中央的指示，毛主席、林副主席的指示不能貫徹執行，請同志們說說這是什麼問題？難道二機廠廣大工人、幹部，不熱衷毛主席，不擁護毛主席嘛？不是的。廣大的工人、幹部是擁護毛主席的，熱愛毛主席的，是關心國家大事的，特別是工人，復員轉業軍人，是願意把革命和生產搞好的。所以革命搞得不好、生產不能回復，就是走資派在那裡搗亂，顛倒黑白，混淆是非，企圖蒙混過關，這種現象是絕對不能容忍的。二機廠有一個黨委副書記、政治部主任叫譚普。這個人在工作中，作風有些粗暴，在運動初期執行了資產階級反動路線，犯了嚴重錯誤，應該批判，但這個人是注意抓政治思想工作的，是突出政治的。他的問題的性質和走資派的性質是不同的。林副主席說：擁護不擁護毛主席，突出不突出無產階級政治，有沒有革命幹勁，是辨別幹部的三條標準。真正突出無產階級政治的，那就證明他是擁護毛主席的，可是二機廠的六個人在呼市學習期間，有五個人圍攻他。現在二機廠的走資派還沒有倒，他們把下面的幹部，車間主任、指導員大部分打倒了，九個分廠的指導員基本上搞倒了。這是典型的「打擊一大片，保護一小撮」。他們為什麼壓制老工人，壓制復員轉業軍人，壓制工農幹部，壓制基層政治幹部呢？就是害怕這些人起來革命。壓制是暫時的，群眾總是要起來革命的，走資派總是要被揪出來的。當然包頭不僅是二機廠，還有一些單位，也有這種情況。包鋼的原黨委副書記、烏蘭夫分子烏力吉那仁被揪出來後，至今還有人替他翻案。還有建華廠黨委書記張誠，一貫堅持修正主義的建廠路線，反對突出無產階級政治，對抗毛主席的革命路線，有嚴重的反毛澤東思想的言行，上級已批准交給群眾批鬥，但至今仍有人保他。對反毛澤東思想的人不恨，對毛主席的革命路線不愛，這是什麼造反派？！我看不是無產階級造反派，是資產階級、小資產階級造反派。還有些單位到現在還不知道本單位有沒有走資派，革命抓不好，生產搞不好，盡搞群眾鬥群眾，這說明那些地方有壞人沒有揪出來，階級鬥爭的蓋子沒有揭開。

2、那些叛徒、特務、混進黨內的壞傢伙和牛鬼蛇神，大部分沒有揪出來，有的鑽進了造反派內部，我們有相當大的一部分無產階級革命派隊伍嚴重不純，不少單位階級陣線是很不清楚的。

3、包頭市還有相當數量的陰暗角落。階級敵人在幕前設幕後猖狂地破壞無產階級文化大革命，破壞社會主義建設，擾亂社會治安。這些陰暗角落，表面上看是分散的，絕不是孤立的，他們不僅在政治上有著必然的聯繫，而且在組織上也是互相聯繫的。很可能在某些單位，他們有比較系統的統一指揮的地下黑司令部。

為什麼包頭市的階級鬥爭蓋子到現在還不能徹底揭開呢？原因很多，但主要是以下三個方面：

1、包頭市是內蒙地區階級鬥爭比較複雜的地區之一，階級敵人還有他的社會基礎。

包頭市是和平解放的，在烏蘭夫黑線的卵翼下，長期地保存了他們的反革命勢力和政治影響。在包頭國民黨的將校等反動軍官有幾百人。他們就那麼老老實實，規規矩矩嗎？國民黨少將、歷史反革命、刑滿釋放犯于在泉，因為運動初期被紅衛兵把他趕回了原籍，為此他多次到內蒙、中央告狀，還說他自己是反動路線的受害者。這不正說明階級敵人還在，心不死嘛？

包頭市是我國重要的工業基地之一，國內外的敵人對這個地區是十分重視的。這個地區的歷史和現行的美、蔣、日本、蘇、蒙修特務，已經知道的就有幾百人，這些壞傢伙大多數未揪出來。

包頭市人口發展很快。解放前不足十萬人，現在已有八十多萬人、不少的壞人混入包頭，加上原來包頭市的反動會道門，反動宗教上層，以及相當大數量的地富反壞右，牛鬼蛇神，構成了複雜的社會基礎。這個反動的社會基礎，至今還未徹底摧毀。

上面這些反動勢力所以得到包庇和發展，最主要的是由於劉少奇、烏蘭夫在包頭的代理人進行了一條反革命修正主義和民族分裂主義路線。反革命修正主義路線包庇了壞人，使這批壞人成為反革命復辟的基礎。這條反革命修正主義路線沒有徹底批判，階級敵人，也沒有徹底暴露。走資派勾結叛徒、特務、牛鬼蛇神，利用革命群眾組織間的派性、群眾中無政府主義的影響和領導的右傾情緒，千方百計地破壞無產階級文化大革命，這便成了阻礙革命向縱深發展的根子。

2、包頭市的無產階級文化大革命經歷了曲折的路程。去年二、三月間，

資本主義反革命復辟逆流掩蓋了敵人，六月份勝利以後的長期內戰又被敵人利用，派性掩護了敵人。包頭的造反派想一想，從去年六月以後，你們揪出了幾個壞人？兩派光打「內戰」，把敵人放在一邊，所以，劉少奇、烏蘭夫及其代理人在包頭的指揮系統沒有徹底粉碎，反動的社會基礎也沒有徹底摧毀。到現在包頭市兩派的派性還很大，成為徹底揭開階級鬥爭蓋子的一種阻力。

3、各級領導和革命群眾組織中存在著右傾情緒，有的地方，有的部門右傾情緒還比較嚴重。

階級鬥爭的蓋子沒有徹底揭開的根子當然在敵人那裡。正如毛主席所指出的：「一切反動勢力在他們即將滅亡的時候，總是要進行垂死掙扎的。」這是客觀規律，哪裡都是一樣，但從主觀上講，關鍵問題是領導思想右傾，主要是思想不能適應無產階級文化大革命形勢發展的需要，認識落後於現實。許多領導同志，階級鬥爭觀眾淡薄了，他們看問題不上綱，甚至怕上綱，只抓小事小非問題，不抓大事大非問題；對敵情缺乏調查研究，心中無數，對敵人不狠，手軟，不敢實行無產階級專政，不敢主動進攻、積極鬥爭，有的對造反派隊伍缺乏階級分析，似乎造反派隊伍中不會有壞人，不少領導受派性的影響，看不到自己親近的一派裡有壞人，結果敵我不分，把敵人保護到自己的隊伍中，甚至還聽敵人的指揮。這不是真正的無產階級革命派，這是階級調和派。有的領導對大聯合的理解有片面性，只講聯合，不講鬥爭，怕觸動壞人之後破壞了聯合，怕矛盾激化搞亂了陣線，有的單位的領導還滿足於現狀，不求進取，力求表面平靜，不求在鬥爭中發展。個別單位的領導甚至還起著粉飾太平，掩蓋階級矛盾的作用；有的單位不敢放手發動群眾，對於過去站錯隊、今天要起來革命的同志，支持不力。甚至說他們把「老保翻天」，起著壓制群眾的作用。過去站錯隊的同志，特別是工廠的老工人站錯隊的比較多。現在要起來革命，立新功，應當歡迎，應當大力支持。當然我不是說他們站錯隊就是錯的，他們在那個時候，思想落後於形勢，受了蒙蔽，站錯了隊；但他們絕大多數是好同志，是熱愛和擁護毛主席的，特別是老工人，他們在舊社會受壓迫、受剝削最多最深，從本質上講他們最關心國家大事，他們對生產是特別關心的。這些人一直到現在還不准許站錯隊的人起來革命，這就成了「假洋鬼子」了。人家犯了一次錯誤，為什麼就不允許人家起來革命呢？真正的無產階級革命派，應當

去啟發這些受蒙蔽的群眾，團結起來，共同對敵，不能說他們「老保翻天」。人家翻資產階級的天，翻走資派的天是對的，我們就要支持。當然，保守組織中，有個別壞頭頭，那是少數的，廣大群眾還是要革命的，應當團結，階級支持他們起來革命，不能再壓制他們。

必須看到，右傾情緒是我們當前急需深入革命的最主要的阻力，是捂著階級鬥爭的蓋子的症狀所在。

當前包頭地區的階級鬥爭是十分複雜、十分尖銳、十分激烈的。階級敵人活動的基本特點，就是鑽進造反派內部，利用群眾組織的派性和領導的右傾情緒，同我們搞「合法」鬥爭。他們在幕前或幕後，使用公開或者隱蔽的手法，挑動群眾鬥群眾。黨革命群眾組織的矛頭指向他們的時候，他們善於通過他們的代言人，大喊大叫：「這是派性」，企圖轉移鬥爭大方向；當群眾組織之間大搞派性鬥爭時，他們卻拍手稱快，吹起陰風說：「這是階級鬥爭」，力圖從中漁利。他們利用群眾中無政府主義的破壞性，還利用群眾中的個人在競技上的要求刮起反革命經濟主義的妖風。總之，正如毛主席所指出的：「當著他們處在不利情況的時候，為了保護他們現在的生存，以利將來的發展，他們往往採取以攻為守的策略。或者無中生有，當面造謠；或者抓住若干表現現象，攻擊事情的本質；或者吹捧一部分人，攻擊一部分人；或者借題發揮，『衝破一些缺口』，使我們處於苦難敵偽。總之，他們老是在研究對付我們的策略，『窺測方向』以求得逞。」

同志們，現在的鬥爭，不像去年劉鄧資產階級反動路線時期，那麼公開，那麼明顯，現在敵人改變了策略，改變了鬥爭的方法，過去的那種形式他們已經失策了，以中國赫魯曉夫為首的資產階級司令部已土崩瓦解，以毛主席為首的無產階級司令部已取得了決定性的勝利。在這樣的情況下，我們不能用老觀點、老辦法來對待文化大革命向縱深發展的新形勢。為了奪取無產階級文化大革命的全面勝利，我們現在要用新的姿態，新的觀念，新的鬥爭策略來進行這一場階級鬥爭。毛主席教導我們：「切不可書生氣十足，把複雜的階級鬥爭看得太簡單了。」我們要用階級和階級分析的方法看待一切、分析一切，「千萬不要忘記階級鬥爭。」

二、狠抓階級鬥爭，奪取全面勝利。

《人民日報》、《紅旗》雜誌、《解放軍報》一九六八年元旦社論指出：
「在新的一年中，全黨、全軍、全國無產階級革命派和全國人民，要更高的舉
起毛澤東思想偉大紅旗，以毛主席的最新指示為綱，鼓足幹勁，力爭上游，再
接再厲，從思想上、政治上、經濟上、組織上奪取無產階級文化大革命的全面
勝利。」.

毛主席教導我們：「要大抓階級鬥爭，以階級鬥爭來推動各項工作。」抓
住了階級鬥爭這條綱，就是抓住了奪取無產階級文化大革命全面勝利的中心
環節。

根據包頭市的情況，我認為要想全面落實毛主席的最新指示，必須大抓
特抓階級鬥爭，遵照毛主席關於「階級鬥爭，一抓就靈」的偉大真理和英明論
斷，用階級鬥爭這條綱，把廣大人民群眾動員起來，組織起來，團結起來，把
矛頭指向劉、鄧、薄、烏及其在包頭市的代理人，打一場人民戰爭，徹底肅清
一切反動勢力和他們的政治一項，不斷把包頭市的無產階級文化大革命引向新
的勝利。

1、大辦毛澤東思想班，加強無產階級革命派隊伍的思想建設，這是打好
這場人民戰爭的統帥和根本保證。

辦好學習班，當前應當著重學習毛主席關於無產階級專政下繼續革命的
偉大理論和最新指示。毛主席關於無產階級專政下繼續革命的理論、路線、方
針、方法和政策，是馬克思足以發展到毛澤東思想的新階段的一個重大標誌，
是馬克思主義發展史上第三個偉大的里程碑。毛主席在無產階級文化大革命中
所作的一系列的最新指示，是這一偉大思想的具體體現和發展，是指導無產階
級文化大革命的基本綱領。急學狠用毛主席的偉大理論和最新指示，是當前我
們活學活用毛澤東思想、知道階級鬥爭的對重大的課題。我們一定要以林副主
席為光輝榜樣，最忠誠、最堅決、最徹底、最英勇的學習貫徹、執行、宣傳和
捍衛毛主席思想和毛主席的革命路線。我們對林副主席的指示，一定要聞風而
動，堅決執行。

　　辦好學習班，必須以「鬥私，批修」為綱，鬥私和批修相結合。革命越向前發展，就越是深刻地觸及人們的靈魂，無產階級的「公」字和資產階級的「私」字的矛盾就越突出，鬥爭就越尖銳越激烈。現在擺在我們大家面前的是在「公」字一邊，向「私」字開火，還是站在「私」字一邊，當「私」字和「修」字的維護者，這是區別真革命和假革命，馬列主義毛澤東思想和修正主義的試金石。批修必須鬥私，不鬥私就不能徹底批修。鬥私必須鬥大私，立公必須立大公，要狠抓大是大非問題，立場問題，路線問題。要把立場問題、路線問題提到對毛主席、毛澤東思想。毛主席革命路線忠與不忠這條綱上來。只有這樣才能從根本上解決破私立公問題。鬥私越深，對毛主席越親，鬥私越狠，跟毛主席越緊，這是一個樸素而偉大的真理。鬥私和批修結合，在批修中鬥私，鬥私離開了批修，脫離了現實階級鬥爭，既不能戳到「私」字的痛處，又不能打中「修」字的要害。鬥私與批修都要打進攻戰，不要打防禦戰。鬥私與批修是一個長期的戰略任務，要打持久戰，但又要以「只爭朝夕」的精神在每一個階段，每一個具體問題上打速決戰。

　　要把圍剿派性與揭本單位的階級鬥爭蓋子結合起來。圍剿派性，實質上是個鬥私的問題，揭階級鬥爭蓋子是個批修的問題。派性的罪狀很多，危機極大，要害在於忘記了敵人。敵人利用派性，派性掩護敵人。圍剿派性與斬斷黑手要緊密聯繫起來。不圍剿派性，就不能斬斷黑手，同樣，不揪出壞人，斬斷黑手，派性就不能徹底消滅。二冶的情況很能說明問題。二冶《聯總井岡山》這個組織，在原黨委書記、走資派、烏蘭夫分子賽勝阿的操縱下，通過壞頭頭馬景雲幹了許多壞事，兩次聯合，又兩次分裂。黨革命群眾揪出賽勝阿後，很快促進了革命的大聯合和革命的三結合，二月十七日成立了革命委員會。凡是那些派性嚴重而有長期不能解決的地方，一定有黑手。一電廠、冶金研究所，為什麼內戰不休，至今不能聯合，肯定有壞人鑽到造反派內部去了。壞人就怕聯合，一聯合他們的日子就不好過，你天天打「內戰」，他在那裡就舒服得很，他們就是害怕革命的大聯合，害怕革命的三結合。因此，無產階級革命派，必須在狠鬥「私」字的基礎上，互相團結起來，共同對敵，在圍剿派性的同時，把黑手揪出來，進一步整頓我們的隊伍，建立一支更加堅強、更加純潔、更有戰鬥力的無產階級隊伍。

通過辦學習班作好解放幹部的工作。毛主席教導我們：「正確對待幹部，是實行革命三結合，鞏固革命大聯合，搞好本單位鬥、批、改的關鍵問題。一定要解決好。」我們必須把可以解放的幹部解放出來。在解放幹部這個問題上，包頭有的單位作的比較好，有的單位作的比較差。現在一批解放幹部的工作搞的比較好，總廠一級解放八十一點五，分廠和車間一級解放了百分之九十七點八，據說包頭市的黨政機關和學校解放幹部的工作做得最差，幹部不能解放的主要原因是派性作怪，本來幹部已弄清楚了，該打倒的就打倒，不能打倒的就不打倒，要經批判把他解放出來，可是因為有了派性就不這麼幹，你要打倒，我就要保，這樣幹部就解放不出來，當然也就不能把三結合搞好，特別是工廠企業單位，幹部解放不出來，不但抓革命搞不好，而且生產搞不好。解放幹部問題，我們偉大領袖毛主席在去年視察三大區時做了一些列的重要指示，到現在已半年了，有些地方的幹部就是解放不出來。我們造反派的一些同志，對毛主席的指示，到底抱什麼態度？執行的怎麼樣？要認真進行檢查。真正的走資派，三反分子，叛徒，特務，那就不是解放的問題，要徹底打倒，但這些人，總還是少數，絕大多數幹部還是好的和比較好的。這個問題要通過辦學習班解決。另外，幹部應當勇敢地站出來，進行自我革命。有些幹部，精神狀態不好，不敢站出來，躺在那個地方，等著讓人家解放，這樣不好。如果你不是走資派，不是反毛澤東思想的，工作中間有錯誤，站錯了隊，執行了資產階級反動路線，那就要站出來，那裡要打倒，你就到那裡去檢討，到群眾中去，真正把問題說清楚了，絕大多數群眾是通情達理的。不敢見群眾，躲躲閃閃，那怎麼能躲得了呢？幹部解放出來，就要大膽工作，該幹什麼就幹什麼。該管的就管，該說的就說，這是對黨對人民負責。造反派也要支持這一些人，既然他們有錯誤，解放後就要把他們放到第一線去考驗，看他們是不是真正的革命派，不要把他放到後面藏起來，或者閉門思過，這樣，檢討寫得再好，在工作中間不好好幹，那是沒有用的。只有把廣大幹部解放出來了，只有認真執行毛主席關於團結兩個百分之九十五的教導，才能奪取一九六八年無產階級文化大革命的全面勝利。

2、反掉右傾，加強領導。

右傾，主要不是在群眾而是在一些領導和一些群眾組織的頭頭。右傾主要

表現既看不到敵人的存在，又看不到群眾的力量，既不注意研究敵人的動向，進行積極鬥爭，又不傾聽群眾呼聲，不敢放手發動群眾把這場階級鬥爭搞深搞透搞徹底。右傾的主要原因，是在於「這些人看不出矛盾的鬥爭已將客觀過程推向前進了，而他們的認識仍然停止在舊階段。」右傾是目前這場鬥爭繼續深入下去的主要障礙。必須堅決批鬥，徹底糾正。

克服右傾情緒最主要的問題，就是要提高對發動一場發黑線清流毒的人民戰爭的認識，牢牢樹立社會主義革命時期的階級鬥爭觀念，增加敵情觀念，提高對黨內一小撮走資派作鬥爭的自覺，認清他們是無產階級專政下最主要、最危險的敵人，如果不把這些走資派連同他們的殘黨餘孽、叛徒、特務徹底肅清，新生的紅色政權將不能鞏固，「如果弄得不好，資本主義復辟將是隨時可能的」，無產階級文化大革命將有夭折的危險。因此，打一場挖黑線清流毒的人民戰爭，是鞏固祖國邊防的需要，是對鬥爭的需要，是鞏固無產階級專政防止資本主義復辟的需要，是關係到包頭市以至內蒙地區各族人民的命運和前途的頭等大事。只有提高了認識，增強了階級鬥爭觀念，才有可能下最大的決心把這場鬥爭進行到底。

克服右傾情緒的基本方法是放手發動群眾、大搞群眾運動。這樣就必須提高發動群眾、依靠群眾進行革命的自覺性。深刻認識相信群眾、依靠群眾、尊重群眾的首創精神是毛主席革命路線的核心。要克服右傾，必須深入群眾，深入實際。我們偉大領袖毛主席教導我們：「有一個治好這種毛病的法子，就是拿出一些時間到群眾中去走一走，看看群眾在想些什麼，做些什麼，從其中找出先進經驗，加以推廣。這是一個治好右傾症的有效的藥方，奉勸人們不妨試一試。」我們必須堅決貫徹執行這一偉大領導，反掉右傾，丟掉包袱，開動腦筋，輕裝前進。

克服右傾情緒還必須提高自我革命的自覺。無產階級文化大革命不僅要革走資派的命，還要革自己頭腦中私字的命，要解決每個人的世界觀問題，徹底挖掉修正主義的根子。今天掌權的無產階級革命派和各級領導同志，不僅把自己當作革命的動力，還要不斷把自己當作革命的對象，萬萬不可忽視自我革命。要深刻認識到毛主席的偉大理論和每一個最新指示，都貫穿著不斷革命、徹底革命的精神，是同右傾保守思想針鋒相對。我們只有堅定地站在無產階級

立場上，敢於革命，不斷革命，徹底革命，才能保持頭腦清醒，方向正確，才能指導和率領群眾前進。

3、緊緊掌握鬥爭大方向，主動進攻，重點突破。

什麼是當前鬥爭大方向？肅清劉、鄧、薄、烏在包頭的代理人以及其他一切反革命勢力和他們的政治影響，從而促進和鞏固革命的大聯合和革命的三結合，從思想上、政治上、經濟上、組織上奪取全面勝利，這就是這場鬥爭的大方向，必須緊緊掌握。那些搞派性，打內戰，爭山頭，爭名利，爭權位，爭出風頭，搞小團體主義，宗派主義，無政府主義，反革命經濟主義，都是不符合鬥爭大方向的，都是背離毛主席革命路線的可恥行為。必須堅決打倒。

我們對於階級敵人必須主動進攻。階級鬥爭的規律告訴我們，你主動，敵人就被動，你手軟，敵人就欺辱你，你進攻，敵人就會防禦，你攻得狠、打得準，敵人就可能往外跳，只要跳出來就可以集中兵力打殲滅戰。有的同志不敢主動進攻，怕矛盾激化。這種認識是錯誤的。對於敵我矛盾，激化一點有什麼不好，有什麼可怕的呢？矛盾不激化、不暴露，就不能解決。林副主席指示我們：「隱藏不如暴露，壞人、壞事，暴露出來就是好事，與其包著膿包，不如讓它穿頭。」共產黨人的哲學，就是鬥爭的哲學。「一潭死水」總不如「不盡長江滾滾來」那樣生動、活潑、有朝氣、充滿著革命的戰鬥精神。不要怕矛盾激化，敵我矛盾總是要激化的，你不激他，他要激你，我們有接觸的天才領袖毛主席的崇高威望；有用毛澤東思想武裝起來的偉大的中國人民解放軍；有廣大的無產階級革命派，什麼都不怕。

主動進攻時戰役指導思想，在戰役部署上，要實行重點突破。要有重點，沒有重點就沒有方向，沒有證詞，必然要搞機會主義。在內蒙地區以烏蘭夫為代表的三股反革命勢力，在各個地區都是存在的。但情況並不完全相同，因此，必須根據不同的地區、單位和部門選擇自己的重點。文教、衛生、公檢法、黨群機關是重點，要揭深揭透。重點是整黨內走資本主義道路的當權派，但對於那些叛徒、特務、黑手、沒有改造好的地富反壞右、牛鬼蛇神也要堅決揪出來。反革命的上層頭面任務必須達到，他們反動的社會基礎也必須摧毀。五十天的賬必須清算，但重點要算十七年來的賬，決不允許用五十天來包庇和掩蓋十七年。好人犯錯誤應當批評，改了就好，壞人幹壞事，新賬老賬一起

算。我們有的同志只記五十天為反動路線、三個月反革命復辟逆流的怨，卻忘了十七年的階級仇。這是不對的。無產階級革命派衡量每一個人不能以是否與自己一起造反為標準，要作階級分析，絕不允許以感情代替政策。

在實行主動進攻重點突破的時候，必須認真貫徹穩、準、狠的方針。穩，就是要進行充分的調查研究，「不打無準備之仗，不打無把握之仗」。準，就是要打中要害。在敵人中要先打主要的、打頭頭。打開突破口之後，再向縱深進攻。狠，就是決心要大，決心要硬，一抓到底，不達目的，決不收兵。現在打這場戰爭，是一場近戰，惡戰，是刺刀見紅的戰鬥。我們過去批判劉少奇、烏蘭夫，當然也是進攻戰，也是硬戰，但總還是背靠背的戰鬥，現在就是要面對面的鬥爭，這些敵人就在我們各個單位。戰鬥越打越近，越向縱深發展，就是要拼刺刀了，打這樣的戰鬥，來不得一點書生氣，就是要下最大的決心，徹底消滅敵人。

《東方紅》

內蒙古巴盟東方紅革命造反聯絡總部主辦內部刊物（86）

1968年3月30日

30.高舉毛澤東思想偉大紅旗，狠抓階級鬥爭，將「挖黑線，清流毒」的鬥爭進行到底、奪取無產階級文化大革命的全面勝利

——滕海清同志三月二十五日在內蒙古自治區活學活用毛澤東思想先進集體和積極分子代表會議上的講話（1968.03.25）

各位代表同志們，人民解放軍指戰員同志們，無產階級革命派的戰友們，革命的同志們：

首先，讓我們共同敬祝我們的偉大領袖、當代的列寧、世界革命人民的偉大導師、我們心中最紅最紅的紅太陽毛主席萬壽無疆！萬壽無疆！萬壽無疆！

敬祝毛主席的最親密戰友、我們的副統帥林副主席身體健康！永遠健康！永遠健康！

同志們，空前盛大的內蒙古自治區活學活用毛澤東思想先進集體和積極分子代表會議已經勝利閉幕了。十多天來，大家懷著對偉大領袖毛主席無限熱愛、無限信仰、無限崇拜、無限忠誠的強烈的無產階級感情，談收穫，學先進，大立毛主席、毛澤東思想的最高權威，對全區更加廣泛，更加深入地開展活學活用毛澤東思想的群眾運動，將有巨大的鼓舞和推動作用。這次會議開得很好，很成功，是一次全區活學活用毛澤東思想群眾運動的大總結、大檢閱，是高舉毛澤東思想偉大旗幟，大抓階級鬥爭，將「挖烏蘭夫黑線，清烏蘭夫流毒」的人民戰爭到底，奪取無產階級文化大革命全面勝利的大動員、大誓師。我祝賀大會所取得的勝利！

你們都是來自全區各條戰線，各個部門，各個單位的學習毛澤東思想的先進集體和積極分子代表，你們在無產階級文化大革命中，在兩條路線的生死搏鬥中，赤膽忠心，無限忠於偉大領袖毛澤東，緊跟毛主席的偉大戰略部署，建立了功勳，積累了經驗，我向同志們學習，向同志們致敬。

關於全區活學活用毛澤東思想的大好形勢和基本經驗，由高錦明同志代表

自治區革命委員會作了總結發言，我完全同意，不再重複。

今天我想就國內外形勢和當前自治區階級鬥爭問題，談點個人意見，供同志們參考。

關於國際形勢

我們偉大領袖毛澤東教導我們：「**我們現在正處於世界革命的一個新的偉大的時代。亞洲、非洲、拉丁美洲的革命風暴，定將給整個的舊世界以決定性的摧毀性的打擊。越南人們抗美救國戰爭的偉大勝利，就是一個有力的證明。歐洲、北美和大洋洲的無產階級和勞動人民，正處在新的覺醒之中。美帝國主義和其他一切害人蟲已經準備好了自己的掘墓人。他們被埋葬的日子不會太長了。**」國際形勢的發展完全證明了毛澤東這一英明的科學論斷。

當前，國際形勢的主要特點是東風繼續壓倒西風，世界已進入以毛澤東思想為偉大旗幟的新時代。全世界被壓迫人民和被壓迫民族，從中國革命的勝利中，看到了前進的方向，鼓舞了革命的鬥志。他們認識到，中國是全世界革命人民的革命中心，偉大領袖毛主席是世界各國人民心中的紅太陽。只有光焰無際的毛澤東思想才能救世界。所以他們把學習毛澤東思想當作最大的光榮，最大的需要，毛澤東思想在全世界更加深入人心。

毛主席親自發動和領導的無產階級文化大革命，徹底粉碎了國內外一切階級敵人妄圖在我國復辟資本主義的罪惡陰謀，也最有力地支援了世界各國人民的革命鬥爭。越南人民抗美救國鬥爭取得了輝煌的勝利，亞、非、拉和世界各國人民的反帝革命鬥爭正在烽起雲湧。這樣就從根本上打破了美帝國主義和蘇修叛徒集團的反革命全球戰略部署，把國際共產主義運動和世界革命推向一個新階段。帝國主義的日子越來越不好過，修正主義集團更加分崩離析。整個國際形勢空前大好，而且越來越好。

下面就幾個問題講一下：

一、關於越南問題

越南是當前世界反美鬥爭的焦點，越南人民偉大的抗美救國戰具有深遠和

重大的世界意義。美帝國主義發動侵越戰爭是美帝獨霸全球戰略的重要組成部分，其罪惡陰謀是要通過侵略和奴役越南，東南亞地區，把越南和東南亞地區變成他的殖民地，作為進攻我們偉大祖國的前哨重要陣地和跳板。美帝在越南的基本政策，就是戰和兩手，以戰為主，逐步升級，南打北炸，以南為主，以炸迫和。作為美帝頭號幫兇的蘇修叛徒集團，也對越南人民實行假支持，真出賣，幫助美國推銷「和談」騙局，竭力為美帝國主義的侵略政策效勞。但結果怎麼樣呢？是不得逞的。

八年來美帝不但沒有打贏，而是越打困難越多，困難越大，美帝這條野牛已經陷入到人民戰爭的汪洋大海之中，而且越陷越深，走投無路。連他們自己也感到「失敗已成定局」。他們打，打不下去，打下去失敗則越來越大；和，和不了，他們的那套騙術失靈了；拖也拖不下去，拖下去只能在全世界人民面前當反面教員，喚起更多的人起來反對他。這就是美帝強盜在越南的困境。

具有光榮的革命傳統的越南人民，為了反對美帝國主義的侵略，爭取祖國的獨立和統一，大搞人民戰爭同美國侵略者進行了艱苦卓絕的戰鬥，他們越戰越勇，越戰越強，打出了一個大好的革命形勢。八年來，美帝在越南已損兵折將達三十多萬人，到三月十七日，越南北方軍民，已擊落敵機兩千八百架。今年一月二十四日越南人民發動了猛烈的新春攻勢，同時對越南六大城市、三十多個省會，一百多個縣城，幾乎所有的空軍基地，實施了全面地襲擊和進攻，一舉殲敵五萬多（美國佬一萬多），瓦解敵軍二十多萬，擊落敵機一千多架，擊毀和繳獲軍車四千多輛，取得了震驚世界的輝煌戰果。什麼美國大使館、偽總統府、參謀部，所有美帝統治區沒有一個安身之處，把敵人打的焦頭爛額，狼狽不堪。在新春攻勢中，英雄的越南人民把人民戰爭發揮到了一個新的水平，他們城鄉結合、軍民結合、內外結合，大搞群眾運動。這是毛主席人民戰爭思想的偉大勝利，是革命戰爭史上的奇跡。

現在，越南戰爭的主動權完全掌握在越南人民手裡了。越南戰爭促進了美國國內矛盾的發展，美國人民反戰，反徵兵運動，黑人的抗暴鬥爭，達到了前所未有的高潮，越南戰爭加速了帝國主義內部的分裂，美國統治集團的內部也不斷發生激烈的爭吵，越南戰爭也鼓舞了世界各國人民的革命鬥爭，現在亞、非、拉二十多個國家的武裝鬥爭正在蓬勃發展。

越南人民的偉大勝利，徹底戳穿了美帝紙老虎的本質，暴露了蘇修叛徒集團的醜惡面目，大大鼓舞了全世界人民反美鬥爭的信心，為世界革命人民提供了反美武裝鬥爭的寶貴經驗，樹立了敢於鬥爭敢於勝利的光輝榜樣。毛主席教導我們：「**國家不分大小，只要充分動員人民，堅決依靠人民，進行人民戰爭，任何強大的敵人都是可以打敗的。**」越南人民抗美救國戰爭的勝利，完全證實了毛主席的這個英明論斷。

我們國家和越南是兄弟鄰邦，中越兩國人民是親密的戰友和兄弟。我們遵照偉大領袖毛主席的教導，堅決支持越南人民的抗美救國戰爭，直到取得最後的勝利。當前，我們要條條落實，全面落實毛主席的最新指示，奪取無產階級文化大革命的全面勝利，從各方面作好戰爭準備，帝國主義膽敢把戰爭強加在我們頭上，我們就一定砸斷它的脊骨，全部、徹底、乾淨地消滅敵人，來推動世界革命的發展和勝利。

美國派到越南的部隊，現在大概是五十萬人，還在不斷向越南增兵。實際參加作戰的是二十八萬，因為它有很多部隊不能參戰。美國到底有多大的力量？它全國現在有××個步兵師，分佈在歐洲，拉丁美洲和越南、日本、菲律賓等地區。我們準備堅決地支持越南人民的抗美救國戰爭。但是，我們也準備美帝國主義可能把戰爭擴大到我們國家來。美帝國主義真要把戰爭擴大到中國來，那也是一件大好事，就會更早、更快地消滅世界上頭號的帝國主義。現在我們一方面準備打；另一方面，美國現在馬上向我們進攻，還沒有完全準備好。有一個日本人寫了一篇文章，他說，如果中美發生戰爭，美國至少要拿五十個師到中國來。美國一個步兵師大概是一萬五千人，如果拿五十個師，等於七十五萬人。他要侵略我們偉大的祖國，還有他的困難，遠隔重洋，從美國到中國約有九千到一萬公里。美國一個士兵在前線作戰，大致後面就要有五個人來保障，如果他出五十個師到中國來打仗，起碼要有一百五十萬空軍部隊來支援，把大部的力量拿到中國來。那麼，美國到底能動員多少部隊打仗？根據第二次大戰的經驗，美國最多動員了××個師。同志們想一想，如果說美國真正拿五十個師到中國來作戰，那有什麼了不起！

這是一個日本人寫的文章，作這樣的估計也是經過第二次大戰的經驗，那個時候動員了××個師，參戰的人員一千六百萬。現在的情況大大變化，美國

在全世界有一千多個基地，那個時候美國沒有這樣多的基地，就是東西戰場，一個在歐洲，一個在太平洋。根據這樣一個情況，美國真正想和我們作戰，能拿多少部隊？準備美國拿一百個師那也沒有什麼了不起。如果他拿一百個師，我們三個打他一個，我們有三百個師，就可以把他消滅。我們中國要動員，不是幾百個師，上千個師都可以。美國現在的人口是一億九千萬。美國人寫的一篇文章這樣估計，美國準備在外國作戰，如拿五十個師到中國作戰，大概每天要花二億美元的經費。同志們想一想，他如果拿五十個師，我們跟他打一年二年，看他有多少美元。美國在越南已經是五十萬軍隊，作戰的二十八萬。可是現在主動權掌握在越南手裡，不掌握在他手上！從春季攻勢就看出美國是處處挨打，沒有一點機動力量。越南西北山基地現在已經被越南軍隊圍攻兩個月了，美國如果有力量為什麼不可以增援呢？證明沒有力量。西山基地圍的很苦，每天炮打到營房裡面，人只能停一分鐘，停久了不行，就要被越南人民的炮兵打倒，有的時候根本去不了。從這一段證明，他沒有機動力量，沒有主動權。同志們想一想，越南一千四百萬人，美國派了五十萬的軍隊，加上偽軍是七八十萬軍隊，整個加起來大概是一百一、二十萬軍隊和越南人民打了八年，不但沒有打勝，越打越敗。它除了沒有打原子彈、氫彈以外，所有新武器都用過了，什麼毒辣手段都用過了，但是，還是打不贏，還是沒辦法。所以，越南人民很大的功勞是為世界被壓迫人民、被壓迫民族進行武裝鬥爭樹立了光輝的榜樣。但是越南人民也遇到了很多困難，所以，我們就要大力地、全力地支援越南人民，越南形勢是越來越好。

二、關於帝國主義經濟危機問題

去年十一月以來，整個資本主義世界爆發了四十年以來最嚴重的經濟危機。從今年二月底開始，西方世界又亂起了一場空前猛烈的搶購黃金的風潮。美國被迫拋出了大量黃金，依然不能遏止這股風潮。在倫敦、巴黎、蘇伊士等黃金市場上，擠滿了搶購黃金的人群，拼命地拋出手中的美元、英鎊鈔票，搶購上市的黃金，使西歐的各主要市場上的黃金交易量猛增幾十倍。有人買不到黃金，就大量搶購白銀、橡膠、銅、錫、可可、咖啡、麵粉、木材等等，從而造成了金融市場、商品市場一片混亂。西方各國壟斷集團像大禍臨頭，驚慌萬

狀。以美元為中心的西方世界貨幣體系開始崩潰。

這次資本主義世界搶購黃金的風潮，是由於美國國庫空虛，黃金儲備下降而引起的。到目前為止，美國的黃金儲備只剩下了一百一十四億美元，比戰後初期少了一半，而外國人手裡擁有的美鈔則達到三百五十億美元左右超過美元儲備兩倍多。二十多年來，美帝國主義為了稱霸世界，利用了美元是「世界貨幣」這種特權地位，通過輸出資本，提供經濟和軍事「援助」等各種方式，向國外濫發美鈔，瘋狂進行經濟掠奪。好像美國的錢很多，很富，實際上不是那麼回事。現在美國在全世界建立了一千多個基地，那就是說，美國在各個地方都有他的部隊，有他的人員。那些人員在外面就要用錢，就要拿美元，所以，很多國家手裡拿了美國很多的美元。在去年或前年，法國的戴高樂拋出了二十億美元購買黃金，一下子把美國搞的狼狽不堪。美國的黃金儲備越來越少，而流到國外的美元紙幣越積越多，在這同時，美帝國主義在國內瘋狂擴大軍費開支，濫發鈔票，使美元的實際購買力不斷下降。美國，一方面侵略其他國家，另外，增加國內人民的負擔。所有這些都使得西方實際對美元的信任日益動搖。近年來，隨著侵越戰爭不斷「升級」，戰費不斷增加，進一步擴大了美國的財政預算和國際收支的虧空，動搖著美元的地位，人們擔心美元宣佈貶值，所以爭相拋售手中的美元而搶購黃金。

美元危機，是美帝國主義侵略政策遭到失敗、實力日益削弱的結果；是帝國主義制度固有的各種矛盾，特別是美帝國主義同各國人民之間的矛盾日益激化的結果。全世界人民反對美帝國主義的戰爭，特別是越南人民的抗美救國鬥爭，使它沒有辦法對付，陷入人民戰爭的汪洋大海之中。接踵而來的，就是他的財政方面的危機，也就是帝國主義的經濟危機，經濟危機如果從美國開始，美國、法國一些資本主義國家都接踵而來，整個資本主義世界經濟危機就要大爆發了。這就標誌著腐朽沒落的帝國主義制度正在加速走向衰亡。

我們偉大領袖毛主席教導我們：「**我們現在所處的時代是帝國主義制度走向全部崩潰的時代，帝國主義業已陷入了不可解脫的危機之中。**」現在就更加證明了偉大領袖毛主席的英明論斷。

三、關於修正主義集團瀕臨垮臺問題。

修正主義集團分崩離析，蘇修霸權地位瀕臨垮臺。

從一九六四年勃烈日涅夫和柯西金集團上臺以來，他們繼承了赫魯曉夫修正主義的衣缽，繼續執行赫魯曉夫反共、反人民、反革命、反華的政策。為了適應美帝的需要，鎮壓世界人民的革命運動，繼續充當美帝國主義的頭號幫兇。在國內，他們實行白色恐怖，復辟資本主義；在越南問題上，他們假支持，真出賣，充當美帝的幫兇和捐客；在對待亞非拉人民革命問題上，扮演者國際憲兵的角色。並且經常和美帝、蔣匪坐在一個板凳上，為美帝制造「兩個中國」的罪惡陰謀奔走效勞。今年二月下旬，他們又網羅六十六個單位的一小撮叛徒工賊，在布達佩斯開了一個所謂「協商會晤」的黑會，這一些反革命的小丑，他們召開這一次會議的目的，本來是想行使一下他們僅有的一點霸權，還想揮舞他的指揮棒。但是，從這一次會議看，蘇修指揮棒不靈了，不是像過去那樣地聽他的了。這一次會議，有的沒參加，有的參加了半截就退出了會議有。所以，這次會議什麼問題也沒有解決。那些所謂共產黨、工人黨，實際上都是馬列主義的叛徒，工賊。那一小撮小丑各有各的打算，蘇修想在這個會議上抬高他的身價，實際完全不是像他自己想的那樣，結果，亂哄哄的吵了八天，就草率收場。這充分暴露了修正主義內部分崩離析，蘇修叛徒集團的指揮棒早已不靈了。毛主席指出「**凡屬將要滅亡的反動勢力，總是要向革命勢力進行最後掙扎的。**」蘇修叛徒集團，他們並不甘心自己的失敗，還準備在十一月間在莫斯科再召開一次這個叛徒會議，那個時候到底能不能開得成是另一個問題，就是開成了，也只能更加暴露了反革命叛徒集團的醜惡嘴臉。把他們的面紗揭開了，全世界人民就可以看的更清楚了。最近大家從報紙上看到了波蘭、捷克，還有東德的學生、人民在那裡遊行示威鬧風潮。那些修正主義頭子，像烏布利希、哥穆爾卡、諾沃提尼，那些人有可能被趕下去。趕下去以後是不是起來一批革命的？現在看不出來。把老修正主義趕下去，起來的可能比修正主義更修的那些傢伙，更反革命。我們對這個問題怎麼看？他們現在還有一種打著馬列主義的紅旗搞資本主義復辟，如新起來的一夥人他們叫更加自由化。所謂更加自由化，就是更加徹底的復辟資本主義。如果真正的徹底的復辟了資本

主義，把面紗揭開了，那也就是亂透了，那個時候，我看他欺騙人民的幌子就完全破產了。就是更新的修正主義上臺，我看總還是一個好事，亂透了以後，人民就要起來革命了，徹底撕破他的假面具。使他更加不能欺騙人民了。

關於國內形勢

毛主席說：「**全國的無產階級文化大革命形勢大好，不是小好，整個形勢比以往任何時候都好。**」「**再有幾個月的時間，整個形勢將會變得更好。**」事實完全證明了毛主席的英明論斷。我國的無產階級文化大革命在取得決定性的勝利之後，全國人民意氣風發，乘勝前進，正在條條落實，全面落實毛主席一系列最新指示，奪取無產階級文化大革命的全面勝利。

首先，全國億萬人民學習毛澤東思想出現了新的高潮，各地都在大辦、特辦毛澤東思想學習班，認真學習，全面貫徹執行毛主席的最新指示，大大地促進全國人民的思想革命化。

第二，無產階級革命派大聯合，工人階級起了帶頭作用、主力軍的作用，推動了各地區、各系統、各部門的革命的大聯合和革命的「三結合」，到現在為止，全國二十九個省、市、自治區，已有上海、山西、北京、黑龍江、山東、貴州、青海、內蒙古、天津、河北、河南、湖北、甘肅、江西、廣東、吉林、浙江、江蘇等十八個省、市、自治區成立了革命三結合的革命委員會。其他省市革命委員會也將很快建立起來。

整個形勢是很好的，原來幾個亂得比較厲害的地方——遼寧、福建、雲南、新疆，現在這些地方的革命大聯合已經搞得很好了。福建問題基本上解決了。現在全國是大聯合，三結合的形勢。華北地區首先實現了一片紅，省市以下各級革命委員會和廠礦企業、農村、牧區人民公社等革命委員會也像雨後春筍般地建立起來了。整個華北地區現在只有保定專區沒有建立革命委員會。

第三，革命的大批判正在廣泛深入的向縱深發展。

第四，「**階級鬥爭，一抓就靈。**」在革命大好形勢的推動下，全國工農牧業生產有了很大發展。河北省歷史上從來就是糧食不夠吃，但67年獲得了大豐收，做到了糧食自給，這是一件了不起的大事。

目前，全國人民，根據毛主席、黨中央的指示，正在開展增產節約運動，廣大工農群眾和其他勞動人民正在進一步抓革命促生產，掀起工業生產和春耕播種的新高潮，可以預料，一九六八年將取得工農牧業生產的更大發展。

關於當前自治區階級鬥爭的形勢和問題

我們自治區的革命形勢和全國形勢一樣，也是一片大好，階級鬥爭正向縱深發展。

去年十一月江青同志對文藝界講話以後，由呼市文藝界興起的一場挖烏蘭夫黑線，清烏蘭夫流毒的群眾運動開展以來，已經四個多月了，運動發展基本上是健康的，取得了很大成績，其主要標誌是：

一、全區活學活用毛澤東思想的群眾運動大大向前推進了一步。全區從城市到農村、牧區，從學校到工廠毛澤東思想學習班普遍地都辦起來了。這次辦學習班的特點，就是廣大革命群眾活學活用毛澤東思想和這場挖黑線、清流毒的鬥爭結合起來了。實踐證明，活學活用毛主席著作，進一步提高了路線鬥爭覺悟和政策觀念，湧現出大批先進單位和積極分子。光焰無際的毛澤東思想，進一步統帥了這場史無前例的無產階級文化大革命運動。

二、毛澤東思想大普及、大傳播，大大地調動了廣大人民群眾的積極性。廣大群眾以新的戰鬥姿態投入了這場挖黑線，清流毒的偉大鬥爭，群眾進一步發動起來了。革命烈火燃遍了城市、農村、牧區、工廠、學校、機關、街道。旗縣以上各單位向烏蘭夫黑線展開了猛烈的進攻，農村、牧區對烏蘭夫的反動社會基礎──封建主義和資本主義勢力，給以沉重地打擊。在這場新的鬥爭中，廣大的無產階級革命派和貧下中農、貧苦牧民、不富裕牧民發揮了主力軍的作用。過去受蒙蔽的革命群眾，積極起來革命，與無產階級革命派一道投入了戰鬥，使烏蘭夫的殘黨餘孽和一切反革命勢力陷於人民戰爭的汪洋大海之中。

三、挖黑線、清流毒的鬥爭，大大世界促進了革命的大聯合和三結合。到目前為止，全區七盟二市七十七個旗縣成立了革命委員會，二十三個旗縣實現了上下一片紅。無產階級專政更加加強了，更加鞏固了。

　　四、群眾專政運動顯示了強大的威力。全區揪出了一大批叛徒、特務、走資派、民族分裂主義分子、壞頭頭和社會上的牛鬼蛇神。據不完全統計，是四千人左右。這些人並不是公安部門去抓的，也不是解放軍去抓的，而是群眾組織自己起來抓的。從現在的材料來看多半抓的是特務、叛徒、走資派、反革命分子，等等。顯示了群眾專政的強大威力。大滅了階級敵人的威風，大長了無產階級革命派的志氣，使這場鬥爭更加深入了。

　　五、革命促進了生產。工業生產形勢逐漸好轉。全區農村、城鎮生產熱氣騰騰，牧區接羔要進入高潮。全區糧食徵購已經完成了年度任務的95.3%，但是有些盟是不好的，如伊盟、巴盟沒完成任務。全區各地正在深入開展增產節約運動，並且已經取得了新的成績。

　　這是運動的本質和主流。

　　這場新的鬥爭出現了許多新的特點，概括起來：第一，不僅把主要矛頭指向走資派，而且要徹底摧毀他們的反動的社會基礎；第二，不僅要堅定地依靠無產階級革命派，而且要十分重視團結和發動那些受蒙蔽的革命群眾，共同戰鬥，實現毛主席關於團結兩個百分之九十五的偉大戰略思想；第三，無產階級革命派不僅要革別人的命，而且要強調革自己的頭腦裡面私字的命，改造世界觀，從思想上挖掉修正主義的根子，實現思想革命化；清理自己組織中的壞人，樹立階級隊伍，實現組織革命化。

　　這些新的特點充分地說明革命更加深入了。革命越深入，敵人越狡猾。現在階級敵人同我們鬥爭的主要手段，是通過混進造反派中的代理人和利用造反派中不堅定的分子，進行反撲和頑抗。當前影響運動順利發展的主要問題是：階級敵人的反撲，右傾勢力的阻礙，派性的干擾。江青同志指出：目前在全國右傾翻案是主要危險。這一指示，完全符合我區的實際情況。當前，我區有一股為烏蘭夫翻案的風，要堅決打退。目前。人們對這場「挖黑線，清流毒」的偉大鬥爭認識不足，思想準備不足。某些領導處於很不理解、很不認真、很不得力的狀態。運動發展不平衡，有些領導不敢更加廣泛、更加深入、更加充分地放手發動群眾。有些地方，有些單位，有些部門的階級鬥爭蓋子還不能徹底揭開，就充分說明了這個問題。

　　為了把挖烏蘭夫黑線，清烏蘭夫流毒的偉大鬥爭進行到底，我們必須很好

地解決如下問題：

一、提高對這場鬥爭的偉大戰略意義的認識。

我們正在進行的這場挖烏蘭夫黑線，清烏蘭夫流毒的群眾運動，是關係到毛主席偉大戰略部署在我區能否全面落實的重大問題，關係到內蒙一千三百萬人民命運的大問題，關係到年輕的紅色政權能否鞏固的大問題。一句話，就是關係到我區的無產階級文化大革命能否進行到底、能否取得全面徹底勝利的大問題。

如不把這場鬥爭進行到底，年輕的紅色政權不僅不能鞏固和發展，而且還有喪失的危險。革命根本問題是政權問題。政權問題仍然是當前鬥爭的焦點。就整個來說，現在是無產階級革命派掌權，但有一些單位的權不在我們手裡或不完全在我們手裡。有些單位表面上看，權在無產階級革命派裡，實際上是左派掌權右派用權。這是一場奪取與反奪取激烈的鬥爭。我們應看到這個問題的嚴重性。因此，我們不但要打倒烏蘭夫反革命修正主義的頭面人物，而且要徹底摧毀他的社會基礎。這個社會基礎就是烏蘭夫反革命修正主義卵翼下的叛徒、特務、民族分裂主義分子和沒有改造好的地富反壞右及一切牛鬼蛇神，只有徹底摧毀它的社會基礎，才能有效地防止資本主義復辟，鞏固無產階級專政。

如不把這場階級鬥爭進行到底，祖國的北部邊防將不能鞏固。內蒙地處反修前線，直接擔負著保衛祖國保衛無產階級文化大革命的重大任務。只有在軍內外徹底肅清烏蘭夫的殘黨餘孽、叛徒、特務，才能在祖國的北部邊疆，築起一道鋼鐵的長城。

如不把這場鬥爭進行到底，就不可能建立一支更加純潔更加堅強的無產階級革命派階級隊伍。因此，我們不但要打倒走資派，肅清社會上的叛徒、特務、地富反壞右、牛鬼蛇神，而且要特別重視肅清混到我們造反派隊伍裡的壞傢伙。只有這樣才能實現組織革命化，才能徹底粉碎階級敵人的反撲。

烏蘭夫統治內蒙二十年，他們的流毒深，影響大，如不把這場鬥爭進行到底，不肅清烏蘭夫反革命修正主義的流毒，他們腐朽的政治影響，每時每刻都在腐蝕我們的靈魂，使我們隊伍出現蛻化變質分子，成為他們的代理人，實際上現在有些人已經跳出來為烏蘭夫翻案，這就是烏蘭夫的代理人嘛。這樣就可

能使我們已經取得的偉大成果重新失掉。所以，只有把挖黑線，肅流毒緊密結合起來，持久地開展革命的大批判，徹底肅清烏蘭夫的流毒，實現人的思想革命化，才能從根本上防止資本主義復辟。

由此可見，這場鬥爭實質上還是毛主席的革命路線同中國赫魯曉夫的反革命路線的鬥爭，是兩個階級，兩條道路，兩條路線鬥爭的繼續和深入發展。

但是，至今還有些人對這場鬥爭的偉大戰略意義認識不足，思想上不上綱，這是很危險的。因此，我們必須進一步提高認識，統一思想，把這場鬥爭提高到路線鬥爭，提高到鞏固政權的高度來認識。只有這樣才能真正把這場鬥爭搞深搞透，否則，革命將會半途而廢，文化大革命將有夭折的危險。

二、緊跟毛主席的偉大戰略部署，緊緊掌握鬥爭大方向。

什麼是當前鬥爭的大方向？高舉毛澤東思想偉大紅旗，以毛主席的最新指示為綱，鼓足幹勁，力爭上游，再接再厲，徹底挖掉中國赫魯曉夫在內蒙古的代理人「當代王爺」烏蘭夫的黑勢力。徹底肅清他們的一切政治影響和流毒，從而促進和鞏固革命的大聯合和革命的三結合，從思想上、政治上、經濟上、組織上奪取全面勝利，這就是當前鬥爭的大方向。「挖黑線，清流毒」的鬥爭，就是實現這個大方向的重要步驟。所以這場鬥爭的大方向有些人就懷疑，懷疑現在是不是時候要搞這個。我說，這個鬥爭是完全正確的。不容懷疑的，必須緊緊掌握。

這就是說要通過這場鬥爭把烏蘭夫的殘黨餘孽挖出來。樹立起我們的強大的無產階級革命隊伍，是當前運動的一個關鍵問題。這個問題解決了，整黨建黨，考查、審查幹部等等問題也就好解決了。林副主席講，我們要審查幹部，我們的幹部怎麼去考查，還是靠幹部部門，組織部門少數人去考查行不行，是不行的，只有發動廣大群眾起來，對每一個幹部進行鑒別，到底是革命的，不革命的。把群眾發動起來了，可以清除我們幹部隊伍中的叛徒、特務、一些壞傢伙，現在紛紛被群眾揪出來了，這就純潔了我們的幹部隊伍。我們要整黨，那麼在幹部裡面，在群眾組織裡面，把壞人揪出來了，那裡整黨、建立黨的生活，就很好解決了嘛。

當然運動的根本目的是要挖掉修正主義的毒根，解決兩種世界觀的問題。世界觀不解決，就不能從根本是防止資本主義道路的問題。

　　通過「挖黑線、清流毒」的群眾運動，建立一個永遠忠於毛主席的領導班子和建立一支堅強的無產階級的階級隊伍，從而保證毛主席的革命路線取得全面徹底的勝利，這就是運動的大方向。

　　現在有人懷疑這場鬥爭的大方向，他們說「我們擴大了打擊面」、「矛頭指向群眾」、「實行了新的資產階級反動路線」等等，這種說法是錯誤的。但大多數是對大方向認識不清，是認識問題，有的是敵人放的妖風，我們要批判這種說法。我們的重點是整黨內的走資派，但是，必須摧垮他們的社會基礎，那些叛徒、特務、地富反壞右、牛鬼蛇神怎麼能算是群眾呢？對他們實行無產階級專政，根本不存在反動路線的問題，當然，我們要把叛徒、特務、牛鬼蛇神和有一般政治歷史問題的人區別開來，要把三反分子和說過一些錯話，做過一些錯事的人區別開來，在壞人中要把主謀和脅從區別開來，壞頭頭和受蒙蔽群眾區別開來。有種種懷疑的人，主要是認識問題，也可能是出於好意，擔心領導上犯錯誤，但是，這個問題不澄清，就極易被壞人所利用，因為有些壞人一直在那裡煽陰風，點邪火，企圖轉移鬥爭大方向，製造思想混亂，我們必須提高警惕；還有一種人他們有錯誤，或者與走資派、壞人有千絲萬縷聯繫，害怕革命革到自己頭上，不敢勇敢上陣，捂著階級鬥爭的蓋子，當了階級敵人的代言人，我們希望這些人與走資派，與壞人劃清界線，割斷聯繫，大膽揭發，堅決鬥爭，改正錯誤，共同對敵。

　　緊緊掌握鬥爭大方向，就是要抓住重點，抓住主要矛盾。在內蒙地區以烏蘭夫為代表的三股反革命勢力，在各個地區都是存在的，儘管情況不完全相同，但總的說是要挖烏哈黑線。現在有人把這三股勢力孤立起來或對立起來，是錯誤的。這裡邊有的是好人認識不清，也有壞人故意製造混亂。這三股勢力都是烏蘭夫的黑線，都是一個藤上的瓜，不可能一藤上結出兩個不同性質的瓜。他們是一個司令部裡的人，他們走的是一條路。不管是烏蘭夫的勢力，是哈豐阿的勢力，是國民黨軍閥勢力，不管是特務、叛徒和地富反壞右，也都是一個藤上的瓜，他們要走的道路就是資本主義復辟的道路，封建主義的道路，民族分裂主義的道路。儘管有時他們表現形式不同，實質是一個問題。如果分開來搞，你這一派揪這股勢力，他那一派揪那股勢力，這實際上是製造混亂，掩護了敵人。我們要用階級觀點去看問題，要分清兩個階級、兩條道路、兩條

路線。兩個階級就是資產階級和無產階級；兩條道路就是資產階級分子要走復辟資本主義道路，無產階級革命派要走社會主義道路；兩條路線鬥爭主要是講黨內的，在我們黨內擁護馬列主義、毛澤東思想的就是站在毛主席無產階級革命路線一邊的，如不站在這一邊就是站在資產階級反動路線上。

有些我們沒有看清楚的壞人，混進革命委員會裡。我上次講過：有些同志有一般錯誤，那沒什麼了不起，可以經過批判教育解決。如果真正是敵人，甚至是烏蘭夫的死黨，那就要把他打倒。我們講的在革命委員會裡有壞人要「保」一下，不是保他那個人，說的是大字報不要上街，可以在內部搞。這是保無產階級紅色政權的威信，不是保那一個壞人。在內部搞，該打倒的就要打倒，壞人一定要打倒。對這個問題，各人有各人的理解，有的認為革命委員會裡有壞人不能搞，一搞就是把矛頭指向紅色政權，這樣理解是不對的。我們對紅色政權要維護它的威信，但革命委員會內混進幾個壞人有什麼奇怪呢？我們黨裡不是有劉鄧陶嗎？把這些人揪出來，我們中國共產黨就糟了嗎？就不光榮偉大了嗎？就不正確了嗎？而是更光榮更偉大更正確了。

同志們要注意，各級革命委員會有什麼問題，首先要把材料準備好，報上級革命委員會批准處理。要區別對待，好人要保護，壞人一個也不能保，犯了錯誤就要檢討。現在有些革命委員會有個別人是壞人，當初上級不夠瞭解，群眾不夠瞭解，認識要有一個過程，壞人鑽到革命委員會沒有什麼了不起。這個問題將清楚了避免誤會。當然也不是革命委員會中什麼人都可以揪了，不是這個意思。有些單位群眾一起來馬上就把大字報轟出去了（指對革委會委員），這樣不好，我們應當把問題查清楚，作具體研究後再作處理，比較慎重。有的單位的領導班子革委會批了，一旦發現有問題，應按有問題來處理。我們革委會沒有金猴眼，一看就清，百分之百的正確是不可能的。

內蒙地區有許多問題，但重要問題是通過民族分裂，搞資本主義復辟。文教、衛生、公檢法、黨群機關是重點，特別是文藝界和公檢法是重點的重點。五十天、三個月的賬要清算，七十年的賬更要算，文藝界不僅要算七十年的，而且要算三十年的。絕不容許用五十天、三個月包庇十七年。

三、進行這場鬥爭依靠誰團結誰的問題。

毛主席教導我們說：「誰是我們的敵人？誰是我們的朋友？這個問題是革

命的首要問題。」無產階級革命派在革命鬥爭過程中，必須不斷分析和掌握這個問題才能方向明確、立場堅定、明辨是非。

依靠誰？就是要依靠決心把無產階級文化大革命進行到底的徹底革命派。也就是說，還是要依靠真正的老造反派，然而，造反派的隊伍有變化這是階級鬥爭的正常現象，毫不足怪。所以對「老造反派」和「小人物」都必須做階級分析，不管你是「老」，還是「小」，只要你是決心把無產階級文化大革命進行到底的徹底革命派，我們就堅決依靠。對這個問題，在這場鬥爭中有的人認識不清，特別是在這次挖烏蘭夫黑線、清烏蘭夫流毒的鬥爭中，靠什麼力量。就是靠在各級革命委員會領導下把無產階級文化大革命進行到底的無產階級革命派。他們之中，當然大多數都是老造反派。

團結誰？團結廣大群眾，團結爭取中間力量，特別要注意團結受蒙蔽站錯隊的革命群眾。一提到團結受蒙蔽站錯隊的革命群眾，有人就怕「老保翻天」這是錯誤的。什麼是老保翻天？過去站錯隊，今天想借機翻案，否定過去的錯誤就是老保翻天。如果承認過去的錯誤，並且下決心站起來革命怎麼是老保翻天？應該支持他們起來革命，但是不承認他們站錯隊，也是錯誤的。過去站錯隊就是錯的麼，不是對的麼！但是站錯隊你是犯了一次錯誤，現在承認了錯誤，起來革命立新功，我們應該支持，不能說「老保翻天」。如果他們翻天是翻烏哈勢力的天，是翻資產階級的天，這是好事情，應當鼓勵和支持，不能壓制他們起來革命。只有真正做到團結兩個百分之九十五，才能把無產階級文化大革命進行到底，才能真正鞏固無產階級專政。

當然我們老造反派要整頓隊伍。老造反派中有壞人，是少數；有的是壞頭頭，也是極少數。有些同志過去在工作中犯了這樣那樣的錯誤，那是認識問題，只要改正過來還是好的。還有一些過去是所謂老造反派，歷來把矛頭指向無產階級司令部，指向各級革命委員會，這還算什麼老造反派？對這樣的造反派，應該發動群眾把他們踢開。這樣的造反派組織，群眾是沒有什麼責任的，主要是頭頭。還有這樣的造反派，一直到現在還不承認革命委員會，這是不對的。應該是求大同存小異，革命委員會有什麼缺點，可以商量解決。現在與革命委員會唱對臺戲的造反派，將來要走到反面。現在我們承認他們是造反派，如果他們不承認錯誤，性質可能要轉化，還有他們不維護革命委員會的威信，

這樣做要走向反面，前一段是造走資派的反，現在是造革命委員會的反、造紅色政權的反，造以毛主席為首的無產階級司令部的反，這樣，將來人民群眾是不答應他們的。總的看，不要混淆了兩類不同性質的矛盾。還要看到在這場尖銳複雜的階級鬥爭中，我們內蒙地區的無產階級革命派還是堅強的、好的、值得信賴的。

四、進一步充分發動群眾。敢不敢放手發動群眾，是決定這場運動命運的關鍵問題。當前群眾發動的還很不充分。主要的原因是：第一，領導是有右傾情緒，不敢放手發動群眾；第二，是造反派隊伍混進了壞人，或者有的造反派受壞人操縱，造反派裡面混進了壞人，現在這些壞人，基本上是在幕後指揮，是操縱造反派的人，還有一些也可能有的自己屁股不乾淨，怕群眾起來革自己的命，在那裡捂著階級鬥爭蓋子；第三，有嚴重的派性，表面上看群眾是發動起來了，實質上在那裡搞派性鬥爭，想把群眾引上派性鬥爭的歧途；第四，有些老造反派，缺乏解放全人類的偉大胸懷，風格不高，對革命的新生力量和受蒙蔽的群眾起來革命，從感情上總覺得不舒服，不願意支持他們，幫助他們，團結他們，甚至有的還壓制他們，歧視他們，排斥他們。由於上述原因，情緒就不能夠充分地發動起來。

當前對待群眾運動的態度問題，在某種意義上說，就是對待這次應當起來挖烏蘭夫黑線、清烏蘭夫流毒的這些真正要把無產階級文化大革命進行到底的那些新生力量的態度問題。新殺出來的一批力量，可能混進一些壞人，但是絕大多數是要革命的，壞人是極少數。群眾真正發動起來後，壞人是會被揪出來的。我們廣大的革命的老造反派，在毛澤東思想指引下，在文化大革命中建立了偉大功勳，要取得更大的成績，就必須團結廣大革命群眾共同戰鬥。不要老是盯著那批新生力量的缺點錯誤，要看他們的大方向。既要學習他們的優點，又要滿腔熱情地支持他們，幫助他們，「名牌正統」思想是要不得的。我們要克服那個「名牌正統」造反派的思想。什麼是名牌？我們講，呼三司是名牌，是上了文件的，上了中央決定的。呼三司是高舉毛澤東思想偉大紅旗的。站在毛主席革命路線一邊的，所以他名牌。呼三司現在還是高舉毛澤東思想偉大紅旗的，是緊跟毛主席革命路線的，所以他還是名牌。如果他們有一天不高舉毛澤東思想偉大紅旗，有一天不緊跟毛主席偉大戰略部署，他們就不是名牌了。

我們有些老造反派，現在還在那裡強調「唯我獨左」「唯我獨革」，總要以我為核心，這是不對的，應當經過辦學習班，鬥私批修解決這個問題。至於有的人，總是千萬百計地想整垮他們，更是極端錯誤的，趕快回頭還不算晚，否則，必須搬起石頭砸自己的腳。

五、反掉右傾，加強領導。

當前階級鬥爭的一個新特點是：階級敵人的活動更加隱蔽，更加陰險，更加狡猾，敵人明火執仗向我們進攻已經不再可能了，他們只有採取拉出去、打進來的手段，通過鑽進我們革命隊伍內的壞傢伙「變色龍」、「黑高參」之類，利用某些群眾組織頭頭和領導幹部的嚴重右傾，派性及部分群眾的無政府主義，散佈流言蜚語，製造混亂，拉一批打一批，挑動群眾鬥群眾，轉移鬥爭大方向，藉以掩護自己，伺機進行反撲。現在有一些敵人已經打進了我們造反派內部，現在敵人要我們內部拉出去一部分或個別意志不堅定的人。敵人的這些陰謀在有的隊伍有的時候之所以能夠得逞，主要的是利用了我們領導的右傾，所以右傾是當前運動的主要危險。

目前，右傾情緒有各種各樣的表現。第一，階級鬥爭觀念單薄，政治警惕性不高，看問題不作階級分析，不上階級鬥爭的綱，我們有些同志只抓小是小非問題，不抓大是大非問題，不抓階級鬥爭，不把矛頭對準敵人或者對敵人不狠，不敢主動進攻，不敢實行無產階級專政，分明是披著「老造反派」外衣的「變色龍」。他們卻偏要說我們患難與共的戰友，不僅不揪鬥，而且保護起來。第二，怕亂，怕分裂，不敢放手發動群眾。只片面地講聯合不講鬥爭，只求表面平靜，不求在鬥爭中發展，甚至有的粉飾太平，掩蓋階級矛盾。第三，自己不能不斷革命、徹底革命，反而壓制別人革命。誰要衝破助力殺出來，就給誰扣上「鬧分裂、高派性、想當頭」等等帽子。對站錯了隊的要起來革命的群眾，就說人家老保翻天。凡是對我不好，不管是什麼人就針鋒相對，以牙還牙。第四，右傾的嚴重性就在於右傾加上了派性。派性助長了右傾，右傾又擴大了派性。這種惡性循環的結果，使他們熱衷於互相攻擊，把敵人丟在一邊不管。

以上僅例舉幾種主要表現。

這種右傾主要表現在某些領導和一些掌握實權的同志身上。由於右傾既

看不到敵人存在，又看不到群眾力量。既不注意研究敵人的動向，積極進行鬥爭，又不傾聽群眾的呼聲，不敢放手發動群眾把挖黑線、清流毒鬥爭搞深搞透搞徹底。

為什麼右傾情緒這樣嚴重？絕大多數是由於認識跟不上革命發展的需要，「**這些人看不出矛盾的鬥爭已將客觀過程推向前進了，而他們的認識仍然停留在舊階段。**」因此，克服右傾最重要的一個問題就是要認清形勢，認清這場階級鬥爭的偉大意義。增強敵情觀念，提高路線鬥爭覺悟。

周總理和中央文革的負責同志在二月二十一日接見天津市革命委員會成員和革命群眾代表時的重要講話，是以毛主席為首的無產階級司令部的重點動員令，不但適用於天津，也完全適用於內蒙古自治區，是指導我自治區挖黑線、肅流毒的極重要的武器，要認真組織傳達學習，堅決貫徹執行。必須遵照中央首長的指示，認清敵情，反掉右傾，立即行動起來，掀起一個挖黑線、肅流毒的新高潮，把烏蘭夫的殘黨餘孽、混進革命隊伍中的叛徒、特務和牛鬼蛇神通通揪出來。我希望各盟市革命委員會認真地檢查克服你們的右傾思想，否則是十分危險的。右傾不反掉，這場階級鬥爭就不可能搞得徹底。

同志們，能不能搞好這場鬥爭，關鍵是領導。各盟市革委會第一、二把手一定要把精力放在指導這場鬥爭上，要親臨戰場，親自指揮，切實改變目前一些單位抓得不緊，領導不力的態度。各級革命委員會要組織一個精悍有力的班子來指揮這場戰鬥。目前，群眾還沒有充分發動起來。要放手發動群眾，大搞群眾運動。一定要深刻認識，相信群眾，依靠群眾，尊重群眾的首創精神，是毛主席革命路線的核心，也是奪取這場鬥爭全面勝利的關鍵。讓我們更高地舉起毛澤東思想偉大紅旗，以毛主席最新指示為綱，再接再厲，為奪取無產階級文化大革命的全面勝利而奮鬥！

戰無不勝的毛澤東思想勝利萬歲！

毛主席的無產階級革命路線勝利萬歲！

中國共產黨萬歲！

我們偉大的領袖毛主席萬歲！萬萬歲！

（根據記錄整理，未經本人審閱）

內蒙古文革檔案01　PC0931

新銳文創
INDEPENDENT & UNIQUE

滕海清將軍有關內蒙古人民革命黨講話集（上冊）

主　　編	楊海英
責任編輯	尹懷君
圖文排版	周妤靜
封面設計	蔡瑋筠

出版策劃	新銳文創
發 行 人	宋政坤
法律顧問	毛國樑　律師
製作發行	秀威資訊科技股份有限公司
	114 台北市內湖區瑞光路76巷65號1樓
	電話：+886-2-2796-3638　傳真：+886-2-2796-1377
	服務信箱：service@showwe.com.tw
	http://www.showwe.com.tw
郵政劃撥	19563868　戶名：秀威資訊科技股份有限公司
展售門市	國家書店【松江門市】
	104 台北市中山區松江路209號1樓
	電話：+886-2-2518-0207　傳真：+886-2-2518-0778
網路訂購	秀威網路書店：https://store.showwe.tw
	國家網路書店：https://www.govbooks.com.tw

出版日期	2020年7月　BOD一版
定　　價	440元

國家圖書館出版品預行編目

滕海清將軍有關內蒙古人民革命黨講話集 / 楊海
英主編. -- 一版. -- 臺北市：新銳文創,
2020.07
　冊；　公分. -- (內蒙古文革檔案；1-3)
BOD版
ISBN 978-957-8924-99-4(上冊：平裝). --
ISBN 978-986-5540-00-5(中冊：平裝). --
ISBN 978-986-5540-01-2(下冊：平裝). --
ISBN 978-986-5540-02-9(全套：平裝)

1. 文化大革命　2. 內蒙古　3. 種族滅絕　4. 內蒙古
自治區

628.75　　　　　　　　　　　　　109007185

讀 者 回 函 卡

感謝您購買本書，為提升服務品質，請填妥以下資料，將讀者回函卡直接寄
回或傳真本公司，收到您的寶貴意見後，我們會收藏記錄及檢討，謝謝！
如您需要了解本公司最新出版書目、購書優惠或企劃活動，歡迎您上網查詢
或下載相關資料：http:// www.showwe.com.tw

您購買的書名：_____

出生日期：_____年_____月_____日

學歷：□高中 (含) 以下　　　□大專　　　□研究所 (含) 以上

職業：□製造業　□金融業　□資訊業　□軍警　□傳播業　□自由業

　　　□服務業　□公務員　□教職　　□學生　□家管　　□其它____

購書地點：□網路書店　□實體書店　□書展　□郵購　□贈閱　□其他

您從何得知本書的消息？

　　□網路書店　□實體書店　□網路搜尋　□電子報　□書訊　□雜誌

　　□傳播媒體　□親友推薦　□網站推薦　□部落格　□其他_____

您對本書的評價：(請填代號　1.非常滿意　2.滿意　3.尚可　4.再改進)

　　封面設計____　版面編排____　內容____　文／譯筆____　價格____

讀完書後您覺得：

　　□很有收穫　□有收穫　□收穫不多　□沒收穫

對我們的建議：_____

_____

_____

_____

11466
台北市內湖區瑞光路 76 巷 65 號 1 樓

秀威資訊科技股份有限公司　　　收

BOD 數位出版事業部

....

（請沿線對折寄回，謝謝！）

姓　　名：＿＿＿＿＿＿＿＿　年齡：＿＿＿＿　性別：□女　□男

郵遞區號：□□□□□

地　　址：＿＿＿＿＿＿＿＿＿＿＿＿＿＿＿＿＿＿＿＿＿

聯絡電話：(日) ＿＿＿＿＿＿＿＿＿＿　(夜) ＿＿＿＿＿＿＿＿＿

E-mail：＿＿＿＿＿＿＿＿＿＿＿＿＿＿＿＿＿＿＿＿＿＿＿